国際的会計規準の形成
―ドイツの資本市場指向会計改革―

佐 藤 誠 二 著

は し が き

　本書は，1990年代後半以降に進展したドイツの会計制度改革を対象に，欧州連合（EU）における国際的会計規準の形成戦略のなかで，成文法主義をとり，商法会計法の法的安定性を求めるドイツが，国際的会計規準をドイツの会計法体系のなかにどのように取り入れ，資本市場や投資家への情報提供機能を重視する資本市場指向（kapitalmarktorientiert）の会計改革をどのように実施したのか，また，そこにおいて，税や配当等の決定に対する既存の会計機能を確保しながらドイツにおける社会的合意形成の型をいかに保持しようとしているのか，会計法体系の再編過程において商法典（HGB）を基軸とする会計法の法的秩序を形成し得たのか否か，そこで生じている問題点とは何なのか，について検討したものである。

　ドイツにおいて，国際的会計規準の形成は，1998年の資本調達容易化法（KapAEG），企業領域統制・透明化法（KonTraG）に始まり，2004年の会計法改革法（BilReG），会計統制法（BilKoG）等を経て，2009年の会計法現代化法（BilMoG）に至る立法措置のなかで展開されてきた。本書は，国際的会計規準の形成課題に関連させて，1990年代後半から現在に至る約15年間のドイツの会計制度改革をその立法の流れに沿って考察している。

　なお，ここで用いる「国際的会計規準」とは，国際会計基準審議会（IASB）あるいはその前身の国際会計基準委員会（IASC）が策定するIAS/IFRS（国際会計基準/国際財務報告基準）そのものを意味していない。EUが固有の統合資本市場戦略と会計戦略のなかで受容し，ドイツをはじめEU加盟国内で適用する（EUの公益に資する）ところの承認された（endorsed）IAS/IFRSないしEU版IAS/IFRSが，EUとドイツが呼ぶ「国際的に認められた会計原則（international anerkennte Rechnungslegungsgrundsätze）」であり，本書ではそれを

国際的会計規準と略称し，国際会計基準（IAS/IFRS）の一般的名称と区別して用いている。また，本書における「会計規準（Bilanzregeln）」とは，会計に係る制定法（Gesetz, gesetzes Recht），法規範（Rechtsnorm），慣習法（Gewohnheitsrecht），法秩序の基礎にある一般的法思考等を含む広義の概念を意味する。本書では会計規準をアングロサクソン諸国で一般的な会計基準（accounting standard）よりも広い範囲の概念として位置づけている。ただし，ドイツ（およびEU）において，英米のaccounting standardと同等のドイツ語Rechnungslegungsstandardが用いられる場合，会計基準という訳語をそのまま当てている。成文法主義をとるドイツの場合，制定法である商法典（Handelsgesetzbuch：HGB）の会計法規定・法規範たる会計規準と，英米型の会計プロフェッション（私的セクター）により設定される会計基準を模した，たとえば，ドイツ会計基準委員会（DRSC）の策定するドイツ会計基準（Deutscher Rechnungslegungsstandard：DRS）とは，ともに本書でいう会計規準に含まれるとはいえ，両者の法的性格と法効力が明らかに異なるからである。

　今日，世界各国における会計規準は，グローバル化した資本市場を指向してIAS/IFRSへ適応すべく国際的規模で急速に収束しているかのようにみえる。しかし，果たして会計の制度と機能も資本市場指向ないし投資家指向に向けて一途に転回しているといえるのだろうか。たしかに，グローバル化した資本市場は，投資家の意思決定に資する国際的に比較可能な情報開示を求めている。しかし，他方で社会制度としての会計制度は，利益算定機構をつうじて税や配当を中心とする経済諸現象の成立に対して社会的合意を与える不可欠の社会的施設として機能してきており，それ故に，会計制度はそれが存立する各国の社会的合意形成のあり方に応じて各国特有の型を有してきたといえるだろう。したがって，IAS/IFRSへの適用問題を考察する場合，それぞれの社会的合意形成の型を有する各国の会計制度が，資本市場指向の会計改革とIAS/IFRS適用にどのように取り組み，社会的合意施設としての会計制度をどのように組み直そうとしているのか，会計制度改革の進行する事態を会計制度それ自体が機能する「実際の場」との緊張関係において検討することが必要だろう。本書はそ

うした問題意識に立って，ドイツにおける国際的会計規準の形成が持つ意味と問題について，ドイツのあり様に即して，とくに会計の社会制度的機能との関連から検討するものである。

ところで，著者はドイツの会計制度改革の経過に沿って，これまで何冊かの書物を公刊してきた。『現代会計の構図』（1993年），『ドイツ会計規準の探究』（1998年），『会計国際化と資本市場統合』（2001年）等がそれであり，本書はそれらの研究の延長線上にある。ただし，本書が考察の対象とした1990年代後半以降のドイツにおける資本市場指向の会計制度改革は，IAS/IFRSへの収斂（convergence）やその受容（adoption）をめぐって，ドイツ（およびEU）のみならず，アメリカ，カナダ，そしてわが国や韓国，中国をはじめとするアジア諸国など，世界各国で対応が迫られている今日的課題と連動しており，その点で共通の問題を担っている。また，わが国においても，企業会計審議会が2009年6月に「我が国における国際会計基準の取扱いについて（中間報告）」を公表して以降，わが国企業へのIAS/IFRS適用に際しての「連結先行（ダイナミック・アプローチ）の考え方」をめぐって，活発な議論が繰り広げられているのは周知のところである。そうした関連でみれば，本書は直接的にはドイツの会計制度改革を対象とした研究ではあるが，会社法，金融商品取引法，税法との緊密な関係をとる，ドイツと類似した会計法制を有するわが国の今後における制度改革の方向に対して，また，会計制度の国際比較の観点からも有意味な示唆を提供できるものと考えている。

さて，本書は，前書『会計国際化と資本市場統合』の公刊以降に書きためた論攷をベースに，それらを大幅に加筆修正し，再構成してまとめ上げた著者のささやかな研究成果である。著者はドイツ（そしてEU）における国際的会計規準の形成を促進した基本的要因を，国際化した資本市場における会計実務（意思決定有用性に基づく認識領域拡大の実務）の進展であると捉えているが，そうした現代会計実務の分析については別書に委ねられている。本書は，ドイツを素材に，国際的会計規準を中心とした会計規準の形成過程に焦点づけて，社会的合意施設としての会計制度が国際化した資本市場における会計実務の変化

に対応して会計規準を再編しながら，どのように変容したのか，あるいはしなかったのかについて考察し，あわせて今後の会計制度改革への一定の展望を試みたものである。もちろん，そうした所期の目標がどの程度，達成され得たのかは，読者各位のご批判にあおがなければならない。また，本書に収めていないいくつかの課題があることを著者は自覚しているし，思わぬ過誤を犯しているかもしれない。読者諸賢の忌憚のないご意見を得て，今後とも精進し，研究の質をさらに高めたいと願っている。

　なお，この場を借りて，本書の出版に際しご尽力くださった森山書店の菅田直文社長および編集部の方々に厚くお礼申し上げたい。出版事情の厳しいなか，菅田社長には度重なる著者のわがままな申し出を快くお受けいただき感謝にたえない。また，編集者の立場から折に触れて有意義なご助言をいただいている土屋貞敏氏，そして今回も校正にあたり細やかなご配慮をいただいた白鳥里和さんにも感謝申し上げたい。

2011年5月

佐 藤 誠 二

目　次

プロローグ　国際的会計規準の形成課題 …………………………… *1*

第1章　ドイツ会計制度の転換期 ………………………………… *11*
　　　　―資本市場指向の会計改革―
　は じ め に ……………………………………………………………… *11*
　第1節　規制緩和の会計法改革（1998年～2002年） …………… *13*
　第2節　連邦政府の10項目プログラム（2003年） ……………… *16*
　　1　第4プログラム「会計規準の一層の発展および国際的会計原則への
　　　　適用」 ……………………………………………………………… *17*
　　2　第5プログラム「決算書監査人の役割の強化」 ……………… *19*
　　3　第6プログラム「独立した機関による具体的企業決算書の
　　　　法規準拠性の監視（エンフォースメント）」 ………………… *20*
　第3節　会計法改革法，会計統制法の成立（2004年） ………… *20*
　　1　会計法改革法とIAS/IFRS導入 ………………………………… *21*
　　2　会計統制法と会計エンフォースメント ……………………… *22*
　第4節　会計法現代化法の成立（2009年） ……………………… *25*
　む す び に ……………………………………………………………… *27*

第2章　EUとドイツの会計国際化戦略の展開 ………………… *31*
　は じ め に ……………………………………………………………… *31*
　第1節　会計制度改革へのEUの戦略構想 ……………………… *34*
　第2節　IFRS適用命令とEU指令の現代化 …………………… *36*
　第3節　EUにおける証券取引開示規制 ………………………… *38*

第4節　ドイツの会計国際化戦略……………………………………… *41*
　　む　す　び　に ………………………………………………………… *48*

第3章　1998年IAS開放条項とドイツ会計基準委員会の創設 … *55*
　　　　　　―資本調達容易化法と企業領域統制・透明化法―
　　は　じ　め　に ………………………………………………………… *55*
　　第1節　資本調達容易化法によるIAS/US-GAAPの開放 ………… *58*
　　　1　資本調達容易化法の成立経過…………………………………… *58*
　　　2　資本調達容易化法の改正点……………………………………… *59*
　　　3　資本調達容易化法の問題点……………………………………… *61*
　　　4　資本調達容易化法の課題………………………………………… *64*
　　第2節　企業領域統制・透明化法と私的会計委員会の設置……… *65*
　　　1　企業領域統制・透明化法の成立経過…………………………… *65*
　　　2　企業領域統制・透明化法の改正点……………………………… *66*
　　　3　企業領域統制・透明化法の問題点……………………………… *69*
　　　4　企業領域統制・透明化法の課題………………………………… *71*
　　第3節　ドイツ会計基準委員会の役割と課題……………………… *72*
　　む　す　び　に ………………………………………………………… *76*

第4章　ドイツ会計基準とドイツ版「概念フレームワーク」…… *81*
　　　　　　―意思決定指向のアプローチの導入―
　　は　じ　め　に ………………………………………………………… *81*
　　第1節　IAS/IFRS, US-GAAPの開放とドイツ会計基準…………… *82*
　　第2節　概念フレームワークとドイツ会計基準…………………… *85*
　　　1　会計目的としての情報目的の明示化…………………………… *85*
　　　2　資産，負債，収益，費用概念の拡大…………………………… *87*
　　　3　計上基準における蓋然性の導入………………………………… *88*
　　　4　実現可能性の導入………………………………………………… *89*

　　5　公正価値（Fair Value）による評価 …………………………………… 　90
　　6　慎重性原則からの離脱 ………………………………………………… 　90
　　7　計上選択権の排除 ……………………………………………………… 　91
　第3節　認識領域拡大と会計法改革 ……………………………………………… 　93

第5章　2005年 IAS/IFRS 導入の目標設定と会計改革計画 ……… 　99
　は じ め に ………………………………………………………………………………… 　99
　第1節　IAS 適用命令の概要 …………………………………………………………… 100
　第2節　EU 指令の現代化 ……………………………………………………………… 103
　第3節　IAS/IFRS 適用に対する移行指針 …………………………………………… 106
　第4節　会計監査の品質改善 ………………………………………………………… 109
　第5節　EU 加盟国の IAS/IFRS 導入計画 …………………………………………… 114

第6章　2004年会計法改革と IAS/IFRS 受容の問題点 ……………… 121
　　　　　―会計法改革法と会計統制法を中心にして―
　は じ め に ………………………………………………………………………………… 121
　第1節　会計法改革法と会計統制法の提案 ………………………………………… 122
　　1　会計法改革法案の要点 ……………………………………………………… 122
　　2　会計統制法案の要点 ………………………………………………………… 124
　第2節　会計法改革法と会計統制法に基づく商法改正 …………………………… 126
　第3節　2005年以降の会計改革の課題 ……………………………………………… 129
　　1　個別決算書への IAS/IFRS 適用の課題 …………………………………… 130
　　2　会社法の保障システムとの連携問題 ……………………………………… 131
　　3　税務決算書との連携（基準性原則）問題 ………………………………… 132
　　4　IAS/IFRS 適用の個別決算書作成に対する経費問題 …………………… 133
　第4節　ドイツ会計改革への将来の進路 …………………………………………… 133
　む す び に ………………………………………………………………………………… 137

第7章　EUにおけるIAS/IFRS適用と第三国会計規準 …… 143
―同等性評価の問題をめぐって―
はじめに …………………………………………………………… 143
第1節　第三国会計規準に対する同等性評価へのEUの要請 …… 144
　1　同等性評価をめぐる法的関係 …………………………… 144
　2　IAS適用命令と同等性評価 ……………………………… 146
　3　目論見書指令と同等性評価 ……………………………… 148
　4　透明性指令と同等性評価 ………………………………… 150
第2節　同等性評価に関するCESRの技術的助言 ……………… 152
　1　CESRの同等性評価に関する概念ペーパー …………… 152
　2　CESRの同等性評価に関する技術的助言 ……………… 156
第3節　EUの同等性評価の決定 ………………………………… 160
むすびに …………………………………………………………… 161

第8章　2005年IAS/IFRS導入後の会計実務の状況と課題 …… 167
―「IAS適用命令」の履行とエンフォースメント―
はじめに …………………………………………………………… 167
第1節　IAS/IFRSのエンドースメントと適用状況 …………… 168
第2節　IAS/IFRS適用に対するエンフォースメント状況 …… 171
第3節　IAS/IFRSと第三国会計規準との同等性の課題 ……… 174
　1　CESRの同等性評価に関する助言 ……………………… 174
　2　欧州委員会の同等性評価に関する命令の意味 ………… 175
むすびに …………………………………………………………… 178

第9章　2009年会計法の現代化改革 …………………………… 183
―会計法改革法、会計法現代化法との関連で―
はじめに …………………………………………………………… 183
第1節　会計法改革法による商法改正とIAS/IFRS導入 ……… 184

第2節　会計法現代化法による商法改正とIAS/IFRS導入 ……………… *186*
　第3節　会社規模別の規制緩和策と連結決算書作成免責 ………………… *189*
　第4節　会計法現代化法と基準性原則 ……………………………………… *192*
　第5節　IAS/IFRS導入に伴う3つの課題 ………………………………… *194*
　　1　統一貸借対照表構想のゆくえ ………………………………………… *195*
　　2　正規の簿記の諸原則の再構築 ………………………………………… *196*
　　3　ドイツ会計基準委員会の新しい任務 ………………………………… *197*

第10章　IAS/IFRSへの対応と非対応の会計法改革 ……………… *201*
　　　　　　―再び「会計法現代化法」を取り上げて―
　は じ め に ……………………………………………………………………… *201*
　第1節　会計法現代化法の2つの立法目的 ………………………………… *201*
　第2節　会計開示規制の拡充と軽減の二元的対応 ………………………… *203*
　第3節　商法会計と税法会計との調整と離反 ……………………………… *208*
　む す び に ……………………………………………………………………… *212*

エピローグ　資本市場指向会計改革のゆくえ ………………………………… *217*

参 考 文 献 ……………………………………………………………………… *231*
索　　　引 ……………………………………………………………………… *247*

プロローグ
国際的会計規準の形成課題

　本書は，1990年代後半以降に進展したドイツの会計制度改革を取り上げ，その改革プロセスのなかで「国際的に認められた会計原則 (international anerkennte Rechnungslegungsgrundsätze)」がどのように形成されてきているのか，また，その形成過程において何が問題となっているのかについて，とくに会計の社会制度的機能との関連で検討したものである。

　ドイツにおいて，1990年代以降現在に至るまでの会計改革のなかで，絶えず議論されてきたのが，「国際的に認められた会計原則」をいかに自国の会計法体系に組み込み，形成するのかという課題であった。もちろん，この課題は，ドイツだけでなく，会計の国際標準 (global standards) としての地位を確保しつつある国際会計基準 (IAS/IFRS) の収斂 (convergence) あるいは導入 (adoption) に関連してEU（欧州連合）加盟国にとって共通の課題となっている。しかも，EUとドイツにおけるこの課題への取り組みは，EUがアメリカあるいはアジアに対抗して経済活性化の目的にとって不可欠とされる競争能力と透明性のある統合資本市場を形成するために，そのインフラ基盤として国際的に受容される会計規準[1]と会計制度をどう構築するのかという政策課題と深く関わっている意味でEU固有の性格を有している。また，同時にその課題は，利益（配当可能利益）測定とそれに結びついた課税所得の算定に会計機能目的の重点を置く大陸法型の会計法制を採用するEU加盟国，とくにドイツにとって，資本市場における国際標準として支持されるIAS/IFRSの策定にEUとドイツの影響力をどう行使し得るのかという会計戦略の意味で固有の性格を持っていたといえよう。

　したがって，EUが使用する「国際的に認められた会計原則」という用語

は，国際会計基準審議会（IASB）あるいはその前身の国際会計基準委員会（IASC）が策定する IAS/IFRS そのものを意味していない（同義でない）。EU が固有の統合資本市場戦略と会計戦略において承認し，ドイツをはじめ EU 加盟国内で適用される（EU の公益に資する）EU 版 IAS/IFRS が，「国際的に認められた会計原則」であり，以下，本書ではそれを国際会計基準（IAS/IFRS）と区別して「国際的会計規準」と略称する（ただし，引用等の必要に応じて「国際的に認められた会計原則」の用語も用いる）。

国際的会計規準の形成課題は，EU において，欧州委員会が公布した 1995 年の新会計戦略（「国際的調和化の観点からの新しい戦略」）を契機に EU 加盟国においてその法制化に向けて活発に議論された。ドイツの場合は，1998 年の「資本調達容易化法（KapAEG）[2]」並びに「企業領域統制・透明化法（KonTraG）[3]」によってはじめて立法措置が講じられたといえる。ドイツにおいて，会計法体系の中心として，商法会計法（Handelsbilanzrecht）つまり商法典第三篇「商業帳簿」における企業の会計報告と会計監査に関する会計規準が位置づけられているが，1998 年における 2 つの法律の成立をもって，この商法会計法は重要な変更と改訂をとげた。資本調達容易化法（KapAEG）により，国際的会計規準として IAS/US-GAAP を導入する開放条項が商法会計法に組み入れられ，また，企業領域統制・透明化法（KonTraG）により IAS/US-GAAP 受け入れの受け皿として私的会計基準設定機関（ドイツ会計基準委員会：DRSC）が創設された。そして，その法的措置を通じて，これまで債権者保護を前提に保守主義的な性格を強く有していたドイツ商法会計制度は国際化した資本市場の要請に対応するための改革の一歩を踏み出した。資本調達容易化法（KapAEG）は，上場されたコンツェルン親会社の連結決算書（コンツェルン決算書）に国際的会計規準として IAS/US-GAAP の適用を限定し，ドイツ商法準拠の決算書作成を免責した。ただし，これは 2004 年末までの時限立法であり，その失効期限を目安に，連結会計に関する商法会計法の抜本的な改革が予定された。しかも，法的秩序と法的安定性を求めるドイツの場合，この改革は連結会計の領域にとどまらず，個別決算書の領域をも含めた新たな法体系をどう構

図表1 ドイツにおける IAS/IFRS の適用領域

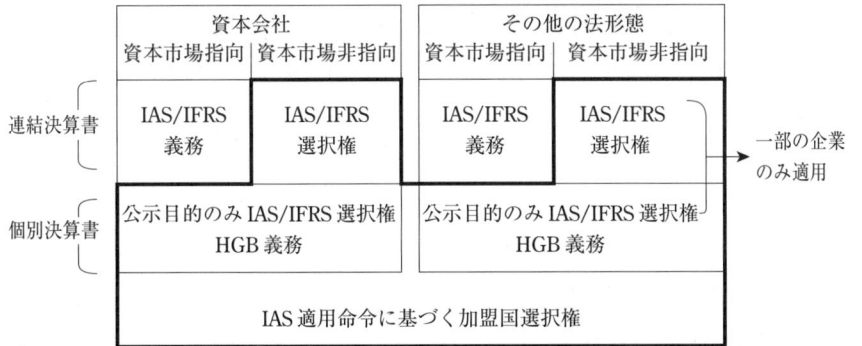

出所) Pellens, Bernhard/Fülbier, Rolf Uwe/Gassen, Joachim/Sellhorn, Thersten：Internationale Rechnung, 8. Auflage, 2011, S. 52 に基づき作成。

築するのかもドイツの将来課題とされた。

　その後，国際会計基準委員会（IASC）が国際会計基準審議会（IASB）に組織変更され，IASBの策定するIAS/IFRSが国際標準として地位を確保することを想定して，EUが2002年に「IAS適用命令」を公布し，それを受けたドイツ連邦政府は措置一覧（10項目プログラム）に沿って，会計法改革法（BilReG）[4]を2004年に成立させた。会計法改革法（BilReG）は，商法会計法を改正して資本市場指向のコンツェルン親会社の連結財務諸表に対してIAS/IFRS適用を義務づけ（資本市場非指向の会社は適用選択権），また，公示目的に限定して個別決算書に対してもIAS/IFRSの選択適用の道を開いた（図表1を参照）。ただし，EUにおけるIAS/IFRS導入は，純粋あるいは完全（pure or full）なIAS/IFRS導入ではなく，あくまでEUのエンドースメント（Endorsement；承認）機構を通じてEUの法的性格の付与された「承認されたIAS/IFRS」，「EU版IAS/IFRS」である。一方，会計法改革法（BilReG）とほぼ同時期に成立した会計統制法（BilKoG）[5]は，「IAS適用命令」に従い，欧州証券規制当局委員会（CESR）の原則により構築されたIAS/IFRSの遵守・監視システムとしてのエンフォースメント（Enforcement）のシステムの構築のための法規定を商法会計法に創設した。ドイツでは，IAS/IFRS適用の決算書の順法性監視を強化さ

せる 2 段階形式を採用する，いわゆるドイツ型のエンフォースメント・システムに対する法整備を会計統制法（BilKoG）により実現したが，この遵守システムは，IAS/IFRS エンドースメント・システムの前提をなしており，それにより IAS/IFRS の承認と実施・監視のメカニズムを一体的に整備し，国際的会計規準の適用のための法インフラを整備した。

さて，ドイツ商法会計法は 21 世紀を迎えて，IAS/IFRS を指向して大きく転回した。この会計法改革の共通した目標は，会計の規制緩和によって，国際化した資本市場における投資家の情報要求と統制要求に応じることにあったが，それに際して，立法者が重視したのが資本市場の要請に過度に対応することを回避し，資本市場指向的会社と資本市場非指向的会社に対する差別的，二元的規制であったといってよい。この場合，IAS/IFRS の適用の対象となる資本市場指向的会社（資本市場指向のコンツェルン親企業）は EU 全体でも約 7,000 社といわれており，ドイツの資本市場指向の会社数もそれほど多くはない。図表 2 と図表 3 は，連邦統計局のテータによるドイツの法形態・規模別ならびに売上高・被用者別の企業数を示したものである。会計法改革法（BilReG）に基づけば，ドイツのコンツェルン親企業のうち，連結決算書に対して IAS/IFRS の適用が義務づけられるのは，大規模会社区分に属し，組織的市場において有価証券売買の取引認可を受けるところの，つまり資本市場指向の資本会社である。商法典第 267 条によると，商法上の大規模資本会社は，貸借対照表総額 1,606 万ユーロ超，売上高 3,212 万ユーロ超，被用者 250 人超のうち 2 つの規模基準値を満たす資本会社である（2004 年時点）。図表 2，3 からすると資本会社のうちそうした大規模資本会社に該当するのは全企業数の 1％も満たさず，そのうち資本市場指向の会社となればその数自体は少ない。ちなみに，ドイツ取引所に上場する国内企業は，2009 年時点で 704 社にすぎない。ドイツ企業の圧倒的多数は，IAS/IFRS を必要としない資本市場非指向の個人企業，人的会社その他であり，これらの企業に IAS/IFRS がもたらす影響を極力回避し，秩序ある，現代化された商法会計法の構築が引き続き改革課題とされた。また，ドイツの立法者は，会計法改革法（BilReG）において積み残された公正価

図表 2　ドイツの法形態・規模別企業数

2008 年 12 月 31 日時点

法形態	企業数	企　　業			
^	^	社会保障義務ある被用者			
^	^	0-9	10-49	50-249	≧ 250
個人企業	2,300,210	2,247,612	50,594	1,910	94
人的会社	413,746	357,474	42,466	11,264	2,542
資本会社	586,364 (1.65％)	431,037	118,347	30,338	6,642 (0.19％)
その他	250,920	214,805	26,229	7,871	2,015
総　　数	3,551,240	3,250,928	237,636	51,383	11,293

出所) Statistisches Bundesamt Deutschland-Unternehmensregister, http://www.destatis.de/jetspeed/portal/cms/Sites/destatis/Internet/DE/Navigation/Statistiken/Unternehmen GewerbeInsolvenzen/Unternehmensregister/Unternehmensregister.psml.

図表 3　ドイツの被傭者・売上高規模別企業数

2008 年 12 月 31 日時点

売上高 (万ユーロ)	企　　業				
^	総　数	社会保障義務ある被用者			
^	^	0-9	10-49	50-249	≧ 250
≧ 200	3,370,488	3,201,653	152,173	14,219	2,443
1000 > 200	135,931	43,638	75,171	16,054	1,068
5,000 > 1,000	34,620	4,924	9,434	17,836	2,424
≧ 5,000	10,201	713	858	3,272	5,358 (0.15％)
総　　数	3,551,240	3,250,928	237,636	51,383	11,293

出所) Statistisches Bundesamt Deutschland-Unternehmensregister, http://www.destatis.de/jetspeed/portal/cms/Sites/destatis/Internet/DE/Content/Statistiken/UnternehmenGewerbeInsolvenzen/KMUMittelstand/Unternehmensregister.psml. なお，商法上の大規模資本会社の基準値は，売上高＞ 3,212 万ユーロ，被用者＞ 250 人（2004 年時点）。

値 (fair value) による評価課題, 個別決算書に係る規定を含めた会計法の現代化課題を含んで, 資本市場指向と非指向の各種法形態に適応する商法会計法の構築を, 連邦政府の措置一覧に予定した会計法現代化法 (BilMoG) に委ねたのである。

そうした課題を担って登場したのが, 2009年, ドイツが連邦政府措置一覧の達成に向けての最終局面で成立した会計法現代化法 (BilMoG)[6] である。会計法現代化法 (BilMoG) は, その目的として, 2005年の IAS/IFRS 導入以降も, 引き続き会計法の現代化を通じて, コストパフォーマンスが高く簡便な選択肢となる会計基礎を構築するため, 配当測定と税務上の利益算定の基礎の機能を断念することなく個別決算書の情報提供機能を連結決算書と同様に高めるとともに, 商法会計法の要諦たる商法決算書が, 持続的で, IAS/IFRS との関係で十分に調整のとれるような会計法を開発することを掲げた。資本市場指向の会社に対しては, IAS/IFRS と等価値の諸規定を構築することを通じて, 商法決算書の情報能力を改善することにあった。会計法現代化法 (BilMoG) は, 小規模の個人商人に対する一定の会計報告義務を免責し, また, 資本会社の大中小規模区分とそれに結びつく会計報告義務を決定する規模基準値の引き上げによって, 資本市場非指向の会社に対する開示義務の規制軽減 (Deregulierung der Publizitätspflichten) を図った。さらに, 会計法現代化法 (BilMoG) の特徴としてあげられるのは, 税務中立性を掲げて, 商法会計法の改正による税法への影響を回避しようとした点である。従来から, ドイツでは, 所得税法第5条第1項に基づき, 商法上の正規の簿記の諸原則 (Grundsätze ordnungsmäßiger Buchführung : GoB) に従う会計処理が税務上の会計処理の基礎となってきたが, この商法会計と税法会計とを結合させる基準性原則 (Maßgeblichkeitsprinzip) (確定決算基準) の保持も会計法現代化法 (BilMoG) の立法の要件でもあった。

さて, 以上のドイツにおける資本市場指向の会計改革における枠組みについて EU の会計制度の統合戦略との関係を含めて構図化したのが図表4である

図表4 EU・ドイツにおける国際的会計規準形成の構図

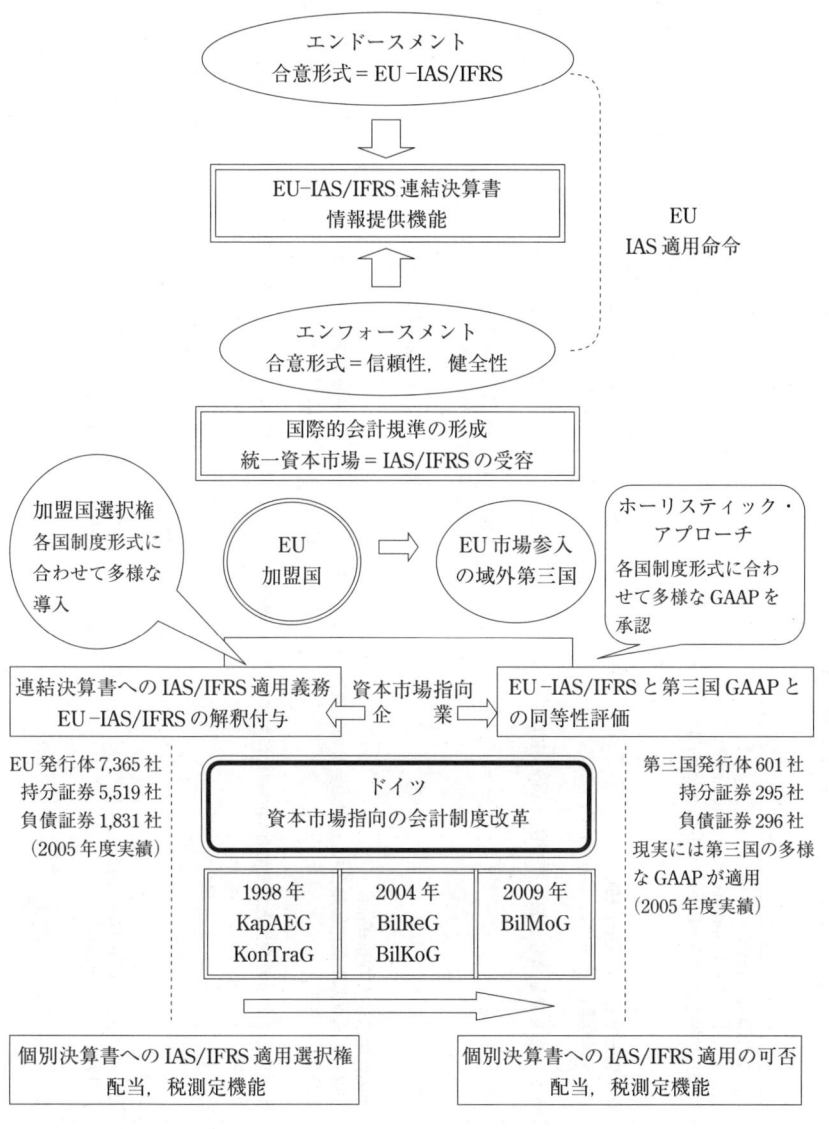

付表　ドイツの会計制度改革の経過とEUの会計統合戦略に向けた主要法的措置

	ドイツ	EU
1985年 1990年 1994年	会計指令法 (BiRiLiG) 銀行会計指令法 (Bankbilanzrichtlinie-Gesetz) 保険会計指令法 (Versicherungsbilanzrichtlinie-Gesetz)	
1995年		会計領域における調和化：国際的調和化の観点からの新しい戦略
1998年	資本調達容易化法 (KapAEG) 企業領域統制・透明化法 (KonTraG)	金融サービス：行動大綱の策定 EUにおける決算書監査：将来の進路
1999年	資本会社＆無限責任社員・指令法 (KapCoRiLiG)	金融サービス：金融市場大綱の転換：行動計画
2000年		EUにおける会計戦略：将来の進路 決算書監査のための品質保証に対する最低要件
2001年		公正価値指令 (Fair-Value Richtlinie)
2002年	透明性開示法 (TransPuG) DSRドイツ基準設定審議会：正規の会計の諸原則 (GoR) 一枠組概念一（案）	EUにおける決算書監査人の独立性 IAS適用命令 (IAS-Verordnung)
2003年	連邦政府：企業健全性と投資者保護の強化に対する連邦政府の措置一覧	規模基準指令 (Schwellenwert-Richtlinie) 現代化指令 (Modernisierungsrichtlinie) IAS適用命令に合致した一定の国際的会計原則の受容に関する命令 市場濫用指令 (Marktmissbrauch-Richtlinie) 目論見書指令 (Prospektrichtlinie)
2004年	会計法改革法 (BilReG) 会計統制法 (BilKoG)	年度決算書及び連結決算書の監査及び指令修正に関する指令案 透明性指令 (Transparenzrichtlinie)
2009年	会計法現代化法 (BilMoG)	

(付表も参照)。本書は，かかる構図のなかで，EU における IAS/IFRS 導入政策のもとで，EU の主要加盟国であるドイツが，その立法選択権を行使しながら，自国の会計法体系のなかに，国際的会計規準として IAS/IFRS をどのように組み込み，独自の会計法体系を構築しようとしたのかを，1990 年代後半以降の会計法改革の進展過程を時系列的に跡付け，その時々の制度課題を明らかにすることによって，国際的会計規準の形成がもたらす問題と意味を解明しようとしたものである。その場合，本書は，とくに会計の社会制度的な機能の変化に関心をおいている。今日，IAS/IFRS を中心とする国際的な統一会計規準の形成問題は，資本市場や投資家に対する情報提供機能を主体におき，それが国境を越え世界規模で，統一会計基準（世界標準）に向けての収斂（convergence），導入（adoption）の問題として顕在化している。しかし，ドイツに限らず，およそ，会計制度が社会的制度として存在してきたのは，それが利益算定メカニズムを通じて税や配当等を中心とする経済諸現象の成立に社会的合意を付与する不可欠の社会的施設としての機能してきたことに大きく起因する。それ故に，ドイツや各国の会計制度は，会計制度が存立する各国の社会的合意形成のあり方に応じて，それぞれの特有の型を有してきた。本書は，EU における国際的会計規準の形成戦略のなかで，成文法主義をとり，商法会計法の法的安定性を求めるドイツが，資本市場や投資家への情報提供機能を重視する資本市場指向の会計改革にどのように取り組み，既存の税や配当等に対する会計機能を保持しながら社会的合意形成の型を組み直そうとしてきたのか，また，商法会計法の法的秩序を形成し得たのか否か，そこでの問題点は何なのか，それらについて，1998 年の資本調達容易化法（KapAEG），企業領域統制・透明化法（KonTraG）から，2004 年の会計法改革法（BilReG），会計統制法（BilKoG）等を経て，2009 年の会計法現代化法（BilMoG）の成立までに至るドイツの会計法改革の流れに即して明らかにしようとした[7]。

注
1 本書で用いる「会計規準（Bilanzregeln）」という用語は，会計行為を規制し法的秩序を

生み出すところのあらゆる法的な取り決めという意味で広義に解釈し，実定法，慣習法，文書化された法，不文の法・法慣習を含んでいる。本書が対象とするドイツの場合には，そうした会計規準は，会計法（Bilanzrecht）とくに商法会計法の法規範（Rechtsnorm）が中心をなす。ただし，本書の引用箇所において，Accounting Standard（s）の英文和訳として，通例に従い，「会計基準」の用語を使用する。なお，会計規準の概念とそのドイツにおける内容については，佐藤誠二『ドイツ会計規準の探究』森山書店，1998年のとくに第1章会計規準構造への分析焦点を参照。

2　正式名称は，「資本市場におけるドイツ・コンツェルンの競争能力改善及び社員消費貸借の受容の容易化のための法律」。Kapitalaufnahemeerleichterungsgesetze（KapAEG）vom 20. 04. 1998, BGBl Teil Ⅰ Nr. 24, 1998.

3　正式名称は，「企業領域における統制及び透明化のための法律」。Gesetz zur Kontrolle und Transparenz im Unternehmensbereich（KonTraG）vom 27. 04. 1998, BGBl Teil Ⅰ Nr. 24, 1998.

4　正式名称は「国際的な会計基準の導入及び決算書監査の品質確保のための法律」。Gesetz zur Einführung internationaler Rechnungslegungsstandards und zur Sicherung der Qualität der Abschlusprüfung（Bilanzrechtreformgesetzes-BilReG）vom 04. 12. 2004, BGBl Teil Ⅰ Nr. 65, 2004.

5　正式名称は，「企業決算書の統制のための法律」。Gesetes zur Kontrolle von Unternehmungsabschlüssen（Bilanzkontrollgesetz-BilKoG）vom 20. 12. 2004. BGBl Teil Ⅰ Nr. 69, 2004.

6　正式名称は，「会計法の現代化のための法律」。Gesetz zur Modernisierung des Bilanzrechts（Bilanzrechtsmodernisierungsgesetz-BilMoG）vom 25. 05. 2009, BGBl 2009 Teil Ⅰ Nr. 27, 2009

7　IASBの策定するIFRS（国際財務報告基準）は，IASB前身のIASCの策定したIAS（国際会計基準）並びにIAS/IFRSの解釈指針等を含めて，IFRSないしIFRSsの用語が用いられることが多いが，本書ではそれをIAS/IFRSと略記することにする。ただし，会計規準が特定される場合や引用箇所についてはIASないしIFRSの表記をそのまま使用している。

第1章
ドイツ会計制度の転換期
―資本市場指向の会計改革―

はじめに

「われわれは誰もが将来を語ることはできても,将来を確固としたものとして予測することはできない。しかし,将来が過去と現在の延長線上にあることは確かで,会計制度を取り巻く環境は,その将来を語らせずにはいられないほど十分にダイナミックな様相を呈している。今日の会計を取り巻く環境は,グローバリゼーションという流れのなかでダイナミックに変化し,各国の会計制度も国際化した資本市場を中心に再構成されつつある。もちろん,このことはドイツにおいても例外ではない。ドイツの会計制度は,EUの資本市場統合の枠組みのなかで,国際的資本市場に適合するためアングロサクソン的な投資家指向の会計制度の方向へと急速にシフトされてきている。しかし,ことがらは単純ではない。ドイツの会計制度の転換は,ドイツが長い歴史を通じて形成してきた既存の会計制度の個性とアングロサクソン的個性との『調和と対抗』という構図のなかで,独自の問題をそこに含んでいることに注意しなければいけない。[1]」

かつて,筆者はそう述べたが,ドイツの会計改革の流れは継続し,その状況は今日でも変わるところはない。ドイツの資本市場指向(kapitalmarktorientiert)の会計改革は,商法の1985年改正,取引所法の1986年改正以降,今日までほぼ四半世紀にわたって展開されてきた。その経過はすでに示した付表のように一覧しうるが,そうしたドイツの会計改革の歴史を改めて振り返ると,1995年から現在に至る約15年間は,ドイツを含めたEUにとって,会計改革の大きな戦略転換を果たした特徴的な期間であったといえる。そして,その転換の

中心にあるのが国際会計基準（IAS/IFRS）である。

　1995年11月に欧州委員会が公表した「会計領域における調和化：国際的調和化の観点からの新しい戦略[2]」は，欧州統一資本市場を活性化させ欧州企業の国際的競争力を高める政策目標を実現するため，これまでの会計戦略を方向転換し，EUが域内共通の会計規準を開発し，それを介して加盟各国会計規準を調和化することを断念し，国際標準と位置づけられるアングロサクソン型のIAS/IFRSを導入・適用する開放政策を採ることを提示した。その10年後の2005年1月1日に始まる事業年度から，欧州委員会が2002年に公布したIAS適用命令（IAS-Verordnung）[3]に基づき，EU域内の資本市場指向企業の連結決算書に対して，IAS/IFRSの適用が義務づけられることになった。もとより，EUの主要構成国ドイツもそうしたEUの会計国際化戦略に応じて，その後の10年間，1998年の資本調達容易化法（KapAEG）[4]，企業領域統制・透明化法（KonTraG）[5]や2004年の会計法改革法（BilReG）[6]，会計統制法（BilKoG）[7]，2009年の会計法現代化法（BilMoG）[8]など，度重なる会計法の改正を実施してきた。そして，そうしたEUとドイツの会計改革の経過のなかで絶えず議論されたのが，国際的会計規準（国際的に認められた会計原則）として受容するIAS/IFRSと既存のEU会計規準との整合性をいかに担保するのか，という問題であったといってよい。

　ただし，EUの開放政策にあって，国際的会計規準としてIAS/IFRSを無条件に全面適用することは想定されていない。決算書が「企業の財産・財務・収益状態の事実関係に合致する写像を伝達する」というEU会計指令の基本要請を満たす場合にはじめて，国際的会計規準としてIAS/IFRSの適用が承認される。EUは，既存のEU会計関連指令の現代化（改訂）を図り，それとIAS/IFRSとの整合性を担保した上で，欧州共通の公益に反しない限りでの国際的会計規準としてIAS/IFRSの適用・導入を可能とさせた。しかも，EUとドイツの資本市場指向の会計改革は，資本市場において有価証券が取引認可される資本市場指向会社の連結決算書についてその情報提供機能とそれを保証する監督・監査制度の構築という限定的範囲での制度改革が主に進められてきた。資

本市場非指向の中小規模会社や利益決定機能を重視する個別決算書を対象とする制度改革は，オプション（選択権）として加盟各国の裁量にゆだねられている。したがって，EUにおいて急速に進行している会社会計法ならびに会計開示規制の現代化・国際化は，現状では，あくまで資本市場の統合と，そこにおけるエクイティ・ファイナンスにかかわる情報機能を軸に展開しているものというのがEUとドイツの基本的スタンスであった。そのことはまた，配当規制，課税所得の算定と密接な関わりをもつ決算書の会計目的と会計機能については，これまでと同様に保持する立場が依然として存在していることを示している。

そこで，この章では，第2章以降の検討に入る前段階として，過去約15年間にわたるドイツにおける会計改革の歴史をフォローしながら，EU統一市場の効率化と透明性を求めて会計の情報機能の重視を標榜した資本市場指向の制度改編の内容とその課題がどのようなものであったか，その全体像を概括しておきたい。

第1節　規制緩和の会計法改革（1998年～2002年）

ドイツでは，世紀法（ein Jahrhundertgesetz）といわれた1985年商法典（HGB）の成立から約四半世紀が経過した。1985年12月に成立した「会計指令法（Bilanzrichtlinien-Gesetz：BiRiLiG）[9]」は，欧州共同体（EC）における1992年市場統合を前提に，域内加盟国の会社法調和化の一環として，1897年商法典の成立から数えてほぼ100年後に商法大改革を実現させた。その後，ドイツ会計改革は，1990年代初頭からの国際化実務の進展，1998年のIAS/US-GAAPの適用に対する商法免責条項（開放条項）の時限措置，2005年のIAS/IFRSの実質的導入に特徴づけられる3つの転換局面を経過し現在に至っている[10]。「会計指令法」の制定から8年後の1993年，当時のDaimler-Benz AGがニューヨーク証券取引所に上場したのを契機に，ドイツのグローバル・プレーヤー（国際的企業）による国際的資本市場でのエクイティ・ファイナンスが促

進され,そこでドイツ商法準拠の決算書と US-GAAP あるいは IAS 準拠の決算書のいわゆる「二重開示の問題」が提起され,国際的に適用しうる会計規準をめぐっての活発な議論が展開された。

その議論状況を背景にして,ドイツにおいては会計の規制緩和 (Deregulierung) が進み,1998年には,「資本市場におけるドイツ・コンツェルンの競争能力改善及び社員消費貸借の受容の容易化のための法律 (KapAEG)」(いわゆる,資本調達容易化法)ならびに「企業領域における統制及び透明性に関する法律 (KonTraG)」(いわゆる,企業領域統制・透明化法)が議会を通過した。この2つの法律は,その規制の内容と重点において相違があったが,しかし EU の市場改革政策と会計統合戦略の枠組みのなかで,ドイツの資本市場を魅力的なものにし,ドイツ企業に対する法的枠組み条件を国際的標準に接近させることを通じて,連結決算書(コンツェルン決算書)を中心に財務報告の情報能力を高めようとすることに共通の問題意識がある。すなわち,資本調達容易化法 (KapAEG) は,商法典第292a条を新設させ,国内外の資本市場に上場するコンツェルン親企業に対して,連結決算書に限定してドイツ商法に基づく決算書の作成を免責し,IAS もしくは US-GAAP に準拠することを可能にした。また,「企業領域統制・透明化法」を通じて新設された商法典第3篇第5章は,(ⅰ)連結会計原則の開発,(ⅱ)会計規定の立法化に際する連邦法務省への助言,(ⅲ)国際的標準設定委員会におけるドイツの代表を任務とするところの,商法典第342条に基づく私的会計委員会 (Privates Rechnungslegungsgremium) と商法典第342条に基づく会計審議会 (Rechnungslegungsbeirat) という会計基準設定機関の択一的設置を可能とした。ドイツではこのうち商法典第342条に即応し,連邦法務省の承認を得て,1998年3月にドイツ版 FASB ともいわれる「ドイツ会計基準委員会 (DRSC)」を創設した。とくに,プライベート・セクターとしてのこの「ドイツ会計基準委員会 (DRSC)」の創設は IAS の設定活動に対して,ドイツがその影響力を行使するための前提でもあった。こうしたドイツの会計改革の特徴は,上場資本会社に対象を絞り,情報提供課題を担う連結決算書に限定させて国際化に対応した点にあった[11]。

図表1 連邦政府「措置一覧」に至るまでのドイツ会計改革の背景

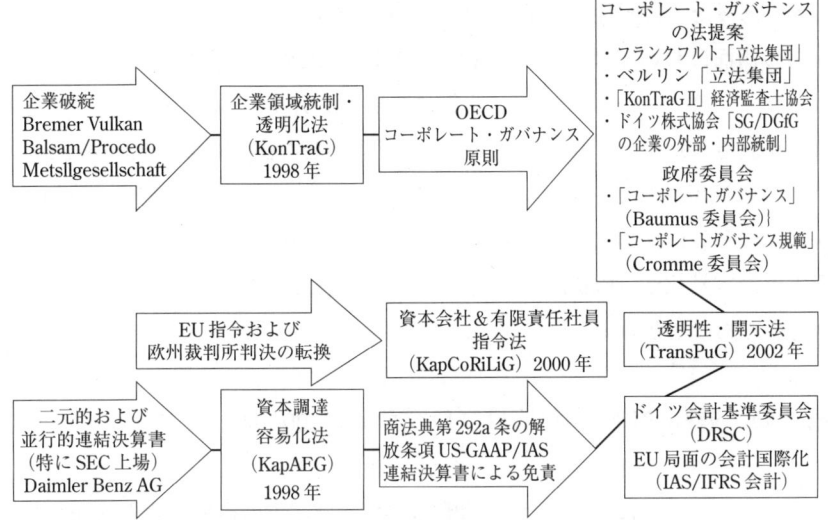

出所）Pfitzer, Norbert/Oser, Peter/Orth, Christian: Reform des Aktien-, Bilanz-und Aufsichtsrechts, 2.Aufl., 2006, S.88 の図を一部，修正。

　それと同時に，こうしたドイツの会計改革は，図表1に示すように，企業経営に対する社会の信頼性を回復することも目的であった。1990年代にドイツで生じた度重なる企業倒産や破綻（Balsam，Bremer Vulkan，Metallgesellschaft）に対応するために，ドイツの立法者は会計領域統制・透明化法（KonTraG）を通じて，企業管理と企業監視の改善に向けた措置を講じ，リスク報告，リスク先行指標システム，決算書監査や取締役会・監査役会に関する諸規定を新規に導入した。しかし，企業領域統制・透明化法（KonTraG）の成立以降も Philipp Horzmann AG 等の倒産が生じ，その結果を受けて，ドイツにおいては，「透明性及び開示に関する株式法および会計法の一層の改革のための法律」いわゆる透明性・開示法（TransPuG）[12] を 2002 年に成立させたが，この立法措置は上場資本会社における業務執行の監視と企業統治（コーポレート・ガバナンス）に関する議論の成果として提示された「コーポレート・ガバナンス政府委員会」（Baumus 委員会）の最終報告を受けて 2002 年に公表された「ドイツ・コーポ

レート・ガバナンス規範（Deutscher Corporate Governance Kodex）」を反映したものであった。透明性・開示法（TransPuG）によって，コーポレート・ガバナンスの側面においては，とくに株式法では，企業の法規遵守（コンプライアンス），コーポレート・ガバナンス規範に関する説明義務（株式法第161条）等の改正が施されたが，それと同時に，ドイツ連結会計法（Konzernbilanzrecht）の国際的に適用される原則への適用を意図してドイツ会計基準委員会（DRSC）が連邦法務省に提起した「会計国際化に関する法律案」もそこに盛り込まれ，資本調達容易化法（KapAEG）を補完した連結会計規制の現代化を図ったことも特徴であったといえる[13]。

第2節　連邦政府の10項目プログラム（2003年）

その後，ドイツにおいては，欧州委員会が2005年の市場統合を前提として掲げた「金融サービス：金融市場大綱の転換：行動計画」（1999年）と「EUにおける会計戦略：将来の進路」（2000年）を前提にし，国際的会計規準（国際的に認められた会計原則）の形成に適合したEU会計関連指令の現代化への対応を図るともに，連結決算書だけでなく個別決算書にも統一的な計上・評価原則を確立することが目指された[14]。そうしたドイツの会計改革を先導し方向性を付与したものとして，とくに注目されるのが，EUの会計統合戦略の達成目途である2005年を目前して，連邦政府が2003年2月25日に公表した，「企業の健全性と投資者保護の強化に関する連邦政府の措置一覧[15]」，いわゆる10項目プログラム（10-Punkte-Programm）である。

ドイツの連邦政府が，今後の基本方針を総括したこの措置一覧は，図表2に示す10項目のプログラムから構成される内容であり，その後のドイツにおける会計法改革の起点となったが（18頁の図表3を参照），10項目のうちの第4プログラム「会計規準の一層の発展および国際的会計原則への適用」，第5プログラム「決算書監査人の役割の強化」，第6プログラム「独立した機関による具体的企業決算書の法規準拠性の監視（エンフォースメント）」の3つのプロ

図表2　連邦政府の措置一覧（10項目プログラム）

1. 会社に対する取締役会および監査役会構成員の個人責任；株主訴訟権の改善
2. 資本市場の故意または重大な過失のある虚偽情報についての投資者に対する取締役会および監査役会構成員の個人責任の導入；株主請求の集団的行使の改善
3. ドイツ・コーポレート・ガバナンス規範の一層の発展；取締役員の株主ベースもしくはインセンティブ指向の報酬（ストックオプション）についての透明性
4. 会計基準の一層の発展および国際的会計原則への適用
5. 決算書監査人の役割の強化
6. 独立した機関による具体的企業決算書の法規準拠性の監視（エンフォースメント）
7. 取引所改革の継続と監督法の一層の展開
8. いわゆる「誠実な市場」の領域における投資者保護の改善
9. 財務アナリストおよび格付機関による企業評価の信頼性の確保
10. 資本市場領域における不法行為に対する刑罰規定の厳格化

出所）Maßnahmenkatalog der Bundesregierung zur Stärkung der Unternehmensintegrität und des Anlegerschutzes, in: IDW e. V.（Hrsg.）, Bilanzrechtsreformgesetz Bilanzkontroll-gesetz, mit Begründungen Regierungsentwürfe, Stellungsnahmen des Bundesrates mit Gegenäußerungen der Bundesregierung, Berichten des Rechtausschusses des Deutschen Bundestages Stichwortverzeichnis, 2005, S. 277-285 から作成。

グラムは，欧州委員会が公布した EU 各種会計関連指令をドイツ国内法に転換する措置をしめしたものとして特に注目されるものである。この3プログラムについて，その要点を示せば次のようであった[16]。

1. 第4プログラム「会計規準の一層の発展および国際的会計原則への適用」

第4プログラムでは，IAS/IFRS の適用に関する措置が提示される。資本市場指向的企業の連結決算書に 2005 年から IAS/IFRS を適用することが義務づけられているが，資本市場非指向的企業の連結決算書に適用するか否か，また，情報提供目的に限定して資本市場指向的企業およびその他の企業の個別決算書にも適用すべきか否かを決定する。また，「IAS 適用命令」の移行規定を活用して，一定の企業すなわち規制市場において債務証書のみを取引認可された企業ならびに USA 市場において上場し US-GAAP 基準で財務諸表を作成する企業に関しては，2007 年まで適用を延期することを提案する。なお，資本

図表3 連邦政府措置一覧とドイツ会計関連法の立法計画

年	法律名
2004年	会計法改革法 (BilReG)
2004年	会計統制法 (BilKoG)
2004年	決算書監査人監督法 (APAG)
2004年	投資者保護改善法 (AnSVG)
2005年	企業信頼性及び異議申立改善法 (UMAG)
2005年	資本投資者模範手続法 (KapMuG)
2005年	取締役報酬公開法 (VorstOG)
2005年	有価証券目論見書法 (WpPG)
?2006年	会計法現代化法 (BilMoG)
?2006年	資本市場情報責任法 (KapInHaG)
?2006年	EU第8号指令現代化法

連邦政府
「企業の健全性と株主保護の強化のための措置一覧」
(10項目プログラム)
2003年

従来の法改革の継続のための基盤

国際的展開

USA
サーベンス・オクスレー法 (2002年)

EU
公正価値指令 (2001年)
IAS適用命令 (2002年)
規模基準修正指令 (2003年)
現代化指令 (2003年)
コーポレート・ガバナンス提案 (2003年)
透明性指令 (2004年)
EU指令の現代化 (2005年)
その他の指令および勧告

国内の展開

法の発案 (1998年〜2002年)
企業領域統制・透明化法 (KonTraG) 1998年
資本調達容易化法 (KapAEG) 1998年
資本会社＆Co指令法 (KapCoRiliG) 2000年
透明性・開示法 (TransPuG) 2002年
ドイツ・コーポレート・ガバナンス規範 (DCGK) 2002年

出所) Pfitzer, Norbert/Oser, Peter/Orth, Christian: Reform des Aktien-, Bilanz- und Aufsichtsrechts, 2.Aufl., 2006, S., 3.

市場非指向的企業のうち大規模なものについて，連結決算書に対して中期的にIAS/IFRS の適用義務を導入することを検討するとしている。

他方，債権者保護，配当測定，課税の目的に利用される商法準拠の個別決算書については，現状を保持しつつ，情報提供目的のみに個別決算書を作成する可能性を付与し，大規模資本会社の場合，会社法，監督法，課税の目的に沿って別途に，商法準拠の財務諸表を作成するとしている。この場合，欧州会計規準および国際的会計規準を適用するにしても，連結決算書，個別決算書に対して商法会計規準が発展することが前提をなす。たとえば，費用性引当金の貸記選択権，評価簡便法の前提など時代に適合しない多くの選択権の廃止を通じて商法の欠陥是正を図ることが必要である。

その他，第4 プログラムにおいては，連結決算書における金融商品の公正価値評価の導入，財産対象物（資産）および引当金の計上と評価に対する一層の可能性の検討，商法確定決算主義に基づく税務上の利益算定に対する諸影響の考慮，資本市場指向的企業の作成する年度決算書および連結決算書の公示期限の短縮化の課題が列挙されている。

2. 第5プログラム「決算書監査人の役割の強化」

第5プログラムの重点は決算書監査人の独立性の確保にある。一定の助言サービスと決算書監査とを分離して決算書監査人の独立性を確保し，決算書監査人によりもたらされたすべての給付を監査役会への報告・決算書に記載することにより透明化し，とくに直接および間接的投資の禁止，監査人の総収入に対する依頼報酬の割合である売上依存限度額を現行の30％から引き下げ，決算書監査報酬と監査外報酬との割合規制，監査人の交替期間の短縮などを通じて監査人の人的・財務的依存性に関する規制を改善する。

また，決算書監査人の責任については，有限責任範囲額を現行の100 万ユーロ（公式市場上場株式会社の場合は400 万ユーロ）を拡大する。とくに，組織化された資本市場に上場する企業に対する責任範囲額を拡大し，当該企業を監査する経済監査士（経済監査会社）に対する新規制により第三者責任を拡大する。

さらに，第5プログラムにおいては，経済監査士に関する職務監督の強化，職業裁判的措置に対する刑事裁判的措置の優位性の廃止，国家監督機関とともに経済監査士会議（WPK）の調査可能性の拡張，WPKによる過料，職業遂行の期間禁止等を含めた罰則措置の拡大と強化，等々の多くの改善措置が提示されている。

3. 第6プログラム「独立した機関による具体的企業決算書の法規準拠性の監視（エンフォースメント）」

　第6プログラムの目標は，資本市場指向的企業を主要な適用領域として，「法定決算書監査人（経済監査士）と異なる企業外部の独立した機関による具体的な企業決算書の法規準拠性の監督」を意味する，いわゆるエンフォースメント（Enforcement）の制度に対する法的基礎を形成することにある。具体的目標として，国家の監督下にある私的委員会を設置することとし，この私的委員会は非国家的担い手組織，非国家的財務，公法上の機関（DRSC）との契約，活動方法への連邦金融サービス監督庁（BaFin）の拘束的な動議権利，私的委員会との協力による連邦金融サービス監督庁（BaFin）に対する効果的干渉余地の形成，資本市場の成果に関する包括的情報，特別検査の指図権利，検査人の拒否拒絶に対する権限，取引所監督局・経済監査士協会などの他の機関との協力と情報交換の諸要素を含むものとされる。

第3節　会計法改革法，会計統制法の成立（2004年）

　2004年10月29日，ドイツ連邦議会は会計法改革法（BilReG）と会計統制法（BilKoG）の2法を議員団すべての賛同を得て採択し，会計法改革法（BilReG）は，2004年12月9日付で，また，会計統制法（BilKoG）は2004年12月20日付で連邦法律公報に公示された。それにより，IAS/IFRSを導入し，決算書監査人の独立性を強化し，新しい会計統制方法を設置する法律が成立した。その内容は商法を中心に，商法施行法，開示法，株式法，株式法施行法，有限会

社法，有価証券取引法，金融サービス監督法などの法改正に及ぶ大きな改革である。この成立を受けて，連邦法務大臣 B. Zypries は，魅力的資本市場は透明かつ現代的な会計法を前提とするが，連邦議会はドイツの会計規準を決定的に進歩させる2つの重要な法律を通過させたとし，また，この2つの法律は政府法案と比較して，とくに決算書監査人の独立性に関してほんの僅かの修正をみたのみで連邦政府の基本構想がほぼ保持されたこと，そして，法律の公布によって，経済と財政の拠点としてのドイツが国際的な競争能力について優位に立つための基盤が生み出されたことを歓迎するとも述べているところである[17]。

1. 会計法改革法と IAS/IFRS 導入

　会計法改革法（BilReG）は，連邦政府の措置一覧の第3および第4プログラムの実現を図り，IAS 適用命令，現代化指令，規模基準指令，公正価値指令という4つの EU 法文書に国内法を適合させるものであり，とくに2005年からの市場規制と IAS/IFRS の適用に際して，会計と監査の規制の法的整備という点での特徴を有している。商法会計法との関連でみるなら，まず，会計法改革法（BilReG）によって，商法典（HGB）第3篇第2章第2節において「第10款　国際的な会計基準に基づく連結決算書」が新規に加えられ，そこに新設された商法典第315a条では，「IAS 適用命令」を補完して，IAS/IFRS 適用義務の対象でない資本市場非指向の親会社の連結決算書に対して，IAS/IFRS 適用の可能性（選択権）を与えた。また，個別決算書に対する，IAS/IFRS 適用に関しては，決算書の公示義務を定める商法典第325条のなかに第325条2a項を新設し，すべての資本会社の個別決算書に関して，IAS/IFRS 適用の可能性も認めている。ただし，個別決算書に関しては，あくまで情報提供目的に限定した IAS/IFRS の適用であり，依然として会社法目的ならびに税法目的のための商法準拠の個別決算書の作成も義務づけられることに変化はない。二重作成に関するコスト負担は，IAS/IFRS 準拠の個別決算書のみが連邦官報において公示されることで回避されるとされている。これらは，とくに IAS 適用命令

との関連での重要なステップであるといえる。

また、会計法改革法（BilReG）の一方の主要課題である決算書監査人の独立性強化に関しては、商法典第319条を新設して、決算書監査人が事業、財務もしくは人的関係に基づき忌避を起こす虞があるとき、被監査会社もしくはその結合企業の法定代理人・監査役会構成員・被用者であるとき、被監査会社の帳簿・決算書の作成もしくは内部監査に協力するとき、被監査会社に対して財務サービスもしくは評価サービスをもたらすときにはその決算書監査人は排除されるとし、また、新規に挿入された商法典第319a条においては、資本会社の監査に当たって、決算書監査人が過去5年のうちに職業活動からの総収入のうち15％以上が被監査会社と関連しているとき、被監査会社の年度剰余に法律および税務の相談業務が直接関連しているとき、一企業に対する監査証明に7年間継続して署名するときには排除される、等の連邦政府の措置一覧に応じた商法規定の改正が施されている[18]。

2. 会計統制法と会計エンフォースメント

一方、会計統制法（BilKoG）の主たる目的は、連邦政府の措置一覧の第6プログラムが要請した会計のエンフォースメントの確立にある。立法理由書によれば、現在の会計規定の実施のドイツ・システムは主として、決算書監査人と監査役会を通じた年度決算書監査および連結決算書監査を包括する。さらに、年度決算書の無効に関する株式法上の規定ならびに刑罰・制裁規定も存在する。しかし、資本市場指向的企業の企業報告書の正当性を監査するための国家機関に委任された委員会は、これまでドイツに存在しなかった。会計統制法（BilKoG）の目的は、具体の企業決算書の法規準拠性を監督するためのメカニズムを導入することにあり、そこに私法上組織された委員会の設置が提案されること、としている[19]。

会計統制法（BilKoG）は、その成立によって企業決算書の法規準拠性を統制する2段階からなる「エンフォースメント・システム」を導入したところに特徴がある。とくに商法典との関係では、商法典第342a条の後に挿入された

「第6節　会計のための検査機関（Prüfstelle für Rechnungslegung）」における商法典第342b条（会計のための検査機関），第342c条（守秘義務），第342d条（検査機関の財務），第342e条（過料規定）に規定された私法上の検査機関の役割が重要であろう。

　すなわち，商法典第342b条第1項に基づき，連邦法務大臣は連邦財務大臣の合意を得て，私法上組織された独立の組織を会計規定の違反に対する検査機関として承認する。この私法上の検査機関は，エンフォースメント・システムの第1段階において，資本市場指向的企業の個別決算書もしくは連結決算書の法規準拠性について，企業の任意の協力に基づき検査を実施する任務が委ねられる。この監査機関は，商法典第342a条第2項によれば，（ⅰ）会計規定への違反に対する具体的起点が存在するとき，（ⅱ）連邦金融サービス監督庁（BaFin）の要請があるとき，（ⅲ）特別の理由（無作為抽出の検査）があるときに行動し，確定された年度決算書，状況報告書，連結決算書，連結状況報告書に関して，正規の簿記の諸原則（GoB）もしくは許容される会計規準に合致しているかを監査し，また，商法典第342a条第6項により，（ⅰ）検査に着手した意図，（ⅱ）検査に協力することへの当該企業の拒絶，（ⅲ）検査結果および必要に応じて企業の検査結果への同意の可否に関して連邦金融サービス監督庁（BaFin）に報告する。これらの目標は企業に対して虚偽除去のための合意解決をもたらすことにある。すでに述べたように，企業が検査機関との協力を拒否するとき，エンフォースメント・システムの第2段階において，連邦金融サービス監督庁（BaFin）が公法上の措置を伴い会計報告の検査を実施する。連邦金融サービス監督庁（BaFin）は，検査機関の検査結果の妥当性あるいは検査の遂行に重要な疑義が存在するとき再検査を行うことも，自ら活動することも可能である。また，私法上組織される検査機関の設置もしくは承認が不成功となった場合は，連邦金融サービス監督庁（BaFin）が単独でエンフォースメント任務を負うことになる。

　このドイツが計画する2段階のエンフォースメント方式は，欧州の既存のシステムと連動し，私法上の委員会については連邦政府によって資本市場指向企

業の会計を検査する任務が委任される。当該の委員会は二段階システムの第1段階において，株主および債権者の指摘もしくは経済新聞雑誌の報道を通じた会計上の虚偽の畏れを起点として，あるいは無作為抽出調査などにおいて活動する。この場合，委員会の活動を迅速化するために，委員会と企業との間には「任意の協力関係の原則」が認められる。とくに協力関係の不備などにより第1段階の会計検査において問題が発生すると，第2段階において，連邦金融サービス監督庁（BaFin）が公法上の手段を通じて会計検査に関与し，連邦金融サービス監督庁（BaFin）が確認した会計上の虚偽に関しては企業自らが開示することが義務づけられることになる[20]。この二段階方式は経済の自己規制（Selbstregulierung）の思考を前提とするもので，必要である場合に限り，国は国家統治に基づき介入する。そのため，エンフォースメントの費用は資本市場指向的企業の分担金の徴収により資金調達され，第2段階における具体的な検査費用についてもその都度対象となる企業に個別に課せられることになる[21]。

会計法改革法（BilReG）と会計統制法（BilKoG）は，2003年の連邦政府の措置一覧（10項目プログラム）の3つのプログラムの会計と監査ならびにエンフォースメントに該当する大部分の立法計画を転換したものであり，会計法改革法（BilReG）の立法理由書によれば，それらは高価値，透明かつ資本市場指向的な会計規準だけでなく，同時にそうした規準の維持を保証するためのよりよいメカニズムとそれによってとくに資本市場企業の決算書の品質向上および品質保証を目指す包括的な構想を担うものだとされている[22]。また，会計統制法（BilKoG）の立法理由書においても，連邦政府の最優先目標は，資本市場において過去失われた信頼を回復し，持続して強化することにあるとしている[23]。これらの指摘にみられるように，2005年を目前にしたドイツにおける二つの法の成立は，「欧州の公益」を前提とする市場統合の一環として，資本市場指向の市場と会計に係わる規制改革であり，とくに会計局面では，IAS/IFRSの導入に当たり，その承認と監視のメカニズムを構築する必要な法規定の整備であったとみることができる。

第4節　会計法現代化法の成立（2009年）

　2009年5月に「会計法の現代化に関する法律」いわゆる会計法現代化法（BilMoG）が成立した。2004年12月に成立した会計法改革法（BilReG）は連結決算書に対するIAS/IFRS導入の法整備を行ったが，IAS/IFRS導入に伴う個別決算書や懸案の公正価値評価の導入，諸計上選択権に関する会計諸規定の法整備はその後成立の予定されていた会計法現代化法（BilMoG）に委ねられていた。会計法現代化法（BilMoG）は，当初2004年後半に法案を公表するという予定から大幅に遅れて，2007年11月の法務省案，2008年5月の政府草案の公表を経て，幾つかの修正をみながらようやく2009年に成立した。
　ここで，会計法現代化法（BilMoG）による法改正の主要なところを列挙すると次のようになる[24]。

（ⅰ）　個人商人に対して簿記，財産目録，決算書作成の義務を免責（商法典第241a条第1項，第242条第4項）
（ⅱ）　資本市場指向的の属性を有価証券取引法（WpHG）と一体的に定義（商法典第264d条）
（ⅲ）　大中小規模資本会社の規模規準を約20％引き上げ，連結決算書の作成義務の免責範囲を拡大（商法典第293条）
（ⅳ）　借方潜在的租税，自己創設の固定資産である無形財産対象物等に対する配当抑制（商法典第268条第8項等）
（ⅴ）　逆基準性原則の廃止（所得税法第5条第1項2文）
（ⅵ）　ドイツ会計基準委員会（DRSC）に対するIAS/IFRS適用に対する解釈任務の追加（商法典第342条第1項）

　こうした会計法現代化法（BilMoG）による法改正の主要な骨組み（フレームワーク）は国際化（Internationalisierung），調和化（Harmonisierung），規制軽減（Deregulierung），保守主義（Konservierung）の4つから構成され[25]，ドイツにおける企業の現代的な会計報告基礎に対する要請を認識したものだとされる。

すなわち，会計法現代化法（BilMoG）が追求する目標設定は，IAS/IFRS と競合して持続的で有用な商法会計法（商法典）を生み出すことであったが，そこで課題となったのは，商法会計法が配当測定の基礎にも租税算定の基礎にもなり，慎重性原則と債権者保護の基礎思考を保持し，IAS/IFRS との比較において費用節約的で簡便な選択肢を生み出すことであった。ただし，その場合，ドイツ商法会計法の機軸たる正規の簿記の諸原則（GoB）のシステムも従来の実務慣習たる統一貸借対照表（Einheitsbilanz）[26] の作成基盤も損なうことはないとされた。しかし，会計法現代化法（BilMoG）によって逆基準性原則（所得税法第5条第1項2文）が廃止され，それにより，実質的に，統一的貸借対照表を作成する実務上の可能性がかなり制約されるという疑問も提起され，また，個々の商法上の選択権の廃止によって，統一貸借対照表は極く限られた範囲でのみ可能となるにすぎないとも言われている[27]。

　ともかく，立法者は会計法現代化法（BilMoG）によってIAS/IFRS会計の欠点（複雑性の高さ，高い期間経費，高いコスト負担）を持ち込むことなく，規制軽減を行い，費用を節減し，ドイツ国内会計を国際化することを求めた。国際的に活動する企業は，それが資本市場指向か否かに関わりなく，国際的会計規準に益々，制約を受けざるを得ない。一方で，IAS/IFRSの適用は確かに複雑さと経費，情報提供義務の増大に結びつく。情報指向の会計報告は，中小規模の企業（Mittelstand）にとってその追加的効用がみてとれないため，立法者は中規模企業へのIAS/IFRSの受容を見合わせた。また，ドイツ企業にとって，商法上の年度決算書は依然として配当測定基礎としても課税所得算定の基礎としても用いられ，その点において会計法現代化法（BilMoG）における改革は存在しない。したがって，会計法現代化法（BilMoG）による商法会計法における個々の計上と評価規定領域の変更は国際的傾向とIAS/IFRSへの接近を見て取れる一方で，資本市場外部へのドイツの企業開示（Unternehmenspublizität）の明確な拡大と差別化が認識できるとされている[28]。

むすびに

　さて，以上がこの約15年間に及ぶドイツにおける資本市場指向の会計制度改革のあらましである。本書は，上に概略したドイツの会計制度改革が，EUの資本市場統合とIAS/IFRS導入の開放政策に歩調を合わせて，国際的会計規準の形成（EUの公益に資する限りでのIAS/IFRSの導入）とともに，自国の商法会計法を中心とした会計制度の改革と転換をどのように行ってきたのか，とくに会計の社会制度としての機能の観点から検討を加えている。

　1990年代後半以降，ドイツの会計制度の変革は，商法会計法を中心にして二重の意味で二元的な対応をみせている。二元的対応のひとつは連結決算書と個別決算書との峻別であり，もう一つは資本市場指向的会社と資本市場非指向的会社との差別化である。資本市場指向的会社の連結決算書に対して国際的会計規準（EU-IAS/IFRS，承認されたIAS/IFRS）の適用を容認することにより，ドイツ会計制度の国際化を図ると同時に，資本市場非指向会社やその個別決算書については，債権者保護にたつ配当可能利益の算定や基準性原則に基づく租税所得算定に対する伝統的会計機能を保持する基本的立場が現在のところ貫かれている。

　しかし，2009年の会計法現代化法（BilMoG）の成立を待ってしても，国際化，規制緩和を唱えた資本市場における情報提供機能と税や配当に対する社会的合意のシステムとして機能してきた会計の伝統的な基本機能との調和と対立の構図は依然として残っているといってよい。立法者の「両義性（Ambiguität）」を伴う会計法現代化法（BilMoG）の成立後も，商法会計から独立した税務上の損益計算を提唱する議論など，会計法制度の法的安定性を求めて，社会的合意施設としての会計制度の存立する基盤整備の必要性が提起されており，本書はそうした国際的会計規準の形成に関わりドイツの会計制度改革が抱えている問題を析出し，社会制度としての会計制度の機能をドイツがどのように維持しようとしたのか，会計改革の段階的経過を踏まえながら考察する。

注
1 佐藤誠二『会計国際化と資本市場統合』森山書店，2001年，179頁。
2 Kommission der EU: Mitteilung der Kommission, Harmonisierung auf dem Gebiet der Rechnunglegung; eine neue Strategie im Hinblick auf die internationale Harmonisierung, KOM95 (508) DE, 1995.
3 EU: Verordnung (EG) 1606/2002 des Europäischen Parlaments und des Rates vom 19. 07. 2002, betreffend die Anwendung internationaler Rechnungslegungsstandards, Amtsblatt der EU, L243/1-3.
4 Kapitalaufnahemeerleichterungsgesetze (KapAEG) vom 20. 04. 1998, BGBl Teil Ⅰ Nr. 24, 1998, S. 707-709.
5 Gesetz zur Kontrolle und Transparenz im Unternehmensbereich (KonTraG) vom 27. 04. 1998, BGBl, Teil Ⅰ Nr. 24, 1998, S. 786-794.
6 Gesetz zur Einführung internationaler Rechnungslegungsstandards und zur Sicherung der Qualität der Abschlusprüfung (Bilanzrechtreformgesetzes-BilReG) vom 04. 12. 2004, BGBl 2004 Teil Ⅰ Nr. 65, 2004.
7 Gesetes zur Kontrolle von Unternehmungsabschlüssen (Bilanzkontrollgesetz-BilKoG) vom 20. 12. 2004. BGBl Teil Ⅰ Nr. 69, 2004.
8 Gesetz zur Modernisierung des Bilanzrechts (Bilanzrechtsmodernisierungsgesetz-BilMoG) vom 25. 05. 2009, BGBl, Teil Ⅰ Nr. 27, 2009.
9 Gesetz zur Durchführung der Vierten, Siebenten und Achten richtlinie des Ratese der Europäischen Gemeinschaften zur Koordinierung des Gesellschafts (Bilanzrichtlinien-Gesetz-BiRiLiG) vom 19. Dezember 1985, BGBl Jahrgang Teil Ⅰ, 1985.
10 Bernhard Pellens/Rolf Uwe Fülbie/Joachim Gassen, Internationale Rechnunglegung, 5. Auflage, 2004, S. 51.
11 「資本調達容易化法」ならびに「企業領域統制・透明化法」の立法の経緯とその内容については，本書第3章を参照。また，第3章のベースとなったものとして，佐藤誠二『会計国際化と資本市場統合』森山書店，2001年の第6章がある。
12 Transparenz-und Publizitatgesetz vom 19. 07. 2002 (TransPuG) vom 19. 07. 2002, BGBl Teil Ⅰ, 2002.
13 Norbert Pfitzer/Peter Oser/Christian Orth: Reform des Aktien-, Bilanz-und Aufsichtsrechts, 2. Aufl., 2006, S. 87-88.
14 この内容に関しては，次を併せて参照されたい。佐藤誠二「EUとドイツにおける会計国際化の将来課題」同志社大学『ワールドワイドビジネスレビュー』第5巻（国際会計カンファレンス特集号），2004年並びに佐藤誠二「EUにおける会計国際化の新たな展開」『會計』第163巻第1号，2003年。

第 1 章　ドイツ会計制度の転換期　*29*

15　Maßnahmenkatalog der Bundesregierung zur Stärkung der Unternehmensintegrität und des Anlegerschutzes, in: IDW e. V. (Hrsg.), Bilanzrechtsreformgesetz Bilanzkontrllgesetz, mit Begründungen Regierungsentwürfe, Stellungsnahmen der Bundesrates mit Gegenäußerungen der Bundesregierung, Berichten des Rechtausschussesdes Deutschen Bundestages Stichwortverzeichnis, 2005.

16　Vgl., Bundesministerium der Justis (BMJ): Pressmitteilungen am 25. 02. 2003, Bundesregierung stärkt Anlegerschutz und Unternehmensintegrität, Maßnahmenkatalog der Bundesregierung zur Stärkung der Unternehmensintegrität und des Anlegerschutzes, 2003.

17　Vgl., Bundesministerium der Justis (BMJ): Pressmitteilungen am 29. 10. 2004, Bundestag verabschieded Bilanzrechtsreformgesetz und Bilanzkontrollgesetz, 2004.

18　Entwurf Gesetz zur Einfürung internationaler Rechnungslegungsstandards und zur Sicherung der Qualität der Abschlusprüfung (Bilanzrechtreformgesetzes-BilReG) vom 15. 12. 2003, S., 32-42. なお，「会計法改革法」は，若干の例外を除いて，新法規は 2005 年 1 月 1 日以降に始まる営業年度から適用された。

19　Entwurf eines Gesetes zur Kontrolle von Unternehmungsabschlüssen (Bilanzkontrollgesetz-BilKoG) vom 08. 12. 2003, S. 18.

20　Ebenda, S. 18-19.

21　Vgl., Bundesministerium der Justis (BMJ): Pressmitteilungen am 08. 12. 2003, Enforcement stärkt Anlegerschutz und Unternehmensintegrität.

22　Entwurf Gesetz zur Einfürung internationaler Rechnungslegungsstandards und zur Sicherung der Qualität der Abschlusprüfung (Bilanzrechtreformgesetzes-BilReG), a.a.O., S. 40.

23　Entwurf eines Gesetes zur Kontrolle von Unternehmungsabschlüssen (Bilanzkontrollgesetz-BilKoG), a.a.O., S. 18.

24　Fülbier, Rolf Uwe/Kuschel, Patrick/Maier, Friedrike: BilMoG, Internationalisierung des HGB und Auswirkungen auf das Controlling, 2010, S. 27-28.

25　Kessler, Harald/Leinen, Markus/Strickmann, Michael (Hrsg.): Bilanzrechtsmodernisierungsgesetz (BilMoG-RegE), Die neue Handelsbilanz, 2008, S. 29-33.

26　統一貸借対照表とは，ドイツにおいて，とくに中小規模の会社を中心に法人税申告の際に広く用いられる貸借対照表であり，それは商法目的にも税法目的にも資する単一の貸借対照表を意味する。この統一貸借対照表の実務慣行については，本書第 10 章を参照。

27　Petersen, Karl/Zwirner, Christian: Rechnungslegung und Prüfung im Umbruch: Überblick über das neue deutsche Bilanzrecht, Zeitschrift für internationale und kapitalorientierte Rechnung (KoR), Beihefter1 zu Heft5, 2009, S. 1.

28　Ebenda, S. 1-2.

第2章
EUとドイツの会計国際化戦略の展開

はじめに

　ドイツでは，世紀法（ein Jahrhundertgesetz）といわれた1985年商法典（HGB）の成立からすでに，四半世紀が経過した。1985年12月に成立した会計指令法（Bilanzrichtlinien-Gesetz）は，欧州共同体（EC）における1992年市場統合を前提に，域内加盟国の会社法調和化の一環として，1897年商法典の成立から数えてほぼ100年後に商法大改革を実現させた。その後，ドイツ会計改革は，1990年代初頭からの国際化実務の進展，1998年のIASないしUS-GAAPの適用に対する商法免責条項（開放条項）の時限措置，2005年のIAS/IFRSの実質的導入に特徴づけられる3つの転換局面を経過し現在に至っている[1]。そして，そうしたドイツにおける会計改革の歴史の背景にたえず，存在するのがEUにおける金融サービス統一市場の形成とそのインフラ整備としての会計統合という戦略である。

　このEUにおける会計統合の戦略は，1970年代後半から1980年代後半に至るECの統一資本市場の形成戦略と緊密に関連する。周知のように，ECは1992年の欧州統一資本市場を実現するうえで，会社法の統一が不可欠であるとして，その一環として加盟国各国の会社会計法制の調和化を進めてきた。ECは，EU第4号指令（会計指令），第7号指令（連結決算書指令），第8号指令（会計監査人指令）の基礎指令をはじめとする多くの指令を発効させ，それらの指令を加盟各国に転換することにより，資本市場統合のインフラ整備として，会社法会計法制の調和化の実現を図ってきた。

　そうしたEC指令の加盟国12カ国会計法制への転換（調和化）は，1990年

代のはじめにひとまず、完了した。ただし、その結末はEU指令に含まれる多くの処理（計上，評価）に関する選択権と転換に対する立法選択権の加盟国の裁量行使により、不完全な調和という政治的妥協を示すものであったといってよい。

既存の会計指令の調和化が一応完了した後で、マーストリヒト条約により、ECから移行したEU（欧州連合）では、一層の会社会計法の調和化が求められた。その背景としてつぎの3点が指摘されていた[2]。

第1には、EC加盟国における会計規準設定主体のそれぞれが、自国の伝統と具体的状況のなかで会計規準を独自に開発することにより、EC内部の会計規準の不統一性が大きくなり、ECの会計指令の存在意義が薄れるという懸念である。

第2には、EC指令により調和化された会計規準を適用した決算書が、アメリカの証券取引委員会（SEC）によって承認されておらず、アメリカ資本市場でのエクイティ・ファイナンスを目指す欧州企業はアメリカの会計規準（US-GAAP）に準拠した決算書との二重開示の状況は解消されず、そのことによって欧州企業の国際的競争力が弱まっているという状況があることである。

そして、第3には国際会計基準（IAS）が会計の国際標準として認知されることにより、会計規準の開発主体としての国際会計基準委員会（IASC）の国際的地位が強まるとともに、そこにおける欧州委員会の影響力を強めることがますます重要になってきたという点である。

ECから移行したEUは、その後も継続して市場統合政策を発展させてきたが、とくに、1999年の単一通貨・ユーロ導入に際して金融・資本の市場統合の深化がEU経済の将来の発展にとっての重要な牽引力とされ、1997年6月のアムステルダムにおける欧州理事会は、同年4月に欧州委員会が提示した（1999年12月にヘルシンキにおける欧州理事会にて決議）、2005年の欧州統合市場の実現に向けての一層の前進を意図したアクションプランを決議し、その延長線上で、欧州委員会が1999年11月に発表した公式意見書は、統合市場達成のための重点課題として、（ⅰ）市民の生活の質の向上、（ⅱ）EUの貨幣・資

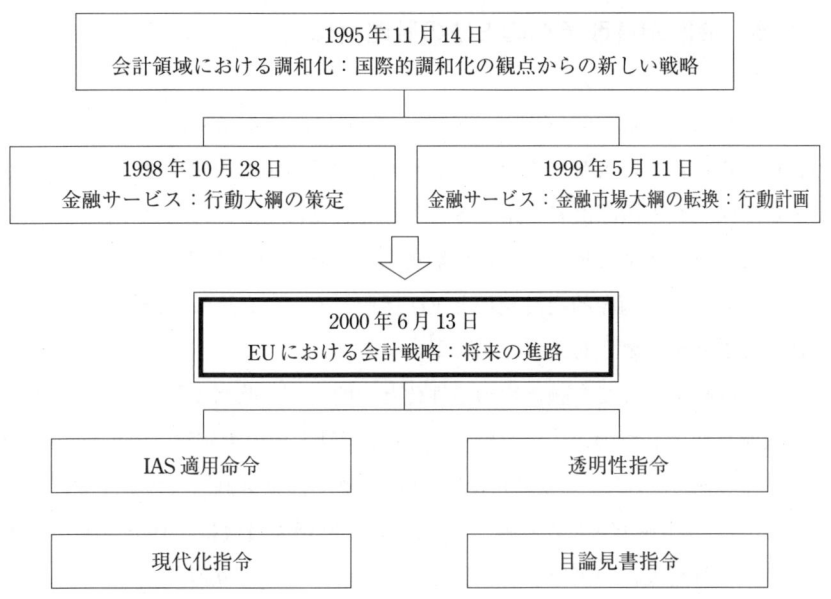

図表 1　EU の会計戦略と主要指令

```
┌─────────────────────────────────────────┐
│        1995 年 11 月 14 日                │
│ 会計領域における調和化：国際的調和化の観点からの新しい戦略 │
└─────────────────────────────────────────┘
        │                           │
┌───────────────────┐   ┌───────────────────────────┐
│ 1998 年 10 月 28 日 │   │   1999 年 5 月 11 日        │
│ 金融サービス：行動大綱の策定 │   │ 金融サービス：金融市場大綱の転換：行動計画 │
└───────────────────┘   └───────────────────────────┘
                    ↓
        ┌─────────────────────────┐
        │     2000 年 6 月 13 日     │
        │  EU における会計戦略：将来の進路 │
        └─────────────────────────┘

   ┌──────────┐              ┌──────────┐
   │ IAS 適用命令 │              │  透明性指令 │
   └──────────┘              └──────────┘

   ┌──────────┐              ┌──────────┐
   │  現代化指令  │              │ 目論見書指令 │
   └──────────┘              └──────────┘
```

本市場の効率性の強化, (ⅲ) 経済に対する枠組条件の改善, (ⅳ) 転換期にある世界における統合市場の成果の利用の4つの目標を明示し, 貨幣・資本市場の効率性を強化するうえで金融サービスに対する機能的な統合市場の実現が戦略におけるひとつの重点であるとした。

こうした EU の統合市場戦略のなかで, 欧州委員会はその後, 多くの命令, 指令等の法的措置を講じたが, 会計制度改革の起点となったのが, 1995 年に公表した「会計領域における調和化―国際的調和化の観点からの新しい戦略[3]」(1995 年 11 月 14 日付) であったといってよい (図表1を参照)。そこで, 以下本章においては, この欧州委員会が公表した 1995 年新会計戦略からはじまる EU の統合市場戦略とそれに連携した会計戦略について, 時系列的に整理した上で, EU の主要加盟国であるドイツがそれに呼応した会計制度改革の構想をどのように煮つめてきたのかを検討し, ドイツにおける国際的会計規準形成の前提要件を明らかにしておきたい。

第1節　会計制度改革へのEUの戦略構想

　欧州委員会が1995年に公表した「会計領域における調和化―国際的調和化の観点からの新しい戦略」の公式の意見書における中心的論点は，国際的に活動する欧州企業の国際的資本市場への参入を容易にするため，とくに連結決算書に関してEU指令と抵触せずに国際的会計規準としてIASとUS-GAAPの導入するためには，国際的会計規準とEU指令との一致を比較可能性の観点から検証することが必要とした点であった。

　この新戦略を受けて金融市場の活性化との関連で，欧州委員会が会計制度改革の課題を明示したのが，「金融サービス：行動大綱の策定[4]」（1998年10月28日）と「金融サービス：金融市場大綱の転換：行動計画[5]」（1999年5月11日付，以下「金融サービス行動計画」）であった。欧州委員会は，1998年に「金融サービス：行動大綱の策定」を公表し，そこで，アメリカのニューヨーク証券取引所もしくはNASDAQに上場する欧州企業数や取引所資本化額の総額が一段と増加していることを例示し，そうした状況のなかで，ユーロ導入後も欧州企業がその決算書を統一した会計原則を適用して作成するようにEU指令が国際会計基準（IAS）に適合することが益々，必要となっていると指摘した[6]。また，1999年5月に公表した「金融サービス行動計画」において，欧州委員会は，「比較可能で，透明かつ信頼性ある年度決算書は，効率的および統合された資本市場にとって不可欠[7]」であるとし，国際的資本市場で資金調達する欧州企業にとって，「EU市場内部での比較可能性の改善に対する解決は，国際的に認められた行為基準の動向を反映させる」ことであり，「企業に対し国際的資本市場で資本を調達することを可能にする統一会計規定の指針として国際会計基準（IAS）が最も適している[8]」とした。欧州委員会は，こうした視点に立って，国際的会計規準としてのIAS/IFRSの導入と公正価値評価の導入，既存のEU指令の現代化，会計監査制度の強化という具体的優先課題を明示した行動計画を策定したのである。

その後,「金融サービス行動計画」を2005年までに完全実施するとした欧州理事会の2000年リスボン決議を受けた欧州委員会は,同年6月13日付で公式意見書「EUにおける会計戦略:将来の進路—[9]」を欧州議会に提出した。欧州委員会は,すでに1995年に,「会計領域における調和化—国際的調和化の観点からの新しい戦略」において,国際的に活動する欧州企業の国際的資本市場への参入を容易にするため,連結決算書に対してIASの適用を認めたうえで,IASCとIOSCOを支持し,取引所上場に対して必要な「国際的に認められた会計原則」の作成に努力することを表明していた。その後,改定作業を終えたIAS(コア・スタンダード)を2000年5月17日付でIOSCOが承認し,また,IASCが2001年から発効する国際会計基準審議会(IASB)への組織変更を通じて資本市場におけるより上質の会計規準の適用に努力する目標を明確に掲げたことを背景に,欧州委員会は,企業の年度決算書の比較可能性(Vergleicbarkeit)を改善するための措置計画「EUにおける会計戦略:将来の進路」を公表したのである。

「EUにおける会計戦略:将来の進路」は,第1段階の将来措置として,欧州委員会が,2000年末までに,すべての取引所上場のEU企業に対して,IASと組織変更されたIASBの策定するIAS/IFRSに基づく連結決算書の作成を要求する提案を行うこと,加えて,欧州委員会が,非上場の企業に対しても,IAS/IFRSに基づく連結決算書を作成する選択権を加盟国に付与すること(遅くとも2005年までの移行期間を予定),第2段階としては,欧州委員会が,2001年末までに有限責任会社の会計にとって将来も基礎でありうるような「EU会計指令の現代化(Modernisierung der EU-Rechnunglegungsrichtlinien)」に関する提案を行うことを提示した[10]。

こうしたEUの立法計画は,企業の比較可能で透明性ある決算書に対する明確な規制を導入し,その厳格な解釈と適用を保証するもので,そのことによって投資家とその他の利害関係者が目的適合的で信頼にたる情報を利用し,企業業績の意義ある比較を可能にし,資金利用の意思決定に資することになるとされた。欧州の投資家は自身の投資決定のために上質の会計情報を必要としてお

り，欧州の企業もまた国際的資本市場において資本調達しようとする別の企業と同一の条件を適用されなければならない。したがって，欧州委員会の立法提案は，EUにおいて適用されるべき会計規準に対する法的安定性を保証するうえで，適用されるべき規準と調和するための技術レベルと政策レベルの二重構造を持つ承認（エンドースメント）方法も確立しなければならないし，EU全域において会計規準が統一的，適切に適用されるためには高品質の法定監査，欧州有価証券監督局の強力な協力が前提となるとしたのである。

第2節　IFRS適用命令とEU指令の現代化

2000年6月に「EUにおける会計戦略：将来の進路」が掲示したIAS/IFRSの導入戦略は，2001年2月13日の「国際的な会計原則に関するEU議会およびEU理事会の命令に対する提案[11]」により具体的な施策とて講じられた。この提案は，金融サービスに対する統合市場を早急に実現する必要性を強調し，2005年をもって欧州委員会の「金融サービス行動計画」の実施期限と定めて，資本市場指向的企業の決算書の比較可能性を改善するための措置を講ずるとした2000年3月のリスボンにおける欧州理事会の決議を踏まえたものであった。この提案は2002年2月および5月にUS-GAAP適用会社等のIAS/IFRS適用に2年間の期限猶予（2007年1月1日以後に適用）を付与し，また20数箇所に及ぶ修正を施したのち，2002年7月19日付で最終的に11条項からなる「国際的な会計原則に関するEU議会およびEU理事会の命令（No. 1606/2002）」いわゆる「IAS適用命令（IAS-Verordnung）[12]」としてEU議会および欧州理事会によって公布された。

EUは，「IAS適用命令」において，2005年1月1日以降に始まる事業年度から，資本市場指向的企業の連結決算書に関して，IAS/IFRSの適用を義務づけ（US-GAAP適用の会社ならびに負債証券のみを取引認可されている会社については，2年間の猶予期間），資本市場非指向的会社の連結決算書に対して，また個別決算書に対してIAS/IFRS適用の加盟国選択権を付与している。IAS適用命

令によると，この国際的会計規準の適用を承認するにあたって，（ⅰ）企業の財産・財務・収益状態の事実関係に合致する写像を伝達するというEU会計指令の基本要請を満たし，EU理事会の決議に応じてEU指令のすべての個別規定の厳格な遵守を必要とすることなく原則を維持すること，（ⅱ）2000年7月17日の理事会決議に従い欧州の共通の利害に合致すること，（ⅲ）情報の質に関する基本的基準が満たされ，それにより決算書がその受け手にとって有用であること，の3つを前提としたものであった[13]。

なお，IAS/IFRSを適用するには，EUにおける承認手続き，いわゆるエンドースメント機構（endorsement mechanism）が不可欠とされた。「IAS適用命令」によれば，承認機構は提案されたIAS/IFRSを遅滞なく受け入れ，主要利害関係者，とくに国内の基準設定機関，有価証券領域の監督機関，銀行および保険会社，中央銀行，会計専門職ならびに決算書の受け手および作成者によりIAS/IFRSを審議し検証する。この承認機構は共同体においてIAS/IFRSを適用させるための共通理解を深めるための手段である[14]。エンドースメント機構を経たIAS/IFRSは，「IAS承認命令」（「IAS適用命令に合致した一定の国際的会計原則の承認に関する命令」）および，「IAS承認命令の修正命令」（「IAS適用命令に合致した一定の国際的会計原則の承認に関する命令の修正命令」）[15]等を通じて連邦公報に報告されてはじめて，「承認されたIAS/IFRS」として適用可能になる。

他方において，IAS適用命令と並行的に「EU指令の現代化」も推し進められた。「IAS適用命令」は，すべての上場企業に対してその連結決算書を遅くとも2005年にIAS/IFRSに基づき作成されなければならない規定を導入すると同時に，加盟国に対してIAS/IFRSを個別決算書にも非上場企業にも適用する規定を設ける可能性を与えた。ただし，EU指令に基づく年度決算書と連結決算書は今後も当該指令を共同体の会計要請の優先源泉としているために，IAS/IFRSを適用する欧州企業とIAS/IFRSを適用しない欧州企業との間に等しい競争条件が支配することが重要であるとされた。したがって，IAS/IFRSの適用とEU第4号指令や第7号指令の適用という2つの目的にとって，当該

のEU指令が国際的会計の発展を反映することが望ましく，欧州委員会が1999年「金融サービス行動計画」において示したIAS/IFRSの動向を考慮してEC第4号指令および第7号指令を統合市場の要請に適応させるという構想に沿って「EU指令の現代化」が実施された。すでに，欧州委員会が1995年に示した「会計領域における調和化：国際的調和化の観点からの新しい戦略」においても，また1999年12月の欧州理事会決議（ヘルシンキ）においても，貨幣・資本市場の効率性を強化するうえで金融サービスに対する機能的な統合市場を2005年までに実現することが戦略重点とされ，そうした戦略目標にもとづく「EU指令の現代化」の必要性は提起されていたが，この「EU指令の現代化」の試みは，2002年7月9日付の提案[16]を経て，（ⅰ）会計指令とIAS/IFRSとの間の既存のすべてのコンフリクトを解消し，（ⅱ）会計指令が今後も会計の基礎であるEU企業（自身の年度決算書もしくは連結決算書がIAS/IFRSに従い作成されない企業）に対しIAS/IFRSに存在する会計選択権を明確にし，（ⅲ）現代実務に合致し弾力性に富む会計フレームワークを生み出し，IAS/IFRSの将来の発展に寄与するよう会計指令の基礎構造を現代化する[17]，ことを目的とした，「特定の法形態の会社，銀行及びその他の金融機関ならびに保険企業の年度決算書及び連結決算書に関する指令78/66の修正に対するEU議会及びEU理事会の指令」いわゆる「現代化指令（Modernisierungsrichtlinie）[18]」が2003年6月18日に成立，公表されるに至ったのである[19]。

第3節　EUにおける証券取引開示規制

　欧州委員会は，IAS適用命令，現代化指令とともに，「金融サービス行動計画」の主要構成部分として位置づけられる証券取引開示規制に関する指令提案を2003年3月26日に公表した。「規制市場に有価証券を取引認可される発行者に関する情報についての透明化要請の調和化及び2001/34 EU指令の修正に関するEU議会及び欧州理事会の指令[20]」，いわゆる「透明性指令（Transparenzrichtlinie）」の提案がそれである。

透明性指令提案の立法理由書によれば，健全な株主保護と市場の効率性の目的に適合した透明性水準および情報水準が規定されるためには，本提案の発議は IAS 適用命令，市場濫用指令，目論見書指令の立法措置すべてが関係づけられなければならないという[21]。また，提案によれば，本指令は一定時点で標準化された形式（定期的情報）ないし継続的情報の形式での開示義務を改革するものだとされている。

開示義務の改革について，透明化指令は次の主要目標を掲げている。

—3ヶ月以内の年次財務報告書の開示を通じた証券発行者の年次財務報告の改善

—事業年度についての期間報告の改善。これには，詳細な半期財務報告と第1四半期および第3四半期に対する証券発行者についての要求度の高くない四半期報告との実利的な結合が属する。

—負債証券を発行する証券発行者に対する半期財務報告の導入

—証券発行者の重要な資本参加の変動に関する継続的告知の異論のない資本市場指向的考え方への基礎づけ。これについては厳格な開示期間内での頻繁な情報を可能とする。

—証券所有者（株主および負債証券の所有者）に対して株主総会の際に委任ないし電子媒体の手段で情報を利用可能にするための既存の共同体法の現実化。この観点はとくに外国に居住する投資家にとって意義がある[22]。

有価証券が規制市場において取引認可される企業が公表する情報に対する最低限の透明化要件を導入するためのこの指令は，投資家保護を強化し，欧州資本市場の公開および健全性を高めることにより欧州市場を魅力的なものにすることを目指している。また，発行者が EU の自国以外の規制市場における有価証券取引の認可を妨げる国内規制の制約を除去するための規定も示されている。指令は，その目標を達成するため，発行者の情報義務を具体的なものとし，財務情報の包括的かつ頻繁な提示を義務づけ，用語規制および情報準備に関しても発行者が保持すべき要件も明瞭化したという。また，この指令は既存の EU 指令を改善し，グローバルな経済の要請に適合するものとされてい

る[23]。

　この透明性指令は，現代化指令，IAS 適用命令の EU の法的措置と連携して金融サービス市場に対する枠組規制を改正する戦略の一環をなしており，それは，2000 年における欧州理事会の決議とそれに基づく「金融サービス行動計画」の優先措置として位置づけられるものでる。

　透明化指令提案は 2004 年 12 月 15 日付で，透明性指令[24]（「規制市場に有価証券を取引認可される発行者に関する情報についての透明化要請の調和化及び 2001/34 EU 指令の修正に関する指令 2004/109/EC」）として成立した。

　なお，2000 年のリスボン決議の実施計画に従って，IAS 適用命令，現代化指令と連動して EU の統一金融サービス市場の形成に資する指令として「目論見書指令[25]」（Prospektrichtlinie；「有価証券の公募もしくは取引認可に際し開示される目論見書及び EU 指令 2001/34 の修正に関する指令 2003/71/EC」，2003 年 11 月 4 日付）も交付された。その点は，目論見書指令提案が，「有価証券統一市場の実現を加速化し，目論見書の記載内容の比較可能性を改善するために，欧州委員会は EU 会計指令の現実化も計画している。規制された市場で有価証券が取引認可されるすべての EU 企業はその連結決算書を 2005 年以降，統一的会計規準すなわち IAS/IFRS に基づき作成しなければならない。EU における有価証券は国際的金融市場において統一的な会計原則に基づいて取り扱われることが保証されなければならない[26]」と述べるところである。

　目論見書指令の目的は，その第 1 条第 1 項が示すように，加盟国に設立されているもしくは機能している規制された市場において有価証券を上場するないしは有価証券の取引が認可される際の，目論見書の作成，承認，普及に対する条件を調和化することを明らかにことにある。2001 年 5 月 30 日付の目論見書指令提案[27] においては，その立法理由書のなかで，目論見書の形式，内容とその作成に対する理解は EU において異なる慣行に基づいて極めて多様であり，また，相互承認という複雑で欠陥あるシステムによっては統一的な発行者パスの指示という目標を達成できない。目論見書内容を調和化することが共同体における統一的な株主保護にとって必要であり，いわゆる欧州パスの導入

は，それが多様な目論見書を作成するもしくは追加的な国内版を履行する義務を解除することにより，有価証券発行者に対して現行法規の遵守を簡便化する一回限りの機会を提供するだろうと述べている[28]。

目論見書指令が提示する調和化の新システムは，主として次の内容から構成されている。

　―有価証券の上場および取引認可に対する国際的基準に合致した改善された開示規範の導入
　―規制された市場において有価証券の取引が認可される証券発行者に対して，当該発行者に関する重要な記載項目の年次の現実化を保証する登録フォーミュラ制度の導入
　―本来加盟国の所轄当局により認可された目論見書の簡便な通知によって，有価証券を取引申請ないし認可する可能性の開設
　―本来加盟国の所轄当局側の権限の集約
　―ストックホルムにおける欧州理事会で決議されたラムファルシー報告書を広範囲に指示することによるコミトロジー（Komitologie）方法への頻繁な要請[29]

第4節　ドイツの会計国際化戦略

ドイツでは，EUの1999年5月の「金融サービス行動計画」および2000年6月の「EUにおける会計戦略：将来の進路」をほぼ全面的に受け入れ，EU指令の現代化とIAS/IFRSの適用を図るともに，ドイツ会計法制の聖牛とも言われる基準性原則（商法確定決算基準）を再検討して，国際的会計規準（国際的に認められた会計原則）の形成を通じて連結決算書だけでなく個別決算書にも統一的計上・評価原則を確立するという目標を追求することが提案されていた。その会計改革の中心的担い手がドイツ会計基準委員会（DRSC）に設置されたドイツ基準設定審議会（DSR）である。

ドイツ基準設定審議会（DSR）は，2000年7月24日に「EU第7号指令の

改革に対する提案」，9月21日には「EUにおける会計戦略：将来措置に関する欧州理事会および欧州議会への欧州委員会の公式報告」，また，12月7日には「EU第4号指令の改革に対する提案」という公式意見をそれぞれ公表した。また，2001年7月6日にはドイツ連結会計法（Konzernbilanzrecht）の国際的に適用される原則への適用を意図した「会計国際化に関する法律案」を連邦法務省に提出した。この法律案はその後，連邦法務省の2001年11月26日付の「透明性及び開示に関する株式法および会計法の一層の改革のための法律案」に組入れられ，最終的にいわゆる「透明性・開示法（TransPuG）[30]」として同年7月25日付で連邦公報に公示された。さらにドイツ基準設定審議会（DSR）は，欧州委員会の提示した2002年5月の現代化指令提案，2001年7月7日に欧州議会において議決されたIAS適用命令に対する公式意見書を2002年10月24日付で連邦法務省に提出した。

　2000年9月21日のドイツ基準設定審議会（DSR）が示した「EUにおける会計戦略：将来措置に関する欧州理事会および欧州議会への欧州委員会の公式報告」に対する意見書[31]においては，1995年のEUにおける新会計戦略に対して，5つの論点について，以下のようなドイツの基本的立場をとることが要請された。

　第1の論点として，2005年以降の連結決算書に対するIAS/IFRS適用義務に関しては次のように述べている。

　IAS/IFRSへの欧州委員会の収斂化は，ドイツ経済の大きな部分，とくにニューヨーク証券取引所に上場する企業ならびにアメリカ合衆国に資本出資を有する企業が自身の連結決算書をUS-GAAPに基づき作成，開示していることを恐らく失念している。現在の欧州委員会の計画と資本調達容易化法の免責規定によって，ドイツ商法からUS-GAAPに会計を転換した企業はその会計を再度転換して，2005年1月1日からIAS/IFRSに準拠した連結決算書を作成し開示しなければならない。そうした決算書の利用者側にもたらす影響は別としても，当該企業に対して新しい転換プロセスをそれほど短期間のうちに期待することはほとんどできないだろう。さらに，社会は会計規準およびそれによる利

益と自己資本の表示が任意に変更されるという印象をもつにちがいない。他方，政策的理由から，商法典第292a条第1項2a号のようなIAS/IFRSとUS-GAAPの両立を長期にわたって維持することは困難である。さらに，IAS/IFRSとUS-GAAPの継続的な共存は国際的資本市場における透明性にとっても必要でないことを認めなければならない。したがって，連邦政府は国家的にもまたEUの内部でも免責US-GAAP決算書の承認のための期限を明確に変更する（たとえば，2010年まで）ことを要求すべきである。そのことにより獲得した期間をIAS/IFRSとUS-GAAPを可能な限り接近させ，対立を解消するため振り向けなければならない。そのための機会は十分存在するし，目標追求的に利用しなければならない[32]。

第2に，連結決算書および個別決算書に対するIAS/IFRS適用選択権に関しては，次のような要請を示した。まず，連結決算書については，国内会計規定の枠内での国際的基準の適用に対する選択権は，企業に対して大きな行動余地を与えている。この選択権はEUレベルで維持しドイツ商法に収容すべきである。そうした選択権は資本市場指向への移行を容易化させる[33]。

他方，個別決算書については，個別決算書による開示の改善という関連において，ドイツ基準設定審議会（DSR）は個別決算書に対する規定の修正に賛同するという。国際的には，会計原則に関して，個別決算書と連結決算書との区分は行われていない。国際的に認められた会計原則の適用によって，ドイツの企業にとっては，差別化により二重負担が生じている。個別決算書と連結決算書の異なる規範構成は，会計の表明能力と理解可能性に影響する。連結決算書を作成しない個別企業もまた，国際的市場を利用することがますます強いられている。そこで，個別企業はコンツェルンに組み入れられ，国際的に認められた会計原則に基づき会計を行う企業と競争する。その限りで，個別企業についての規制緩和に賛同するとしている[34]。

さらに，商法決算書はますます，配当可能利益の測定基礎の機能から遠のき，企業ないしコンツェルンの業績（Peformance）のための会計として展開してきている。企業およびコンツェルンの内部管理に関してもまた，外部会計の

データも，それが国際的原則に応じて期間適合的価値を表示する限り強く関連づけられている。したがって，ドイツ基準設定審議会（DSR）は，（相応の移行期間を伴って）商事決算書の税務決算書に対する基準性原則および逆基準性原則を廃止する方針をとる。基準性原則はすでに多くの税務上の特別規定によって，空洞化している。商事決算書と税務決算書は異なる目的設定を有している。経済的業績と税務上の給付能力は統一的に測定することはできない。連邦財政裁判所（BFH）の決定はますます財政的に展開してきている。特別規定の導入を見いだした判決の一部分は企業の事実関係に合致した写像に適合しない。連邦政府は，加盟国選択権を行使して，商事決算書を税務決算書から開放する方向で国内法への転換を行うべきである[35]としている。

　第3に，IAS/IFRSのエンドースメント（承認方法）の論点としては，まず，基準設定審議会が拘束的効果を伴う特別の承認方法を通じてIAS/IFRSをEUに適用するか否かを決定させるという欧州委員会の計画に賛同するという。現存する統一的な世界規模の資本市場は，企業の決算書の国際的な比較を可能にし，すべての市場参加者によって理解可能な世界的に統一された会計原則を求めている。世界規模の資本市場において，国内のそして地域的な会計規定は，それぞれの国内の領域と地域的領域から生ずる特別な規定がない限り，存在意義をもたない。「欧州のIAS（europäischer IAS）」を生み出すことは，フィルター機能を行使する特別の承認方法を通じた統一的で世界規模の会計原則という方向に明らかに逆行する。連邦政府はエンドースメント機構として理解されるEUレベルの新設置の委員会が形成されないことに努力すべきである[36]としている。

　また，第4の論点として，IAS/IFRS履行のエンフォースメント（実施・監視基盤）については，原則的に，会計に対する実施・監視基盤の設置は機能的な資本市場の確保にとってのすべての措置のうち本質的な構成要因である。国家の資本市場監督局の任務領域，権限，人的および財政的装備を強化するか，あるいは私法上組織され，私経済的に統制機関のそれを強化するかのどちらを優先するのかは，集中的審議を経て決定されるべきである。別の法集団に展開さ

れる制度的構成への移転可能性はそのまま受け入れることはできない[37]という。

最後に第5の論点として，2001年末に予想される欧州委員会の会計指令改訂提案については，ドイツ基準設定審議会（DSR）はEU指令とにIAS/IFRSとの間のコンフリクトを可能な限り除去する目標を持って指令を改訂する作業に加わるという。目下のところ，会計原則の世界的規模での調和化の努力を強く攪乱しているものは，国内規定，地域的共同体（たとえば，EU）もしくは類似の機関（たとえば，SEC）によって作成される詳細な会計規定である。そうした法競合もしくは命令設定者競合に属するものは，連結決算書，場合によっては個別決算書の作成と開示に対するもっとも主要な原則を規定し，形式と内容に関する個別規定は独立した国際的および国内の基準設定主体に委ねることに限定しなければならない。その領域が意義ある規制緩和にとっての範例である。ドイツの立法者はその方向で，資本調達容易化法と企業領域統制・透明化法をうまく描いてきた。賢明な自己抑制のなかで，キャッシュ・フロー計算書，セグメント報告，リスク報告の作成と開示が規定された。形式と内容に関する個別規定については，立法者はドイツ基準設定審議会（DSR）に委ねた。目下のところ，この方向が重要であり，生産的であることをすべてが示唆している。したがって，ドイツ連邦共和国はEUにおいて，会計指令の改訂が同じ方向に進むことに努めて力を込めるべきである[38]としている。

さて，以上のようなドイツ基準設定審議会（DSR）の基本的立場は，その後のドイツの会計改革についても反映されることになった。ただし，「EUにおける会計戦略：将来の進路」が掲示した2005年のIAS/IFRSの導入を間近に迎えてのドイツ基準設定審議会（DSR）のスタンスは，ノーウォーク合意に基づくIAS/IFRSとUS-GAAPの収斂化の動向を視野に入れながら，国際的会計規準（国際的に認められた会計原則）としてIAS/IFRS対応に絞った軌道修正が行われたといってよい。

ドイツ基準設定審議会（DSR）は，IAS適用命令およびEU会計指令修正提案に「EUにおける決算書監査人の独立性についての委員会勧告―基本原則

―」(2002年5月16日付)を加えた3つのEUドキュメントに対してそれが会計に関連するものに限っての意見書[39]を2002年10月24日,連邦法務省に送付したが,この意見書は,会計国際化にあたってIAS/IFRS適用とEU修正指令の国内法化を目前にしたドイツの立法対応がより明確な形で示されている。

以下,IAS/IFRS適用とEU修正指令に関連したドイツ基準設定審議会(DSR)意見書の主要なところを示せば次のようになる。

まず,IAS適用命令に対する対応について,ドイツ基準設定審議会(DSR)は,IAS適用命令に伴う資本市場指向的コンツェルンに対する会計の前進とそれを上回る適用の可能性に賛同するとしている。ドイツ基準設定審議会(DSR)は年度決算書にIAS/IFRSを適用することによって課税,資本維持,配当等に関して生ずる問題を自覚している。しかし,商法上の(連結)会計が一層発展するという任務を第一と考えている。伝統的な年度決算書および連結決算書に帰属する諸任務からすれば,異なる会計基礎を定め許容することを正当化することも出来る。しかし,年度決算書における事実関係を連結決算書と異なり説明するためには,多様な事実関係に対する説明要請に応えなければならず,多大な費用も要することになる。商法典第292a条が指示した連結決算書に対する期限付(2004年末)の商法会計法規定の免責規定は,国際市場で上場する資本市場指向的親企業の要請と税法および会社法の包括的改革に対する時間要請との間の妥協を示している。長期にわたって,ドイツ基準設定審議会(DSR)は年度決算書及び連結決算書に対する統一的商法会計を追求してきた[40]。

IAS/IFRS適用の加盟国選択権については,ドイツ基準設定審議会(DSR)は,ドイツ連結会計規定の国際化が資本市場指向的企業に限定されずに連結会計義務あるすべての企業に関わることに賛同する。ドイツや欧州企業の連結決算書についての相互の比較可能性はその進展に対抗するすべての議論に対して優位性を持っている。2004年末までに連結会計に関するドイツ基準を国際的規準に適合させるという立法者の意思は実現されるべきである。さらに,連結決算書の作成前提がEU第4号指令の国内法転換に基づいているために,現行

商法第290条から296条の法文と国際規準と比較して，指令修正提案の適用範囲において説明されるべき一連の免責規定が生ずる。商法典第293条の規模依存的免責は，連結会計の収斂という目標を無視することなく，小規模コンツェルンの過度の負担を回避するために維持されることになる。さらに，資本市場非指向的企業にとって2005年を越える移行規定が望ましいことが考えられるにせよ，ドイツ商法に基づく連結会計からIAS/IFRSに基づく連結会計への移行に対する準備作業はこの期限以上に引き延ばすことは実行可能でない。ドイツ基準設定審議会（DSR）は，連結会計義務の業種特有の形成に対して反対する。通常，銀行および保険の場合，2005年までにIAS/IFRSの適用が強制される取引所上場コンツェルンが対象である。資本市場指向的企業のみに連結決算書に対するIAS/IFRS適用義務を当該集団との議論によって根拠付けるべきならば，資本市場非指向的企業は少なくとも選択権が付与されなければならない。国際的に理解しやすい情報も利用しうるという欲求は資本市場で広範に活動する企業に限定される。したがって，移行時点に取引所参入を計画する場合の転換作業に関連する企業に対して，選択権による免除が付与される[41]。商法典第292a条に適用される資本市場指向的企業の定義がIAS適用命令より広く解釈され，その結果，例えば，IAS適用命令の適用領域を最小限に設定する場合，資本市場非指向的持株会社が商法典第292a条の適用期限の経過した後に再び商法典に回帰することを指摘しなければならない[42]。

　他方，個別決算書に対するIAS/IFRS適用の加盟国選択権については，税法および会社法の領域の未解決問題，情報の比較可能性，異なるシステムに基づくパラレルな会計と結びつく費用といった年度決算書および連結決算書における会計の統一的基礎に対する議論を考慮した上で，ドイツ基準設定審議会（DSR）はコンツェルン結合のない資本市場指向的企業および連結決算書の被組入企業がIAS/IFRSに基づき自身の年度決算書を作成しなければならないことに賛成する。配当抑制等の補完措置はいずれにせよ，規制されなければならない。長期的には，ドイツ商法決算書でなくIAS/IFRS決算書を選択するどんな企業も妨げを生じなくなろう。ドイツ基準設定審議会（DSR）は会社法およ

び税法における改革の促進が重視されることを希望する[43]。

　ドイツ基準設定審議会（DSR）はドイツ企業に対する移行規制における2つの加盟国選択権（会計指令の既存の選択権とIAS適用命令の新規選択権）については，それらを継続させることを提案する。基本的にはすべての資本市場指向的企業に対する統一的な透明性要請が適用されるべきである。組織化された市場で負債証券が取引認可される企業はたしかに，商法典第292a条の適用領域を確定する場合，同等の取り扱いを得たいとしている。IAS/IFRSの適用領域は資本市場の金融商品のどれが認可されるかによって相違する。今行われている改訂作業の観点からは，移行期間が正当化され得る。また，IAS/IFRSとUS-GAAPの収斂化への努力が先行しており，2007年までにIAS/IFRS決算書とUS-GAAP決算書との調整計算表は不必要となるべきである[44]としている。

　最後に，EU会計指令修正については，ドイツ基準設定審議会（DSR）はすべての会計指令の適用，したがって，銀行についても実施されるべきことを改めて指摘する。会計指令の修正を制限することは，例えばEU第2号指令に基づく利益処分および資本維持にも該当するために，コンフリクトのないIAS/IFRSの適用を可能とするという設定された目標に適合しないことをいま一度，指摘したい。指令提案に組み込まれた新規の加盟国選択権の転換は，既存の加盟国選択権が会計国際化の目標に対して今後も正当化されるか否かについて批判的に吟味する契機を与えるだろう。その場合，本質的に，選択権の正当性が検討されなければならない[45]。

むすびに

　本書で考察するように，ドイツの国際化を目指した会計改革は，とくに1993年以降，国際化実務の進展を背景に，IAS/IFRS適用に向けてのドイツ商法免責条項（開放条項）の経過措置，IAS/IFRSの実質的導入という転換局面を迎えてきた。そして，その中心にあるのが連結会計へのIAS/IFRS導入のための会計法体系の整備である。そして，そうしたドイツの約15年間に及ぶ会計改革の根底にあるのが，本章で見てきたEUにおける統一した金融サービス市

場の達成と国際的会計規準の形成（IAS/IFRS の導入）という統合戦略とアクションプラン（行動計画）である。ドイツの会計制度は，EU の会計戦略の枠組みのなかで，国際金融サービス市場に適応するアングロサクソン的な資本市場指向の会計制度に急速にシフトしていく。ただし，EU とドイツの会計改革は，EU とその加盟国の公益を前提に，各加盟国が長い歴史をとおして構築した既存の会計制度とアングロサクソン的個性との「調和と対立」の構図のなかで展開されている点に留意する必要があろう。

　たしかに，ドイツの場合，IAS/IFRS の導入に先導的役割を果しているドイツ基準設定審議会（DSR）の会計改革に対する意見は，100 年以上の歴史を持つ基準性原則（商法確定決算基準）の廃止の方針を含みながら，EU の提起した資本市場指向型の会計改革に主要国として積極的姿勢（とくに連結会計に対して）をみせている。

　しかし，次章以下において検討するように，その後，IAS 適用命令等を実質的に転換し法制化したドイツの会計制度改革においては，そうしたドイツ基準設定審議会（DSR）の目論見通りに事態が進んだわけではない。IAS 適用命令と EU 現代化指令を反映した会計改革では，資本市場非指向の中小会社の会計問題や個別決算書（年度決算書）への IAS/IFRS 適用，個別決算書の利益（配当）測定基礎あるいは基準性原則（商法確定決算基準）などに関わる会計制度のドイツ的個性をどのように保持し，その上で統一会計基準としての IAS/IFRS との調和を図るのかが絶えず，問われている点に留意する必要がある。そして，その基底に存在するのが，国家主権の維持と会計制度の機能保持という問題である。資本市場指向会計改革における国際的会計規準形成の課題には，グローバル化した経済と市場に対して国家の概念を捨象して世界的規模で機能する側面と，それと同時に一国の会計制度が配当や税の決定に対していかに当該の国家的社会的施設として社会的合意の会計機能を果しているのかという側面についての複眼的な視点をもつ必要性を含意しているといえよう。

注
1 Pellens, Bernhard/Fülbie, Rolf Uwe/Gassen, Joachim: Internationale Rechnungslegung, 5. Auflage, 2004, S. 51.
2 Kommission der EU: Mitteilung der Kommission, Harmonisierung auf dem Gebiet der Rechnunglegung; eine neue Strategie im Hinblick auf die internationale Harmonisierung, COM95 (508) DE, 1995, par. 2. 6-2. 9
3 この EU の新会計戦略の詳しい内容について，川口八洲雄『会計指令法の競争戦略』森山書店，2000 年の第 5 章を参照。
4 Kommission der EU: Mitteilung der Kommission, Finanzdiestleistungen: Abstecken eines Aktiontrahmens, KOM (1998) 625, 28. 10. 1998.
5 Kommission der EU: Mitteilung der Kommission, Finanzdiestleistungen: Umsetzung des Finanzmarktrahmens; Aktionplan, KOM (1999) 232, 11. 05. 1999.
6 Kommission der EU: Mitteilung der Kommission, Finanzdiestleistungen: Abstecken eines Aktiontrahmens, a.a.O., S. 11-12.
7 Kommission der EU: Mitteilung der Kommission, Finanzdiestleistungen: Umsetzung des Finanzmarktrahmens: Aktionplan, a.a.O., S. 6.
8 Ebenda, S. 6.
9 Kommission der EU: Mitteilung der Kommission, "Rechnungslegungsstrategie der EU: Künftiges Vorgehen", KOM (2000) 359, 13. 06. 2000.
10 Kommission der EU: Mitteilung der Kommission, Finanzdiestleistungen: Abstecken eines Aktiontrahmens, a.a.O., S. 2, S. 11.
11 Vgl., Kommission der EU: Vorschlag für eine Verordnung des Europäischen Parlaments und des Rates, betreffend die Anwendung internationaler Rechnungslegungsstandards, KOM (2001) 80, S. 1-24.
12 EU: Verordnung (EG) 1606/2002 des Europäischen Parlaments und des Rates vom 19. 07. 2002, betreffend die Anwendung internationaler Rechnungslegungsstandards, Amtsblatt der EU, L243/1-3.
13 Ebenda, S. 2.
14 Ebenda, S. 2.
15 Vgl., EU: Verordnung (EG) Nr. 707/2004 der Kommission vom 6. April 2004 zur Änderung der Verordnung (EG) Nr. 1725/2003 betreffend die Übernahme bestimmter internationaler Rechnungslegungs-standards in Übereinstimmung mit der Verordnung (EG) Nr. 1606/2002 des Europäischen Parlaments und des Rates, Amtsblatt der EU, L111/3-17.
16 Vgl.,Kommission der EU: Vorschlag für eine Richtlinie des Europäischen Parlaments und des Rates zur Änderung der Richtlinien 78/660/EWG, 83/349/EWG und 91/674/EWG über

den Jahresabschluss und den konsolidierten Abschluss von Gesellschaften bestimmter Rechtsformen sowie Versicherungsunternehmen, KOM (2002) 259/2, 09. 07. 2002, S. 1-28.

17　Ebenda, S. 4.

18　EU: Richtlinie 2003/51/EG des Europäischen Parlaments und des Rates vom 18. Juni 2003 zur Änderungder Richtlinien 78/660/EWG, 83/349/EWG, 86/675/EWG und 91/674/EWG über den Jahresabschluss und den konsolidierten Abschluss von Gesellschaften bestimmter Rechtsformenund, von Banken und anderen Finanzinstituten sowie Versicherungsunternehmen, Amsblatt der EU, L178/16-22.

19　なお，その他，欧州委員会が公表した主要な EU 指令として，「公正価値指令」(2001年9月27日付) がある。正式名称「一定の法形態の会社及び銀行およびその他金融機関の年度決算書及び連結決算書に許容される価値計上額に関する指令2001/65/EC」であるこの指令は，「金融サービス行動計画」が掲げた改革計画の優先措置のひとつである。欧州委員会の提案理由書によると，1998年初頭以来，7つの加盟国が公開会社に対して連結決算書をそれが EU 会計指令に一致する限り，国内の会計規定でなく IAS/IFRS に基づき作成しうるように自国の法規定を改めたことによって，EU 委員会の新しい会計戦略が支持されたことがわかる。しかし，ここで提案されるような指令の修正が行われなければ，IAS/IFRS に基礎を置くと同時に EU 指令をも充足しようとする会社は，評価，とくに一定の金融資産と金融負債の公正価値 (fair value) による評価が障害となるだろう。したがって，一般的にみて，この提案の目的は，事業活動の展開とそれに対応した国際会計の傾向に適応して国際的に活動する欧州企業の会計が資本市場の要請に応え得るように EU 指令の現代化を図ることにある，としている。つまり，公正価値指令は「行動計画」の措置の一環として EU 会計指令の現代化を図る指令と位置づけられるとともに，IAS/IFRS 適用と既存の EU 会計指令との大きな相違点となっている金融資産 (金融負債) の公正価値評価を EU 会計に導入することを目的とした指令ということができる。なお，公正価値指令は，附属説明書，状況報告書における関連記載を含む金融商品の評価に関する規定を置いているが，しかし，本指令は，IAS 第39条「金融商品：認識および測定」とは対照的に，金融商品の定義と種類，公正価値，ヘッジ取引，また，金融商品の計上・オフバランスに関する規定，ヘッジ会計の処理についての詳細規定などを含んでいない。欧州委員会が指示する方法は多くの加盟国選択権に委ねており，各加盟国の会計慣行に応じて，速やかな，もしくは緩やかな移行を可能とするものとされている。この点については，次を参照。Kommission der EU; Richtlinie des Europäischen Parlaments und des Rates zur Änderung der Richtlinien 78/660/EWG, 83/349/EWG im Hinblick auf die im Jahresabschluss bzw. im konsolidierten Abschluss vonGesellschaften bestimmter Rechtsformen zulässigen Wertansätze, KOM (2000) 80 endgultig 200/0043 (COD), 24. 02. 2000, S. 2-4.

20　Kommission der EU: Vorschlag für eine Richtlinie des Europäischen Parlament und der Rat zur Harmonisierung der Transparenzanforderung in Bezug auf Informationen über Ermittenten, deren Wertpapier zum Handel auf einen gereelten Markt zugelassen sind, und zur Änderung der Richtlinie 2001/34/EG, KOM (2003) 138, 2003/0045 (COD), 26. 03. 2003.

21 Ebenda, S. 3.
22 Ebenda, S. 3-4.
23 EU: EU Press releases: Gut Nachrichten für Anleger: Europäisches Parlament billigt vorgeschlagene Transparenzrichtlinie, IP/04/398, 30. 03. 2004, S. 1-2.
24 EU: Richtlinie 2004/109/EG des Europäischen Parlament und der Rat vom 15. 12. 2004, Zur Harmonisierung der Transparenzanforderung in Bezug auf Informationen über Ermittenten, deren Wertpapier zum Handel auf einen gereelten Markt zugelassen sind, und zur Änderung der Richtlinie 2001/34/EG, Amsblatt der EU, L390/38.
25 EU: Richtlinie 2003/71/EG des Europäischen Parlaments und des Rates vom 4. 11. 2003 betreffend den Prospekt, der beim offentlichen Angebot von Wertpapieren oder bei deren Zulassung zum Handel zu veröffentlichen ist, und zur Änderung der Richtlinie 2001/34/EG, Amtsblatt der EU, L345/64-82.
26 Ebenda, S. 5.
27 Kommission der EU: Vorschlag für eine Richtlinie des Europäischen Parlaments und des Rates über den Prospekt, der beim offentlichen Angebot von Wertpapieren oder bei deren Zulassung zum Handel zu veröffentlichen ist, KOM (2001) 280, 2001/0117 (COD), 30. 05. 2001.
28 Ebenda, S. 2-3.
29 Ebenda, S. 3.
30 Transparenz-und Publizitatgesetz vom 19. 07. 2002, BGBl Teil I , S., 2681-2687.
31 DSRC: Mitteilung der Kommission an den Rat und das EP über eine neue Rechnungslegungsstrategie der EU: Künftiges Vorgehen, 21. September 2000.
32 Ebenda, S. 1-2.
33 Ebenda, S. 2.
34 Ebenda, S. 2.
35 Ebenda, S. 2-3.
36 Ebenda, S. 3.
37 Ebenda, S. 3.
38 Ebenda, S. 4.
39 DRSC: EG-Verordnung vom 7. Juni betreffend die Anwendung internsationaler Rechnungslegungsstandards, Vorschlag der Kommmission vom 28. Mai 2002 für eine Richtlinie des

第2章 EUとドイツの会計国際化戦略の展開 53

europäischen Parlament und Rates zur Änderung der Richtlinien 78/660/EWG, 83/349/EWG und 91/674/EWG über den Jahresabschluss und den konsolidiererten Abschluss von Gesellschaften bestimmter Rechtformen sowie Versicherungsunternehmen, Empfehlung der Kommission vom 16. Mai 2002 zur Unabhängigkeit des Abschlussprüfer in der EU-Grundprinzipien, 24. Oktober 2002.

40 Ebenda, S. 1.
41 Ebenda, S. 2.
42 Ebenda, S. 2.
43 Ebenda, S. 3.
44 Ebenda, S. 3.
45 Ebenda, S. 3.

第3章
1998年IAS開放条項と
ドイツ会計基準委員会の創設
―資本調達容易化法と企業領域統制・透明化法―

はじめに

　ドイツにおける1998年は，多くの法改革が矢継ぎ早に実施された年である。第三次金融市場振興法（Drittes Finanzmarktforderungsgesetz），有価証券株式認可法（Stück AG），資本調達容易化法（KapAEG），企業領域統制・透明化法（KonTraG），ユーロ導入法（EuroEG），商法改革法（HRefG），輸送法改革法（TRG）などが，国際化（Internationalisierung）と規制緩和（Deregulierung）を謳って相次いで議会を通過した[1]。

　そのうち，会計制度の改革にとって，とくに重要な意味を持つのが「資本調達容易化法（KapAEG）[2]」と「企業領域統制・透明化法（KonTraG）[3]」であろう。それらの成立により，これまで債権者保護を前提に保守主義的な性格を強く有していたドイツ商法会計法は国際化している資本市場の要請に対応するため大きな改革の一歩を踏み出した。ただし，この対応はあくまで上場資本会社の連結決算書レベルに限定され，年度決算書（個別決算書）に対しては従来と同様の会計法が保持される。国際化に対するいわば差別的，二元的対応をなしているのがドイツ会計改革の特徴である。

　資本調達容易化法（KapAEG）は，上場されたコンツェルン親会社に対して，連結決算書（コンツェルン決算書）に限定しドイツ商法に依る作成を免責し，国際的に認められた会計原則（国際的会計規準）としてIASないしUS-GAAPに準拠することを可能とした。

　ドイツの立法者は資本市場の要請に過度に対応することを回避し，取引所上場の資本会社に対する会計規制を非上場資本会社との間で差別化した。ここ

で,「取引所上場の (börsennotierte)」という用語の定義は,1998年当時,商法典にはなく,株式法 (AktG) 第3条第2項あるいは改革法の立法理由書に見ることができる。それによると,「国が容認した機関により規制され,監督され,正規に存在し,公衆に対して直接的間接的に開放されている市場」において株式が認可される資本会社が上場された資本会社である。公式市場,規制市場,新規市場において株式が認可される資本会社は,この意味での上場された資本会社に該当した。さらに,公式市場に株式上場された資本会社については,特別の補完的な監査規定が設けられることになったため,商法典は1998年の改革によって,会計と監査に関して次の4つの規制領域を持つことになったのである[4]。

（ⅰ）　すべての商人に適用される規制
（ⅱ）　資本会社にのみ適用される規制
（ⅲ）　上場資本会社にのみ適用される規制
（ⅳ）　公式市場に株式が認可される上場資本会社にのみ適用される規制

ところで,こうして商法典における会計規定が差別化されたのは,ドイツの立法者が個々の企業の部分的利害に屈したためだといわれている。立法者は,会計調和化に適応し,国境のない資本市場活動を透明化するために,アメリカと同様に,専ら上場会社の法適用を考慮した。そのことによって,商法典あるいは取引所法 (BörsG) ないし取引所上場認可命令 (BörsGZulV) に直接,相応の規定を統合することが可能となったが,その結果,ドイツ会計は2つの規制の中で分離された状態にあるという。この分離状態は将来,ドイツの企業をも2分することにもなる。一方で,多くの上場企業はコンツェルン決算書における自身の会計報告を情報機能に矛盾なく適用させ,また,他の公開企業との世界規模での調和化を進め,新しい情報経路と情報媒体を背景とした情報要求に即応することになる。これに対して,多くの非上場企業は,基準性原則に基づく商法会計と税法会計との統一体の思考と,個別決算書とコンツェルン決算書の一体性とを保持することになる[5]。

しかし,ドイツ会計の将来は,そうした会計の目標設定課題によって特質づ

けられるだけでない。企業領域統制・透明化法（KonTraG）の成立によって私的会計委員会の設立が容認されたため，今後，この私的会計委員会によってドイツ会計がどのように展開されるべきなのかという技術的な問題も投げかけられていた。私的な会計基準設定機関はドイツの法思考には基本的にそぐわないし，社会経済的環境の中に統合することも難しい。また，私的な基準設定機関として現実に創設されたドイツ会計基準委員会（DRSC）には立法者との間の役割分担が明確にされていないし，法律的にも多くの問題があるとされたのである[6]。

　ドイツ会計のその後の展開は，そのほかにも，外的な要因によっても規定されたといわれている。ドイツの展開は一連の EU 指令によって規定され，ドイツの立法者と DRSC はその中で活動が制約される。通貨連合の創設によって統合された欧州統一市場の方向には一層の進展がみられ，そのため会計の欧州統一の進展も判断されねばならない。欧州の合意した対応として，とくに，国際会計基準委員会（IASC）や証券監督者国際機構（IOSCO）といった基準となる国際的組織に対する欧州の影響を高めることを根拠づけるような政策論議が必要である。しかし，異なる伝統，社会経済的環境条件，競争分割問題は欧州のコンセンサスと更に進んだ欧州の会計調和化を困難なものにしていて，ドイツ会計の分離した状態はその限りで欧州にもその根源を有しているとされていた[7]。

　ドイツでは商法会計法の一層の改革を模索し，資本調達容易化法（KapAEG）は，上場されたコンツェルン親会社に対して，連結決算書（コンツェルン決算書）に限定しドイツ商法に依る作成を免責して，国際的に認められた会計原則（国際的会計規準）に準拠することを可能としたが，これは 2004 年末までの時限立法であった。この 2004 年末の期限を目安に，連結会計に関する商法会計法の抜本的な改革が予定されていた。

　この章では，資本市場容易化法（KapAEG）と企業領域統制・透明化法（KonTraG）として立法措置の講じられた 1998 年のドイツ会計制度の改革を取り上げて，その改革のなかでどのような課題が解消され，また解消されなかっ

たかについて，検討することにしたい。

第1節 資本調達容易化法による IAS/US-GAAP の開放

1. 資本調達容易化法の成立経過

1998年4月に，ほぼ2年の審議を経て，会計実務の国際的進展に応じて「資本調達容易化法 (KapAEG)」が施行された。ドイツの立法者は，この立法を通じて，商法会計法を一部，改正した。資本調達容易化法 (KapAEG) は，まず1996年6月に連邦法務省により発案され，この法務省案がさらに公聴会等による各界の意見聴取を得て修正がなされ，同年12月の閣議による連邦政府法案として承認後，その政府法案が1997年1月に連邦参議院において意見決定をみて，次いで連邦参議院の意見に対する連邦政府の見解を添えて同年3月に連邦議会に提出，その後，大幅に変更された修正法案がドイツ版ビックバンを進める「第三次金融市場振興法案」とともに連邦議会での審議を経て1998年2月13日付で可決，3月27日に連邦参議院にて決議され，4月20日付をもって施行されるに至った[8]。

資本調達容易化法 (KapAEG) は，「雇用および投資のためのアクション・プログラム」の一部として位置づけられたものであり，主として商法の一部改正を通じて，外国企業に比較して会計法制上，差別的状況にあるドイツ・コンツェルンの負担を軽減し，もって国内外の資本市場におけるドイツ・コンツェルンの資本調達面での競争条件を改善すること，つまり資本調達の容易化にその役割が課せられたものである。すなわち，この法律の目的は，1996年の政府法案の目標設定において，「外国の資本市場での資本調達を目的に，国際的会計諸原則もしくは外国法に基づく連結決算書を作成しなければならないドイツ・コンツェルンの負担軽減に資する[9]」と述べられたように，商法会計法の一部改正によって，ドイツ・コンツェルンの親企業で外国の資本市場に上場し，国際会計基準 (IAS) もしくは外国会計基準，特にアメリカの一般に認められた会計原則 (US-GAAP) に依拠した連結決算書（コンツェルン決算書）を作

成するものについて，一定の条件のもとでドイツ商法に依る連結決算書の作成義務を免責する点にあった。さらに，この法律は，立法化の最終段階で外国だけでなく国内の資本市場に上場する親企業にまでその免責範囲を拡張させ，それらの措置により，ドイツ・コンツェルンの会計法上の不利益と過度の負担を回避し，国際的会計規準に依拠した投資家向けの連結決算書を通じて国内外の資本市場において競合関係にある外国企業に対する自国コンツェルンの競争能力を高めて，必ずしも充足し得ていない資本供給をより円滑化することに，その立法の目的があった。

2. 資本調達容易化法の改正点

従って，資本調達容易化法（KapAEG）の中心的構成要素は，新設された商法典第292a条にある。この条項の新設によって，取引所上場のドイツ親企業はドイツ法に基づくHGB連結決算書およびHGB連結状況報告書の作成と開示の義務を一定条件のもとで免責され，国際的会計規準つまり「国際的に認められた会計原則（international anerkennte Rechnungslegungsgrundsätze）」を適用することが選択可能となった。ドイツ・コンツェルンの国際市場における競争能力の利害に資するため，ドイツの連邦法務省は，ドイツの親企業の連結決算書における国外の会計原則の適用を容認し，個別決算書と連結決算書に対する会計規定の差別化を一時的に，意義あるものとしたとされている[10]。

さて，新設された商法典第292a条第1項，第2項は，商法準拠の連結決算書作成義務の免責について，次のように規定している

「第1項　コンツェルンの親企業である取引所上場（börsennotierte）の企業は，第2項の要件に合致する連結決算書および連結状況報告書を作成しかつそれを第325条，第328条に従い，ドイツ語およびドイツマルクで公示しているときには，本節の規定に基づく連結決算書および連結状況報告書を作成する必要はない。免責される書類を公示する場合，ドイツ法に基づき作成されていない連結決算書および連結状況報告書を対象としていることが明示的に指摘されねばならない。

第2項　連結決算書および連結状況報告書は，次の各号に該当する場合には作成を免責される。
1. 作成を免責される連結決算書に，親企業およびその子企業が第295条，第296条に抵触することなく組み入れられたとき。
2. 連結決算書および連結状況報告書が
   a) 国際的に認められた会計原則に基づき作成されたとき。
   b) 指令83/349/EWG，および場合によっては信用機関および保険企業に対して第291条第2項第2段で掲げられた指令と一致しているとき。
3. それにより作成された書類の表明能力が，本節の規定に基づいて作成された連結決算書および連結状況報告書の表明能力と同等であるとき，
4. 附属説明書または連結決算書に関する説明に，以下の記載が含まれる場合
   a) 用いられた会計原則の名称
   b) ドイツ法から離脱する貸借対照表計上方法，評価，方法，連結方法に関する説明
5. 免責される書類が，第318条に定められた決算書監査人により監査されかつ加えて当該決算書監査人により，免責の条件が備わっていることが確認されるとき。」

また，この商法典第292a条に基づくと，国際的に認められた会計原則（国際的会計規準）に準拠した連結決算書は，次の場合に国内規定の免責効果を得ることになる。

・作成親企業とその子企業を商法典第295条及び第296条の連結集団規制に関わりなく包括する。
・ドイツ語及びドイツマルクないしユーロで作成される。
・商法典第325条及び第328条に従い公示される。
・利用される会計規制がEU第7号指令の諸規制と一致し，金融機関と保険企業に対しても商法典第291条2項2文で示される指令と一致する。

さらに，EU指令一致のほか，次の要件も要請される。
・免責コンツェルン決算書および免責状況報告書の表明能力が商法典に基づき作成された決算書の情報能力と等価値であること。
・適用される会計原則が附属説明書あるいは連結決算書に対する説明において指示されていること。
・ドイツ法から離反した計上，評価，連結の方法が説明されていること。
・免責書類が商法典第318条の指定する経済監査士（Wirtschaftsprüfer）によって監査されること。
・免責の条件を満たしているかどうかが経済監査士によって確認されること。

ドイツの場合，上場企業は特に公式市場と規制市場に関連をもつ。1997年に創設されたフランクフルトの取引セグメント，新規市場も，常に規制市場における形式認可を必要とするため，この市場セグメントに上場する企業も商法典第292a条の免責条項の適用対象となった。これに対して，自由市場でのみ株式が取引される企業にとって，免責条項は適用されることはない。ドイツ連邦議会法務委員会の見解によれば，2004年12月31日までの期限付きのこの規制緩和によって，企業は「最大限の弾力性（Höchstmaß an Flexibilität）[11]」を保持することになる。この規制緩和条項は，ドイツの親企業が自身の連結決算書と連結状況報告書を商法典の代わりに他の規制に基づいて作成するという意味での「開放条項（Öffnungsklausel）」として理解されるものであり，商法典第292a条に基づく免責条項の選択権は，国内外の取引所に上場するすべてのドイツ親企業に適用されることになったのである[12]。

3. 資本調達容易化法の問題点

資本調達容易化法（KapAEG）は，その発効まで2年という比較的短期間で成立したにもかかわらず，その立法経過のなかで，その改革の中心となった商法典第292a条をめぐって様々な問題が提起された。ここで，指摘される問題点の代表的なところを挙げれば次のようになろう。

(1) 適用される企業の範囲

　立法者の見解によれば，国際的に認められた会計原則は，商法典第298条第1項に基づくところの慎重性原則により特徴づけられる連結決算書と比較して，株主に対してより情報能力（für Aktionäre informativer）がある。しかし，商法典第292条第1項の示す適用範囲は「コンツェルン親企業である上場資本会社」に限定されている。たしかに，該当する企業集団は当初の政府草案と比較すれば，国外だけでなく国内の取引所に上場するすべての親企業にまで拡張された。それに対して，非上場の親企業はドイツ法に基づくHGB連結決算書の作成がそのまま強制的に規定されている。そのことは，他人資本調達のために資本市場を利用する，もしくはその子企業が取引所に上場されている親企業にも当てはまる。なるほど，取引所上場の子企業は，自身が部分コンツェルンの頂点にあり，商法典第291条第3項により商法上の部分連結決算書の作成を義務付けられるときには，商法典第292a条を要請する事が可能である。しかし，コンツェルン頂点企業が連結会計に対する商法典第290条以下を考慮すると免責されることはない[13]。

　コンツェルンに対する国際的会計規準が，情報伝達任務に関して商法上の諸規制よりも上位にあるという立法者の価値判断には，商法上の最低基準に基づく代わりに任意により上質の会計データを公開する企業がなぜ拒絶されるのかを明確にする事が困難となる。すべての利害関係者（Stakeholder）が国際的な連結決算書を選好するなら，かれらは国際的会計規準を要請することになる。すべてのドイツ親企業が個々の費用便益分析に基づいて商法典第292a条の免責可能性を要請する事が可能となれば，広範な弾力性が達成されることになるだろう。しかし，立法者が適用範囲を強制的に限定したことは，最終的に，慎重原則に合致した債権者保護を指向するドイツの連結会計が，非上場の企業のすべての利害関係者の情報要求に対応しているという観念を持っていることになる。立法者は，場合によっては，国際的会計規準に基づいて連結決算書を作成し，ないしは商法典第298条第1項に公式化され，EU指令にも基礎付けられている個別決算書と連結決算書との関係を基本的に示していないような非上

場親企業を市場の圧力から守ろうとしているかもしれない[14]。

(2) 国際的に認められた会計原則（国際的会計規準）

商法典第292条2項2号によれば，免責要件の前提は，当該の連結決算書と連結状況報告書とが，国際的に認められた会計原則に基づいて作成されることにある。その場合，どのような会計原則が「国際的に認められた」という概念に該当するのかが問題となる。商法典第292a条の免責規定を利用するにあたって，目下のところ，IASとUS-GAAPがその実践的可能性を圧倒的に有していると考えられている。その他に，他国のコンツェルン会計システムも免責効果を有するものかは前もって明らかにされていない。USAの基準設定機関が公開するUS-GAAPが国際的に容認されたものなのかもさらに問うことができる。

資本調達容易化法（KapAEG）の立法過程においてすでに，ドイツ側としてはUS-GAAPの基準設定プロセスよりもIASCの作業に多くの影響を行使するため，商法は専らIASに対してのみ開放されるという提案がなされている。欧州委員会とフランスの立法者も，IASに対してのみ欧州会計法を開放することを優先する。しかし，US-GAAPはIASや他の国内会計規範に対して先行機能を有しており，そのため，国際的に認められた会計原則として分類しうるものである。こうした考えをドイツの立法者も擁護して，IASだけでなくUS-GAAPも国際的に認められた会計原則に加えている。他方，立法者の目標設定は，ドイツ・コンツェルンの外国資本市場における競争能力を促進させることにある。その場合，アメリカの資本市場の利用は，ニューヨーク証券取引所に上場する場合，US-GAAP-連結決算書ないしはドイツの連結決算書との調整計算書を要請しているために，限定的に達成されるに過ぎない。従って，商法典がIASのみを指向することは，IASがIOSCO及びSECによって基本的に容認される場合には，法期限としての2004年末までの経過のなかで議論されなければならない[15]。

(3) 経済監査士の役割

国際的に認められた会計原則に準拠した連結決算書は，商法典第318条の指

定する経済監査士によって監査されねばならないが，その場合，商法典第292a条第2項5号に基づいて，経済監査士に対しては，国際的に認められた会計原則に基づくコンツェルン決算書と商法（HGB）との等価性，とくにEU第7号指令との一致性を監査し，確認することを要請されることになる。考えられる合憲性の問題を度外視すれば，経済監査士の業務は監査されるべきコンツェルン決算書がEU法に合致する場合，それが商法（HGB）との等価となるために，EU指令との一致性の監査に集中する。ただし，立法理由書に述べられた，IASとUA-GAAPとがEU指令と一致するという主張は監査人にとって具体的個別事例を監査する上でそれ以上のものはない[16]。EUの諮問委員会や経済監査士協会が既に実施した調査によれば，商法とIASとの間にはコンフリクトがあることが示されているのに対して，US-GAAPに対するEU指令の一致については目下のところ，包括的な調査は存在しない。そのなかで，経済監査士は商法典第292a条の適用前提がどの程度，満たされているのかを個々の事例において決定しなければならない。さらに，IASとUA-GAAPにおける既存の選択権が欧州法の境界を犯すことになるのかを確認もしなければならない。またさらに，たとえIASとUA-GAAPが義務的規定を設けていないにしても，連結決算書においてEU指令の要請するすべての記載がなされているのか否かを監査しなければならない[17]。

4. 資本調達容易化法の課題

さて，資本調達容易化法（KapAEG）は，以上の適用上の問題があるとはいえ，即座の解決と実効性にその長所があるといわれている。欧州の大陸法系の諸国において，フランス，イタリア，ベルギーも既に同様の免責規定を設定した[18]。しかも，そこでの免責規制は，一定の限定されたグローバル・プレーヤーにとって意義を持つだけでなく，コンツェルン度の高さや新たに開設された新規市場の諸条件からみて，多くの中小規模の企業もまた免責条項の適用領域となってくるのだという[19]。従って，この法律効果は少なくないといえよう。

しかし，結論的にいうなら，資本調達容易化法（KapAEG）それ自体は，ドイツの商法会計法制を根底から変革させるものではない。ドイツ固有の商法会計法を保持して，資本市場に上場される一部のコンツェルン親企業の連結決算書に対してのみ特例的にドイツ法の適用を免除し，もって自国企業の不利益を解除することにその力点がある。しかし，その立法経過において，ドイツ法対アングロサクソン流のIASないしUS-GAAPという構図のなかで，グローバリゼーションに対する適応の錯綜した状況もみられる。初期の法務省案の段階で，それがドイツの立法権限に抵触する内容を含むのか，慎重性原則，税務上の利益算定に対する商事貸借対照表の基準性原則に影響を及ぼし，ドイツ固有の保守主義的な利益確定規範の変革を迫るものなのか，等に関して各界から厳しい批判が提起され，法務省案の修正を経て，結果的に必要最小限に線引きされた商法改正案へと収斂していった経緯がある。

また，他方において，立法の最終側面に至って，連邦議会の修正により資本調達容易化法（KapAEG）の免責条項（商法典第292a条）は2004年までの暫定的な時限立法とされ，国際的に認められた会計原則（国際的会計規準）に適応させるべく連結会計領域における商法会計法の抜本的な改正が予定されるなど将来をにらんだ大きな軌道修正もみられる。ただし，法務委員会の決議勧告も示すように，資本調達容易化法（KapAEG）は，IASCとの国際的基準設定への共同作業に対するドイツの影響力を強めるため，審議を重ねてきた民間ないし法務省下の「会計委員会（Rechnungslegungsgremium）」の創設のための法規制を早急に整備することを求めた。そこで，議会の任期満了を控えた法務委員会はこの会計委員会に対する法的解決策を企業領域統制・透明化法（KonTraG）に委ねることになったのである[20]。

第2節　企業領域統制・透明化法と私的会計委員会の設置

1. 企業領域統制・透明化法の成立経過

資本調達容易化法（KapAEG）と同時並行的に審議が重ねられ，ほぼ4年の

歳月を経て1998年4月27日に企業領域統制・透明化法（KonTraG）が成立した。この法律は株式会社の監査役会と決算書監査人の監督とも関連した1990年代はじめに生じたセンセーショナルな企業批判を契機に，連邦経済省と連邦法務省の共同指揮下で組織された作業部会の「企業領域・銀行におけるコントロールと透明性」を土台に，1996年11月22日付で第一次政府法案が提出され，それが社会民主党（SPD）の作成した「ドイツ経済における透明性の改善及び権力集中の制限に関する法案」とともに1997年1月の法務委員会公聴会での討議を経て，1997年11月6日付の第二次政府法案が閣議にて承認，その後，この政府法案が連邦議会と連邦参議院においてそれぞれ1998年の3月5日と3月27日に決議の上，年5月1日をもって施行された。この企業領域統制・透明化法（KonTraG）は，ドイツ株式法における監督システムの不安の増大と取引所上場企業にとっての国際資本市場の重要性の高まりを背景に，株式法，商法等の関連法規を改正し，もって内部および外部の企業監視統制を改善し，また，すべての領域における資本市場参加者に対して企業内容を透明化することに目的を有しているといえる[21]。

2. 企業領域統制・透明化法の改正点

企業領域統制・透明化法（KonTraG）が成立されたことによって商法上の会計報告，開示および監査に関する規定の多くの変更が施行された。このうち，監査を除いて会計報告・開示に関わる主要な改正点を挙げれば次のとおりである。

（1）資本流動計算書とセグメント報告の導入

まず，商法典第297条第1項が補完され，上場親企業は連結附属説明書において連結資本流動計算書を含めることが要請された。すなわち，商法典第297条第1項の2文として，「取引所上場の親企業の法定代理人は，資本流動計算書（Kapitaflußrechnungen）およびセグメント報告（Segmentberichterstattung）を追加して，連結附属説明書を拡張しなければならない」の1文が加えられた。また，商法典第289条第1項において，「その場合，将来の発展に対する

リスクも取り上げねばならない」の挿入句が付加され，全体で，次のような規定に変更された。「状況報告書においては，少なくとも資本会社の営業経過および状態を実質的諸関係を伝達するように示されなければならない。その場合，将来の発展に関するリスクもまた組み入れられなければならない。」

それによって，国際的には，少なくとも上場企業に一般的な資金情報，セグメント情報あるいはリスク情報に関して附属説明書および状況報告書の報告と開示の拡張が図られ，それを通じて，投資家ないし資本市場指向的な国際的標準への適応が鮮明に打ち出されたといってよい。資本流動計算書（ないしキャッシュ・フロー計算書）は英米諸国では，US-GAAPとIASに従い，すでに長期にわたって年度決算書の義務的構成要素に数えられてきており，そこで形式的および内容的形成は詳細に規定されている。しかし，法務委員会によると，商法典第297条1項は，資本流動計算書とセグメント報告の作成に関して個別の前提を規定することを断念しているという。これは次に述べる会計委員会の任務であり，そのことをもって国際的標準（例えばIAS）に対応することが可能になるとしている[22]。

(2) 会計委員会および会計審議会の導入

企業領域統制・透明化法（KonTraG）は，資本調達容易化法（KapAEG）から引き継いだ私的会計委員会の創設のための法的基礎も生み出した。新設の商法典第3篇4章第5章「私的会計委員会；会計審議会（privat Rechnungslegungsgremium; Rechnungslegungsbeilat)」がそれである。

新設された商法典第342条において，連邦法務省に対して協約を通じて私法上組織された施設を会計委員会として承認し，以下に挙げる任務を委任する可能性が開かれることになった。

・連結会計に関する諸原則の適用に関する勧告の開発
・会計規定に立法措置を講ずる場合の連邦法務省の審査
・国際的な会計標準設定委員会におけるドイツ連邦共和国の代表

商法典第342条はその第1項において，委員会の職能領域を確認する上で，連邦法務省は，定款に応じて独立した会計人（Rechnungsleger）が代表する私

的機関をのみを容認しうるとし，企業のような法人およびその他の組織が構成員となる場合であっても，会計人のみがそれを代表しなければならず，さらに，委員会の定款において，利害関係を有する公衆が意思決定過程に参加することが確保されるものとされている。また，商法典第342条第2項に基づけば，会計委員会の行う勧告は，連邦法務省による公示を経て，許諾されることになる[23]。

さらに，同じく新規に創設された商法典第342a条は，その第1項において連邦法務省が商法典第342条に基づく私的会計委員会を承認しない場合，二次的に，連邦法務省のもとに会計審議会を設置できることを規定している。また，商法典第342a条第2項によって，会計審議会が会計委員会と同様の任務を持つものされ，その構成員として連邦法務省・連邦財務省の代表者のほか，4名の企業代表，4名の経済監査の職業人および2名の大学教授が予定されている。なお，会計審議会の全構成員は連邦法務省より任命され，独立した無報酬の会計人のみがその構成員になれるとしている[24]。

ところで，法務委員会によれば，この商法典第342条および第342a条において会計委員会ないし会計審議会の導入を図ったのは次の背景によるという。すなわち，今日，会計領域では標準化（Standardisierung）が国際的な慣行となっているが，その場合，標準の設定は通常，USAにおける財務会計審議会（FASB）や国際会計基準委員会（IASC）などの民間が担っている。ドイツではそうした民間の手による標準（基準）設定機関は存在せず，国際的な標準化のプロセス，とくにIASCの活動にドイツの影響が及ばないという批判が高まっている。また，IASC自身もドイツの国内標準化委員会との共同作業を強化する構想を打ち出したため，ドイツにおいて会計委員会を早急に創設することが求められている。会計委員会の創設が民間主導で実現されるなら，IASCへの影響という意味でもドイツにとって大きなメリットであり，立法者は経済界自らが主導してそうした機関を設立することを期待し，民間委員会の設立のための枠組み条件のみを定めた。そして，もしこの期待に反して，委員会の設立を民間が担うことにならない場合，それに代替するものとして，商法典第342a

条は法務省に会計審議会を設置することを定めたのだと[25]。

　ドイツではこのうち商法典第342条の新規定を受けて，IASC，FASBに対等しうる「ドイツ会計基準委員会（Deutsche Rechnungslegungs Standard Committee, DRSC，英文表記はGerman Accounting Standard Committee, GASC）なる機関が1998年3月に創設されている。このドイツ会計基準委員会（DRSC）の創設は，ドイツの立法主権と商法会計法の特質（保守主義と基準性原則）を維持しながら，通貨換算，リース取引，セグメント，キャッシュ・フロー，デリバティブといった未解決の会計問題に対してIAS, US-GAAPという会計基準の利用を委員会の勧告・助言を通じて迂回的に適用させる点に積極的意味を有している。なお，法務委員会によれば，委員会の勧告・開発はIASCの国際的な標準化作業と密接に関連しているが，それは明確にコンツェルン決算書に限定され，ドイツでは特に取引所上場企業にとって意味を有するにすぎないとされている[26]。

3. 企業領域統制・透明化法の問題点

　企業領域統制・透明化法（KonTraG）を適用する場合，やはり多くの問題が指摘されている。次に主要なものと思われる問題点についてのみ取上げてみよう。

（1）　適用される企業の範囲

　資本調達容易化法（KapAEG）にみられた上場親企業に対する商法典第292a条の限定的適用と同様に，立法者が上場個別企業に対して連結資本流動計算書の作成を要請しないことが問題の一つとして挙げられている。既に，取引所上場認可命令第23条1項2号は個別企業および親企業が有価証券を公式の取引所取引で認可する場合，そこで形式的，実質的作成規定を欠いてはいるが，目論見書において運動貸借対照表もしくは資本流動計算書を要請している。従って，コンツェルンへの帰属性とは関わりなく，すべての上場企業について資金流動計算書が要請されるべきだろうし，そのことはEU第4号指令2条6号とも合致することである。同様のことは，上場親企業へのセグメント報告の記載

義務の限定にも当てはまる[27]。

(2) 会計人の定義

商法典第342条第1項において，会計委員会の中に独立の「会計人 (Rechnungsleger)」の専属的職務が要請されている。同様のことは商法典第342a条第2項～第4項によって，会計審議会にも該当する。ここで，会計人という名称はかなり広範囲に解釈されうる。会計の作成や監査に直接関わる個人並びに修業した会計と監査の領域で活動する個人が考えられ，その集団には，大学教授，その他の国家公務員並びに確実に相応の活動を行う組合代表者，財務分析家が加わることになる。こうした定義づけは一方で，純粋な「実務家委員会」を問題とするが，他方において会計実務家以外の専門知識者の組み入れを可能にする。これによって，立法理由書が繰り返し述べている主張にもかかわらず，すべての利害関係者 (Stakeholder) を指向するために資本市場利害に対して連結会計を一面的に装備することが回避されている。商法典第342条第1項が要請する専門的利害を有する公衆を基準設定に参画させることは，その限りでは一貫している。問題なのは，一定の利害集団に専ら帰属する「会計人の独立性 (Unabhängigkeit der Rechnungsleger)」の要請にある。適切な選択方法，とくに資金的確保，その他の職業活動の禁止は，この場合，会計人の独立性を強化するし，ロビー活動の発生頻度を削減する。このことは他国の私的会計基準設定機関の長い経験，例えばアメリカのFASBの前身のCAPおよびAPBの経験が示しているところだという[28]。

(3) 開発された連結会計原則と正規の簿記の諸原則との関係

正規の簿記の諸原則 (GoB) はこれまで，法形態特有に分離されることはなく，また，個別決算書と連結決算書に関しても実質的，原則的に一致すると解釈されてきた。今後，連結会計に関する諸原則が正規の簿記の諸原則 (GoB) の一部としてみなされる限り，それは個別決算書にも，基準性原則を保持すれば税務貸借対照表にも遡及して影響し得ることになる[29]。

会計委員会の作成する勧告を連邦法務省が公示することによって，衆知化された勧告と連結会計に該当する正規の簿記の諸原則 (GoB) との一致を生みだ

すところの法的な「秩序性推定（Ordnungsmäßigkeitvermutung）」が与えられている。このことによってどの程度，勧告の拘束度が与えられるのかは未だ不確定である。勧告とは離反する会計が正規の簿記の諸原則（GoB）に一致するものとみなされるのかどうかという問題も存在する。最終的にこの種の問題は裁判所によってのみ解答が出されなければならないが，委員会の勧告を通じて裁判所の決定に影響が及ぼされるかもしれない[30]。

d. 勧告される連結会計原則の役割

商法典第342条第1項が指示している，会計委員会による連結会計に関する諸原則の適用のための勧告の開発は，極めて重要な任務であると同時に，最も不明確でかつ論争ある任務といえる。具体的な立法審議の場合，立法者がどの程度，自らの規準提供者としての役割を後退させ，会計委員会に対してどのような任務を課すのが問題になるだろう。既存の法律が今後も進展する場合には，委員会の勧告は，既存の法律の枠組みのなかで見捨てられることを回避することはほとんどできないかもしれない。しかし，従来，外貨換算，ストックオプションの会計等のような法規制のない事実関係に関してコンメンタールの文献ないし利害関係団体の意見書が提示してきた解釈が委ねられることも考えられる。ドイツ経済監査士協会（IDW）は，会計委員会ないし会計審議会の任務について，国際的会計規範を解釈し，特殊なドイツの状況に適応させることにみているとされている[31]。

4. 企業領域統制・透明化法の課題

企業領域統制・透明化法（KonTraG）の立法理由は，企業の内部・外部の監督体制を強化し，市場の透明性を確保するための株式法および商法等の関連法規の整備にある。とくに主として企業統治の視点から，監査役会（Aufsichtsrat）と取締役会（Vorstand），銀行の議決権，株式の自己取得，ストックオプション計画の認可，等に関わる法規定が株式法を中心に改正された[32]。しかも，企業領域統制・透明化法（KonTraG）によって，ドイツの会計法の進展にとって「場合によっては意義ある前進[33]」が生み出された。すでに

みてきたように，ドイツの立法者は商法典第342条および第342a条において，連結会計に限定されるとはいえ，ドイツの立法方式とは馴染まないアングロサクソン型の会計基準設定機関を導入するための法的枠組みを用意した。次節において述べるように，この法的枠組みのなかでドイツでは，商法典第342条に基づく私的会計委員会として，ドイツ会計基準委員会（DRSC）も創設された。しかし，このドイツ会計基準委員会（DRSC）がドイツの商法会計法に対してどのような影響力を果たすのかは，上述の適用上の諸問題も含めて，その後の課題であった。それは資本調達容易化法（KapAEG）が指示した商法典第292a条の免責条項が失効した後の2005年を目指す商法会計法（連結会計法）の抜本的改正の行方のなかで定まるといえるだろう。

第3節　ドイツ会計基準委員会の役割と課題

　1998年のドイツにおける会計法改革に関して，また，ドイツ会計の将来について考察する場合，とくに注目すべきことは，私的な会計基準設定機関が創設されたことであろう。その法的基礎を形成したのが企業領域統制・透明化法（KonTraG）である。この法律の成立を通じて，商法典第3篇第5章「私的会計委員会；会計審議会（privat Rechnungslegungsgremium; Rechnungslegungsbeirat）」が導入され，その法改正に基づき，私的会計委員会と会計審議会という基準設定機関の択一的な設置が可能となった。新設された商法典第342条はその第1項において，連邦法務省が，私法上組織された機関を協定により承認し，この機関に対して，（ⅰ）連結会計の諸原則を適用させるための勧告の開発，（ⅱ）会計規定に関する立法手続きに際しての連邦法務省への助言，（ⅲ）国際的な標準設定委員会におけるドイツ連邦共和国の代表，の任務を委ねることができると規定した。また，商法典第342条第2項においては，連邦法務書により公示された，商法典第342条第1項に基づく機関の勧告が遵守されるときに限り，連結会計に関わる正規の簿記の諸原則（GoB）が遵守されているものとみなされるとした。これは制定法支配のドイツにあって，プラ

イベート・セクターに会計基準の設定を委ねる画期的な法改正であった。さらに，同じく新設された商法典第342a条は，連邦法務省のもとに，商法典第342条にいう私的会計員会と同様の任務を有する「会計審議会」が設けられる旨を規定した。この会計審議会は連邦法務省が任命する会計従事者から構成され，その構成員として，議長としての連邦法務省の代表1名，並びに連邦財務省及び連邦経済省の代表各1名，企業の代表4名，経済監査を行う職業人の代表4名，大学教授の代表2名が指示された。そして，この会計審議会の勧告については商法典第342条2項が準用され，また，この会計審議会は，連邦法務省が第342条第1項に基づく私的会計委員会を認める限り設けられないとされたのである。

　ドイツではこの新規定に即座に対応し，ドイツ会計基準委員会（DRSC）なる機関が1998年3月に創設された。このドイツ会計基準委員会（DRSC）を連邦法務省が商法典第342条に基づく私的会計委員会として承認したことによって，立法者が第2の解決策としてみた商法典第342a条に基づく会計審議会は実践的意義を失った。このドイツ会計基準委員会（DRSC）は，過去においても会計法規制に重要な影響を及ぼしてきた利害集団である企業代表者と経済監査士によって登記済社団（eingetragener Verein）として設立されたところの私法上の組織である。ドイツ会計基準委員会（DRSC）はとりわけIASCのような国際的会計委員会においてドイツを代表する任務を有しており，また，それはアングロアメリカンの先例に模したものとして理解され，明らかに財務会計基準審議会（FASB）やIASCと似た組織構成を採用している。

　ドイツ会計基準委員会（DRSC）の機構の中心に位置するのが，連結会計に関する諸原則の適用を勧告を開発する基準設定審議会（Standardisierungsrat）である。7名の構成員からなるこの審議会は会計規定の立法を措置する場合，連邦法務大臣に審査される。また，この基準設定審議会によって確定される基準は，「ドイツ会計基準（DRS）」と名づけられる。ドイツ会計基準委員会（DRSC）には，IASCと同様に，すでにいくつかのワーキング・グループ（Arbeitsgruppe）が存在した。それは問題別に設定され，資本流動計算書，セ

図表1　ドイツ会計基準委員会（DRSC）の創設時の組織構成

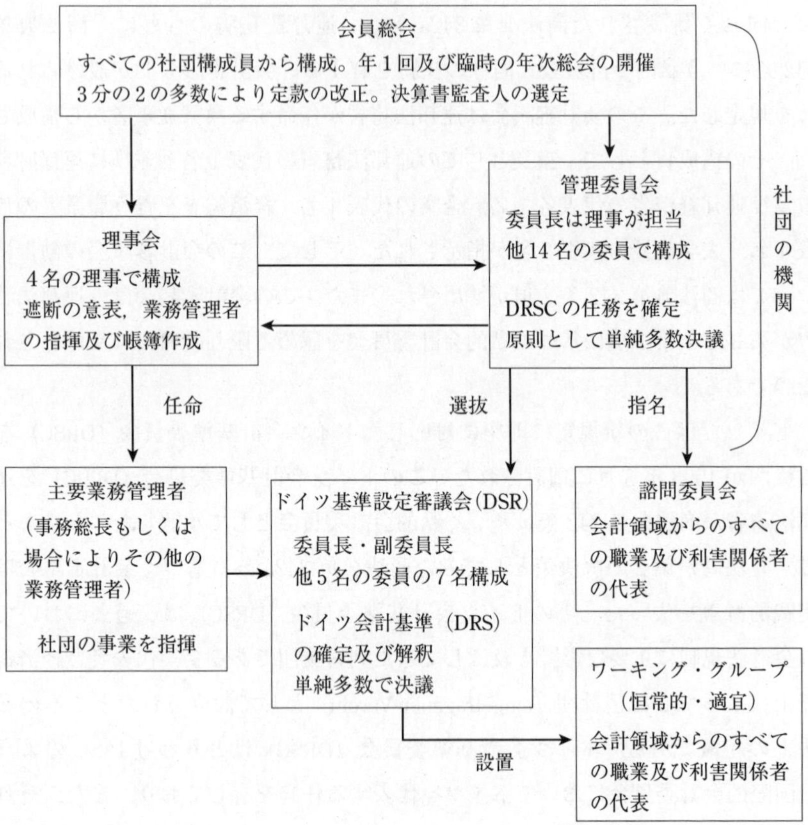
会員総会
すべての社団構成員から構成。年1回及び臨時の年次総会の開催
3分の2の多数により定款の改正。決算書監査人の選定
理事会
4名の理事で構成
遮断の意表，業務管理者
の指揮及び帳簿作成
管理委員会
委員長は理事が担当
他14名の委員で構成
DRSCの任務を確定
原則として単純多数決議
社団の機関
任命
選抜
指名
主要業務管理者
（事務総長もしくは
場合によりその他の
業務管理者）
社団の事業を指揮
ドイツ基準設定審議会（DSR）
委員長・副委員長
他5名の委員の7名構成
ドイツ会計基準（DRS）
の確定及び解釈
単純多数で決議
諮問委員会
会計領域からのすべて
の職業及び利害関係者
の代表
ワーキング・グループ
（恒常的・適宜）
会計領域からのすべて
の職業及び利害関係者
の代表
設置

グメント報告，金融商品等の特殊なテーマに関して会計勧告を準備しなければならない。ここで作成された勧告については基準設定審議会の決定が委ねられるが，この場合，企業代表者，経済監査士，フィナンシャル・アナリスト，大学教授，その他の利害関係ある人的集団がこの基準設定プロセスにどのように関与するのかについては，未だ明らかでない。IASCの諮問グループに模した，基準設定審議会における専門的観点からの審査を行うという諮問委員会（Konsultationsrat）の具体的役割もまた不明である。その構成員は，DVFA（ドイツ財務分析・投資コンサルタント協会），IDW（経済監査士協会），シュマーレン

バッハ協会・経営経済学教授団体，等の職業代表者や利害代表者が予定されているが，その構成員が，どのような基準によって選任されるのかも留保されたままであるという。理事会（Vorstand）は毎年，開催される会員総会と管理委員会（Verwaltungsrat）とともに，本来の意味での社団機関を形成する。ドイツ会計基準委員会（DRSC）の業務執行は，社団の理事会が任命し監督する事務総長（Generalsekretar）の手中にある。管理委員会はドイツ会計基準委員会（DRSC）の活動に対する諸原則を確定する。管理委員会は特に基準設定審議会の構成員の選抜と任命に責任を負う。しかし，管理委員会は，その活動を独立して行わなければならない基準設定審議会とその構成員に対して，指図を行うことはできないとされている[34]。

ところで，こうしたFASBとIASCに模した機構は確かに，ドイツ会計基準委員会（DRSC）の国際的承認にとって重要とされた。ただし，数十年の経験から基準設定の領域で世界の権威として存在するアメリカのFASBと比較してドイツ会計基準委員会（DRSC）には明らかな相違があるという。現在のFASBの構成員は専門職的活動に従事しているのに対して，基準設定審議会の構成員の活動は広範に名誉職的である。この専門職的活動と名誉職的活動とを混同させる危険は，企業取締役，経済監査士，フィナンシャル・アナリストが広く積極的な活動を行わないことで解消されうるが，そのことに国際的信頼を得られるか否かは不確定であるという。また，ドイツ会計基準委員会（DRSC）が少なくとも，その活動を開始する時点で多くの未解決の問題と直面している点もFASBとの重要な相違であるという。そうした未解決の問題として，とくに，ドイツ会計基準（DRS）の拘束性，立法者の役割，ドイツ会計基準（DRS）の明確でないフレームワーク（方向性）が挙げられる。将来，こうした問題に対する解答がどのように示されるのかは，ドイツ会計基準委員会（DRSC）がFASBと対等な広範に独立した専門集団として存在し，国内的，そして特に国際的な承認を見出すことができるかどうか，創設後の活動に掛かっているとされたのである[35]。

むすびに

　ドイツにおいては取引所上場のドイツ・コンツェルンの親会社に対して，資本市場での競争能力を高めるための商法会計法の2つの改正が1998年に相次いで実現した。ドイツでは，すでに1986年にEU域内での資本流通の自由な活性化を目的に取引所法の改正が実施されていて，1998年の商法改正もかかる取引所法の発行開示規制と密接に絡み合って進行したのが特徴である。すでに述べたように，しかし，それはあくまで，連結決算書に関わる商法会計法のレベルの変化であり，個別決算書に関しては従来の法と変わるところはない。いわば二元的対応もドイツにおける会計国際化の特徴である。

　たしかに，ドイツの場合，資本調達容易化法（KapAEG）の成立によって，連結会計の国際的適用という課題に向かって大きく転回した。しかし，この転回は他方で，上場会社とそれ以外の会社に対する商法会計規制を分岐化し，商法会計実務の二極分解を招来せしめてきている。この分岐化の状態がその後，どのような展開をみせるのかについては，ドイツ立法者とドイツ会計基準委員会（DRSC）が構築することになる会計制度のフレームワークに掛かっている。

　ただし，その場合，企業領域統制・透明化法（KonTraG）の成立に基づき創設されたドイツ会計基準委員会（DRSC）は，連結会計原則を開発・勧告し，会計規定の立法化に際して連邦法務省に助言する任務を有することになっており，この委員会が開発するドイツ会計基準（DRS）が果たして，商法上の一般条項，正規の簿記の諸原則（GoB）との整合性を保ちうるのかが問題となってくる。正規の簿記の諸原則（GoB）はドイツの場合，配当可能利益と課税所得の算定に際して指導原理として働き，配当と租税という経済現象の成立に社会的合意を与える不可欠の法概念として存在する。正規の簿記の諸原則（GoB）は上場，非上場に関わりなくすべての法形態の会社に適用される。これに対して，ドイツ会計基準（DRS）は上場会社の連結会計に限定的に適用される会計基準である。ドイツ会計基準（DRS）それ自体に法的効力はないが，それを連邦法務省が承認し，一般に周知させる公示を経て，正規の簿記の諸原則（GoB）との一致が確認され，法規効力が付与される。しかし，こうした法的

解決は問題を投げかけていることも事実である。それは，連邦法務省がドイツ会計基準（DRS）をもって正規の簿記の諸原則（GoB）として周知させる場合，正規の簿記の諸原則（GoB）がすべての会社に適用される一般条項であるだけに，ドイツ会計基準（DRS）が連結決算書だけでなく個別決算書における配当可能利益の算定と基準性原則（確定決算基準）に基づく課税所得の算定にも関わるのかという問題である。ドイツ会計基準（DRS）とそれに基づく連結決算書は情報提供機能のみを担うものとされているが，ドイツ会計基準（DRS）＝正規の簿記の諸原則（GoB）という図式がその後，ドイツの伝統的な利益算定メカニズムにどのように波及し影響を及ぼすのか，資本市場を指向した会計改革は正規の簿記の諸原則（GoB）を機軸とするドイツの会計制度の根幹に化関わる問題を提起していたといってよいだろう。そして，それへの問題の対応は2005年を目途とした商法会計法の抜本的改革に委ねられたのである。

注

1 Seibert, Ulrich: Das Gesetz zur Kontrolle und Tranzparenz im Unternehmensbereich (KonTraG) -Die aktienrechtlichern Regelungen im Überblick, in: Reform des Aktienrechts, der Rechnungslegung und Prüfung, KonTraG-KapAEG-EuroEG-StückAG, hrsg. von Dietrich Dörner, Dieter Menold, Norbert Pfitzer, 1999, S. 3.

2 Kapitalaufnahmeerleicherungsgesetz (KapAEG) vom 20. 04. 1998, BGBl Teil Ⅰ Nr. 24, 1998.

3 Gesetz zur Kontrolle und Transparenz im Unternehmensbereich (KonTraG) vom 27. 04. 1998, BGBl Teil Ⅰ Nr. 24, 1998.

4 Vgl. Böcking, Hans-Joachim: Auswirkungen der neuen Rechnungslegungs-und Prüfungsvorschriften auf die Erwartungslücke, in: Reform des Aktienrechts, der Rechnungslegung und Prüfung, KonTraG-KapAEG-EuroEG-StückAG, hrsg. von Dietrich Dörner, Dieter Menold, Noebert Pfitzer, 1999, S. 726.

5 Vgl. Pellens, Bernhard: Internationale Rechnungslegung, 3. Auflage, 1999, S. 522

6 Ebenda, S. 558-559.

7 Ebenda, S. 559.

8 資本調達容易化法の立法経過に関しては次を参照。Deutscher Bundestag: BT-Druck-sache 13/7141, Gesetzentwurf der Bundesregierung, Entwurf eines Gesetzes zur Verbesserung der Wettbewerbsfähigkeit deutscher Konzerne an internationalen Kapitalmärkten und zur

Erleichterung der Aufnahme von Gesellschafterdarlehen (Kapitalaufnahmeerleichterungsgesetz-KapAEG), 1997; Deutscher Bundestag: BT-Drucksache 13/9909, Beschlußempfehlung und Bericht des Rechtsausschusses zu dem Gesetzentwurf der Bundesregierung Drucksach13/7141; Entwurf eines Gesetzes zur Verbesserung der Wettbewerbsfähigkeit deutschen Konzerne an internationalen Kapitalmärkten und zur Erleichterung der Aufnahme von Gesellschafterdarlehen (Kapitalaufnahmeerleichterungsgesetz-KapAEG), 1998; Deutscher Bundesrat: Drucksache 137/98, Gesetzesbeschluß der Deutschen Bundestages, Gesetz zur Verbesserung der Wettbewerbsfähigkeit deutscher Konzerne an Kapitalmärkten und zur Erleichterung der Aufnahme von Gesellschafterdalehen (Kapitalaufnahmeerleichterungsgesetz-KapAEG), 1998.

9 Deutscher Bundestag: Gesetzentwurf der Bundesregierung, Entwurf eines Gesetzes zur Verbesserung der Wettbewerbsfähigkeit deutschen Konzerne an internationalen Kapitalmärkten und zur Erleichterung der Aufnahme von Gesellschafterdarlehen (Kapitalaufnahmeerleichte rungsgesetz-KapAEG), a.a.O., S. 1.

10 Pellens, Bernhard: a.a.O., S. 531.

11 Deutsche Bundestag: Beschlußempfehlung und Bericht des Rechtsausschusses zu dem Gesetzentwurf der Bundesregierung, a.a.O., S. 10.

12 Pellens, Bernhard: a.a.O., S. 531.

13 Ebenda, S. 533-534.

14 Ebenda, S. 534.

15 Ebenda, S. 536-537.

16 Christoph, Ernst: Überblick über die Änderungen der Handelsgesetzbuch zu Rechnungslegung und Abschlußprüfung, in: Dietrich Dörner, Dieter Menold, Norbert Pfitzer (hrsg.), Reform des Aktienrechts, der Rechnungslegung und Prüfung-KonTraG-KapAEG-EuroEG-StückAG, 1999, S. 335.

17 Pellens, Bernhard: a.a.O., S. 537.

18 Christoph, Ernst: a.a.O., S. 335.

19 Pellens, Bernhard: a.a.O., S. 539.

20 Vgl., Deutscher Bundestag: Entwurf eines Gesetzes zur Verbesserung der Wettbewerbsfähigkeit deutschen Konzerne an internationalen Kapitalmärkten und zur Erleichterung der Aufnahme von Gesellschafterdarlehen (Kapitalaufnahmeerleichte-rungsgesetz-KapAEG,, a.a.O.

21 以下，コントロール・透明化法の立法経過に関しては次を参照。Bundesrat Drucksache 203/98: Gesetzesbeschluß des Deutschen Bundestages, Gesetz zur Kontrolle und Transparenz im Unternehmensbereich (KonTraG), 1998; Deutscher Budestag: BT-

第3章　1998年IAS開放条項とドイツ会計基準委員会の創設　　　79

Drucksache 13/10038, Beschlußempfehlung und Bericht des Rechtsausschusses (6. Ausschuß) zu dem Gesetzentwurf der BundesregierungDrucksache 13/9712-Entwurf eines Gesetzes zur Kontrolle und Transparenz im Unternehmensbereich (KonTraG), 1998.
22　Pellens, Bernhard: a.a.O., S. 540-541
23　Ebenda, S. 539-540.
24　Ebenda, S. 539-540.
25　Vgl., Deutscher Budestag: Beschlußempfehlung und Bericht des Rechtsausschusses (6. Ausschuß) zu dem Gesetzentwurf der BundesregierungDrucksache 13/9712-Entwurf eines Gesetzes zur Kontrolle und Transparenz im Unternehmensbereich (KonTraG), a.a.O.
26　Pellens, Bernhard: a.a.O., S. 540.
27　Ebenda, S. 541.
28　Ebenda, S. 542.
29　Ebenda, S. 541.
30　Ebenda, S. 542.
31　Ebenda, S. 542-543.
32　Vgl., Selbert, Ulrich: a.a.O., S. 1-26.
33　Christoph, Ernst: a.a.O., S. 336.
34　Pellens, Bernhard: a.a.O., S. 545-547.
35　Ebenda, S. 547.

第4章
ドイツ会計基準と
ドイツ版「概念フレームワーク」
―意思決定指向のアプローチの導入―

はじめに

　ドイツにおける会計上の認識（計上能力）と測定（評価）を規定する会計規準は，商法典（HGB）第三篇「商業帳簿」における会計法規範とドイツ会計基準委員会（DRSC）の策定するドイツ会計基準（Deutscher Rechnungslegungsstandard：DRS）の2通りである。ただし，成文法主義を採るドイツの場合，直接的法効力を発揮するのが前者の商法における法規範である。後者のドイツ会計基準（DRS）は，プライベート・セクターとしてのドイツ会計基準委員会（DRSC）のドイツ基準設定審議会（DSR）が策定する会計規準であるが，それ自体には直接的法効力は持たされていない。連邦法務省がドイツ会計基準（DRS）を承認し，それを公示するという授権行為がなされてはじめて，法効力を発揮する。しかも，ドイツ会計基準（DRS）は，ドイツ会計基準委員会（DRSC）を設置する根拠法である商法典第342条が指示するように，連結決算書の作成および開示のための会計規範に限定されている。

　しかし，2005年を達成目的としたEUの金融証券市場の統合かつ上場企業の連結決算書に対するIAS/IFRS適用の義務化[1]を背景に，企業会計法の改革が急速に進展するなかで，ドイツ会計基準（DRS）はドイツの会計実践に対して格段に意義を増してきている。しかも，ドイツ会計基準（DRS）の性格は，IAS/IFRSとの同質性を前提にアングロサクソン流の会計規準としての色彩を強く帯びている。すなわち，ドイツを含む大陸法的アプローチが採る法的形式重視ではなく，意思決定有用性アプローチないし経済的実質論理に基づいた会計の認識および測定の会計規準としてドイツ会計基準は開発され，展開されて

きている。また，ドイツ会計基準委員会（DRSC）は，ピースミールに開発する個別会計基準のドイツ会計基準（DRS）の策定に加えて，IAS/IFRSの概念フレームワークに準じた「正規の会計の諸原則（Grundsätze ordnungsmaßiger Rechnungslegung）：枠組概念」草案[2]（2002年10月）というドイツ版「概念フレームワーク」案を公表して，ドイツ会計基準（DRS）の一層の論理補強を行うことを企図している[3]。

そこで，本章においては，このドイツ版「概念フレームワーク」を中心に取り上げながら，ドイツの会計改革の経過のなかで，ドイツ会計基準委員会（DRSC）がどのようなドイツ会計基準（DRS）の形成に向けて，課題を有していたのか，会計上の認識と測定の問題を中心に考察する。そして，その考察を通じて，資本市場指向の会計制度改革がどのような方向に展開しようとしているのかについて検討しておきたい。

第1節　IAS/IFRS，US-GAAPの開放とドイツ会計基準

ドイツ基準設定審議会（DSR）は，「概念フレームワーク」の公表時点において，総計21のドイツ会計基準（DRS）と29の会計基準草案を公表している（図表1を参照）。

すでに述べたように，ドイツ会計基準（DRS）は連結決算書の作成および開示のための会計規準であり，その前提は，国際的に認められた会計原則（international anerkennte Grundsätze）との同質性を担保することにある。その場合の国際的に認められた会計原則として，具体的にはIAS/IFRSないしUS-GAAPが想定されている。ドイツ会計基準（DRS）を策定する会計基準委員会（DRSC）は，1998年に成立した「資本調達容易化法（KapAEG）」[4]および「企業領域統制・透明化法（KonTraG）」[5]にその創設と活動の根拠を大きく依存している。

資本調達容易化法（KapAEG）は，商法典第292a条を新設し，国際的資本市場を利用するコンツェルン親企業に対して，商法規範の遵守に対する免責条項

図表1 ドイツ会計基準（DRS）の一覧

文書番号	題目	施行日
DRS 第1号	商法典第292a条による免責決算書	1999.10.29
DRS 第1a号	商法典第292a条による免責決算書 ―US-GAAPによる免責決算書：暖簾およびその他の無形固定資産―	2002. 1.18
DRS 第2号	キャッシュ・フロー計算書	1999.10.29
DRS 第2-10号	信用機関のキャッシュ・フロー計算書	1999.10.29
DRS 第2-20号	保険企業のキャッシュ・フロー計算書	1999.10.29
DRS 第3号	セグメント報告	1999.12.20
DRS 第3-10号	信用機関のセグメント報告	1999.12.20
DRS 第3-20号	保険企業のセグメント報告	1999.12.20
DRS 第4号	連結決算書における企業結合	2000. 8.29
DRS 第5号	リスク報告	2001. 4. 3
DRS 第5-10号	信用機関および金融サービス機関のリスク報告	2000. 8.29
DRS 第5-20号	保険企業のリスク報告	2001. 4. 3
DRS 第6号	中間報告書	2001. 1.11
DRS 第7号	連結自己資本および連結総利益	2001. 4. 3
DRS 第8号	連結決算書における関連企業に対する投資の会計	2001. 4. 3
DRS 第9号	連結決算書における共同企業に対する投資の会計	2001. 9.13
DRS 第10号	連結決算書における潜在的租税	2002. 1.18
DRS 第11号	関与者との関係についての報告	2002. 1.18
DRS 第12号	固定資産の無形財産価値	2002. 7. 8
DRS 第13号	継続性の原則および誤謬の報告	2002.10.13
DRS 第14号	外貨換算	2003. 8.23

を規定した。この免責条項は，国際的に認められた会計原則としてIAS/IFRS，US-GAAPを想定し，それがEU指令の会計基準と等価値である場合には，IAS/IFRS，US-GAAPにもとづく連結決算書の作成と開示を許容するとする，IAS/IFRS，US-GAAPに対する開放条項（Öffnungsklausel）である。

しかし，この開放条項は2004年12月31日には失効する時限立法であり，2005年以降，開放条項に代わる国内会計法規の整備が不可欠の条件となっている。また，時限立法のもとで，IAS/IFRS，US-GAAPを適用するコンツェルン親企業の連結決算書に対する合法性を保証する上で，IAS/IFRS，US-GAAP

＝EU 会計規準＝ドイツ会計基準（DRS）の図式を担保する必要がある。IAS/IFRS あるいは US/US-GAAP との同質性を EU 会計規準の改正作業と同調して成立するための，ドイツ商法会計規範を補完し，補強するあらたな資本市場指向型のドイツ会計基準（DRS）の策定も求められることになる[6]。上に列挙した各種の連結決算書に係るドイツ会計基準（DRS）はそうした会計規範の国際化の流れのなかで開発・展開されてきていると捉えることができよう。

また，企業領域統制・透明化法（KonTraG）によって新設された商法典第342条はプライベートセクターの基準設定主体としての会計基準委員会の設置を可能とし，この第342条に基づき創設されたのがドイツ会計基準委員会（DRSC）である。商法典第342条が指示するように，この会計基準委員会（DRSC）の任務は，（ⅰ）連結会計に関する諸原則の適用についての勧告の開発，（ⅱ）会計規定に立法措置を講ずる場合の連邦法務省への助言，（ⅲ）国際的な会計標準設定委員会におけるドイツの代表にある。つまり，会計基準委員会（DRSC）は，一方で，ドイツの利害を代表し，IASB の会計基準設定活動に参画し影響を与えると同時に，他方において，IAS/IFRS と同質化を目指す EU 会計指令改正作業に連動して，国内会計規準であるドイツ会計基準（DRS）の立法化（商法規範化）に対して連邦法務省への立法助言機能を果たすものとして，積極的な位置づけが与えられている。

さらに，企業領域統制・透明化法（KonTraG）を通じて導入された，商法第297条第1項に基づくキャッシュ・フロー計算書およびセグメント報告，商法第289条第1項にもとづくリスク情報の開示に関する具体的会計規準（DRS）の開発もドイツ会計基準委員会（DRSC）に与えられた課題であった[7]。

したがって，ドイツ会計基準委員会（DRSC）が策定するドイツ会計基準（DRS）は自ずと IAS/IFRS ないし US-GAAP を開放し，それらとの同質化ないし近似化を前提とするものといえる。また，そのことは，域内金融証券市場の統合を目指して EU が公表した，IAS/IFRS をもって域内の国際的に認められた会計原則とみなして，IAS/IFRS の策定に影響を及ぼしながら域内諸国の会計規準の収斂化を図るという EU における会計国際化戦略と同一路線上にある

ことを意味している。資本市場指向化あるいは意思決定有用性アプローチにたつドイツ会計基準（DRS）の基本的性格は，そのことにより所定のものとなっていることは疑いないだろう。

第2節　概念フレームワークとドイツ会計基準

　2002年10月，ドイツ会計基準委員会（DRSC）内の基準設定の担い手であるドイツ基準設定審議会（DSR）は，「正規の会計の諸原則（枠組概念）」（Grundsätze ordnungsmäßiger Rechnungslegung（Rahmenkonzept））という公開草案（以下，「概念フレームワーク」と略称）を公表した[8]。この公開草案の目的は，（ⅰ）会計基準設定審議会（DSR）の専門的活動に対する基盤を形成すること，（ⅱ）すべてのドイツ会計基準（DRS）を拘束する規制を含むこと，（ⅲ）計上，評価，分類に関する，および規制の対象になっていない事実関係に関する報告についての説明に関する演繹基礎を提供すること，（ⅳ）ドイツ会計基準（DRS）の適用者および決算書の受け手に対する理解と解釈に役立つことにある。したがって，「概念フレームワーク」は，既存のドイツ会計基準（DRS）だけでなく，今後，開発されるドイツ会計基準（DRS）を含んだ全体を網羅した処理基準の基本的枠組みを形成する。なお，「概念フレームワーク」に示される正規の会計の諸原則（GoR）は，連結決算書と連結状況報告書にとどまらず，年度決算書（個別決算書）と状況報告書，さらには中間決算書に対して適用領域とし，資本市場を利用するか否かにかかわりなく，すべての法形態の企業にまで範囲が及ぶものとしてされている。これは，商法典第342条が規定するドイツ会計基準委員会（DRSC）の活動領域（資本市場指向的会社の連結会計）を越えて，ドイツ会計基準（DRS）の適用対象の拡大を想定したものと位置づけられるだろう。

1. 会計目的としての情報目的の明示化

　さて，「概念フレームワーク」の特徴として，まず挙げられるのは，会計の

図表2 「概念フレームワーク」における基本原則の体系

情報原則
情報原則（利用者指向）
意思決定関連性（重要性）
決算書，状況報告書の適時作成
完全性
信頼性
中立的報告
慎重性
明瞭性
一義性
理解可能性
相殺禁止
比較可能性

⇔ 相互依存

利益算定原則
企業活動の継続性
個別評価
決算日原則
期間化
実　現
損失見越原則

　目標および一般規範において，利益測定と並んで情報目的が明示化され，そこにおいて従来の法形式重視の立場を開放し，経済的実質の論理にたった会計事象への取り扱い（経済的観察法）が指示された点である。

　すなわち，「会計の目標は，文書作成，情報および利益処分の計算上および現実の基礎としての利益決定にある。情報機能に関しては，過去の業績に関する報告という意味での会計の報告責任機能と意思決定基礎の準備という意味での会計の予測機能に区分される。会計報告責任も結局には，意思決定支援に用いられる[9]」，「事象は，決算書および状況報告書において，基礎にある法形式を優先的に考慮するのではなく，その事象の経済的実質に応じて考慮されるべきである（経済的観察法）[10]」に代表してみられる規定である。もとより，この「概念フレームワーク」は，投資家の意思決定基礎を重視する諸会計概念を構築するアングロサクソン流の概念フレームワークとの同質性を図ることを目的として提示されたとはいえ，成文法主義にたつ法律と定款に規定される分配可能利益の測定も依然として包含されていることが特徴である。分配可能利益の測定機能と情報機能との相互依存・相互補完関係にたって，「概念フレームワーク」における各種原則の体系化が行われている。いま，それらを一覧表示

すれば図表2のようになる。図表2にみられるように，これまでドイツ商法会計法規範において，利益算定原則として機軸をなしていた，完全性，慎重性，明瞭性，相殺禁止の諸原則は，「概念フレームワーク」にあっては，情報原則として情報利用者の意思決定有用性の観点から位置づけられているのが特徴である。

2. 資産，負債，収益，費用概念の拡大

「概念フレームワーク」において，情報原則として位置づけられた完全性の原則は次のように定義されている。

「貸借対照表においては，すべての財産価値および負債が，損益計算書においては，計上基準を満たすすべての収益および費用が記入されてなければならない。完全性の原則は，キャッシュ・フロー計算書，セグメント報告および自己資本増減表の作成の際にも遵守されねばならない[11]。」

図表3　「概念フレームワーク」における諸概念

資　産（第66項）	過去の事象に基づいて企業の支配権のもとにある資源。企業への財産投入の結果もしくは外部の利用可能性に基づいて，将来の経済的便益の流入が期待され，この将来の経済的便益が支払手段もしくは支払手段等価物の維持もしくは増加に対する直接的もしくは間接的に貢献する。 なお，資産の存在にとって法的所有権は拘束的なものでなく，決定的なのは，資産に内在する経済的便益に対する支配権である。
負　債（第70項）	過去の事象に基づく企業の第三者に対する現在の義務。義務の履行により，資源の流出が期待される。なお，負債の存在にとって，基礎となる義務が法的なものか否かは重要でない。
自己資本（第73項）	所有者の請求と結びつく。
費　用（第78項）	報告期間内の経済的便益の減少。経済的便益の減少は，支払手段もしくは支払手段等価物の直接的な流出，負債の増加もしくは資産の減少の形態をとる。
収　益（第75項）	報告期間内の経済的便益の増加。経済的便益の増加は，支払手段もしくは支払手段等価物の直接的流入，資産価値の増加もしくは負債の減少の形態をとる。

この場合，「概念フレームワーク」が指示する資産，負債，費用，収益とは何かである。それらの概念ついては，図表3のように示すことができる。これらの概念規定の特徴は，経済的便益を中心に各種の概念定義がなされていることにある。すなわち，資産と負債を将来の経済的便益の流入および流出と捉え，費用および収益については経済的便益の減少および増加とする，いわゆる資産負債アプローチが採用されている。この資産負債アプローチを採ることによって，法形式重視の概念規定からの離脱が図られ，将来キャッシュ・フロー（「概念フレームワーク」においては，支払手段および支払手段同等物の流入・流出と言われる）と結びついたアングロサクソン流の概念との同質化が図られている点は，第2の特徴として挙げられよう。

3. 計上基準における蓋然性の導入

　「概念フレームワーク」の特徴として第3に挙げられるのは，決算書における計上，把握，説明の基本原理として，アングロサクソン流の蓋然性（Wahrscheinlichkeit）概念が導入された点である。そこでは，経済的便益の流入および流出に対して50％を超える確率のもとで発生するならば蓋然性を意味するとする。これまで，ドイツでは引当金の計上要件等について50％以下でも計上能力を認める解釈論が存在していたが，商法規範上は発生の確率についての要件は明確でなかった。この点について，IASBとFASBの概念フレームワークにおいては，将来便益の流入および流出がProbableであるとき，それに関連する項目の計上あるいは記録が義務づけられているのに対して，「概念フレームワーク」では，50％以上としており，それはIAS第37号の引当金の計上において，Probableは，more likely than not（発生しない確率より発生する確率が高い）と比較して，計上基準はIAS/IFRSの内容と一致しているという。

　この蓋然性の定義を前提にすれば，収益は，経済的便益の流入が蓋然的であり，信頼性をもって測定されるとき，また，費用は，経済的便益の流出が蓋然的であり信頼性をもって測定されるときには，それぞれ損益計算書において計

上命令が付与される。したがって，後述するように，「概念フレームワーク」においては，現行商法が認める計上選択権は排除される。しかし他方で，基礎原理としての蓋然性は，信頼性の原則を付加することにより，不確実な事象にとっての将来予測要素の参入を一層，合理的なものとする。「概念フレームワーク」が，「不確実な事象の表示は信頼性を損なわない。そのことは，不確実な事象を評価するという問題については，期待価値の見積りによって担保される。同様に，不確実な事象は，たとえば，情報に対する根拠と仮定が示され，納得のいく説明がなされれば，信頼性をもって報告されうる[12]」と述べるところである。

4. 実現可能性の導入

　さて，上述の蓋然性の導入は必然的に実現可能性の導入も意味することになる。「概念フレームワーク」は，実現原則について，「将来の経済的便益の増加が蓋然的であり，信頼性をもって測定されるときには，利益が計上されなければならない。利益は，決算日に実現しているか，実現可能でなければならない[13]」と規定する。また，損失見越原則については，「将来の経済的便益の減少が蓋然的であり，信頼性をもって測定されるときには，損失は計上されなければならない。損失の実現は問題でない[14]」と規定されている。したがって，この実現原則と損失見越原則に基づけば，発生の蓋然性と測定の信頼性を満たせば未実現損益は計上可能となる。また，「概念フレームワーク」によれば，実現原則と損失見越原則は，収支をどのように期間区分するのか（期間区分原則）を規定するものだという。

　現行商法典第252条第1項第4号による期間区分原則は決算日時点での実現を前提に未実現利益を排除している。また，同じく商法典第252条第1項第4号は，決算日までに発生した予見することができるリスクおよび損失は，それが決算日と年度決算書作成日の間に初めて知り得たとしても，すべて計上しなければならないと規定する。この規定は予見可能を規定するのみであり，蓋然性概念を導入すべきとしている。

5. 公正価値 (Fair Value) による評価

「概念フレームワーク」の特徴として第5に挙げられるのは，IAS/IFRSないしUS-GAAPと同様に，「公正価値 (Fair Value)」を一部導入した混合評価アプローチが採用されている点にある。資産の評価基準として，取得原価または製造原価もしくは「付すべき時価 (beizulegender Zeitwert)」が，また，負債の評価基準としては償還金額もしくは「付すべき時価」が用いられる。ここでいう「付すべき時価」とはIAS第32号でいう公正価値を意味する。情報原則としての意思決定関連性の原則に従えば，原価指向モデルは適合しなく，特定の資産，とくに，金融資産について，公正価値評価は歴史的原価と比較して正確な企業状況の写像を伝達することになる。他方，信頼性の原則の観点からは，純粋な時価モデルは適していない。また，特定の資産，とくに有形固定資産に関しては，市場価格は意思決定関連的でないとする。したがって，「概念フレームワーク」は，「資産もしくは負債のどの範疇を（継続記録する）取得原価あるいは製造原価もしくは償還金額で評価すべきであるのか，どの範疇を付すべき時価で評価すべきであるのかに関する決定は，意思決定関連性の原則および信頼性の原則を慎重に考慮すべきであり，法とドイツ会計基準 (DRS) に委ねられている[15]」としている。

6. 慎重性原則からの離脱

「概念フレームワーク」について特徴として第6に挙げられるのは，これまでドイツ会計法規範の特徴を示していた債権者保護思考に根ざした保守主義の原則である慎重性の原則が利益算定原則ではなくして，情報原則として掲げられた点である。

「概念フレームワーク」は，慎重原則に関して次のように規定している。

「慎重性原則は評価原則でなく，不確実な期待と関連する見積規準である。財産，負債，収益，費用は，それ故，過大評価されても過小評価されてもならない。財産および収益の恣意的な過小評価もしくは負債および費用の過大評価による秘密積立金の形成は，慎重性の原則と両立しない[16]。」

ここでは，評価原則の遵守は企業および企業集団の状態への適切な描写を確保するもので，その意味で，慎重性原則は支配的な利益算定原則として必要でなく，信頼性原則と結びついて，適切な描写を可能にする情報原則として位置づけられている。

7. 計上選択権の排除

「概念ステイトメント」が掲げる決算書とは，（ⅰ）貸借対照表，（ⅱ）損益計算書，（ⅲ）キャッシュ・フロー計算書，（ⅳ）セグメント報告，（ⅴ）資本増減計算表，（ⅵ）附属説明書から構成される。これらの決算書において，「概念フレームワーク」の指示する計上条件を満たすすべての事象が何らかの形で認識され，表示されなければならない。これによって，現行商法が規定する資産および負債に関する計上選択権は排除される。計上要件を満たすものはすべて計上義務（計上命令）であり，満たさないものは決算書において計上禁止となる。

「概念フレームワーク」の示す計上要件に合致する事象のうち，商法上の選択権が付与されているものには次のものがある。これらについては計上命令に変更することが要請される。

・社債割引発行差金（商法第250条第3項）
・承継のれん（商法第255条第4項）
・繰延税金資産（商法第274条第2項）
・1987年1月1日以前に法的請求権を取得した直接的年金債務引当金（商法施行法第28条1項1文）

また，「概念フレームワーク」の示す計上要件に合致しない事象で，商法上の計上選択権が付与されているものには，次のものがある。これらについては計上禁止に変更することが要請される。

・翌営業年度3ヶ月以内に埋め合わされる修繕引当金（商法第249条第1項3文）
・費用性引当金（商法第249条第2項）

・営業経営の開業費および拡張費（商法第269条）
・準備金的性格を伴う特別項目（商法第273条）

　こうした商法における計上選択権の排除は，会計操作を制約し，会計目標である報告責任を達成するための前提要件であるとされ，情報機能を重視した位置づけになっている。

　さて，ここで取り上げたもの以外にも，計画外減価記入として減損評価が導入されるなど，論ずるべき内容はあると思われるが，上記7点にわたって，「概念フレームワーク」の主要な特徴点について紹介した。次に改めて，「概念フレームワーク」の特徴をとりまとめるならば，「概念フレームワーク」は，既存の商法会計上の利益算定原則としての正規の簿記の諸原則（GoB）との連携を意識しつつ，意思決定有用性の観点にたって，会計の情報機能を優先させながら，資産負債アプローチ，公正価値の一部導入，実現概念の拡大，慎重原則からの離脱など，アングロサクソン流の概念フレームワーク，とくに，IAS/IFRSの概念フレームワークとの同質化を積極的に図っている点にみられる。そこでは，債権者保護の論理にたって資本維持ならびに分配可能利益の算定を重視する既存の商法会計規範（GoB）と大きく隔たった概念規定が意識的に構築されている。これらは，「概念フレームワーク」が枠づけようとする資本市場を指向する個別会計基準（DRS）そのものの性格にたどることができるが，EU企業に対するIAS/IFRS適用期限にあわせて，会計概念の基本枠組みを策定する必要性にも大きく影響されていると思われる。とくに，資産負債アプローチを採用することによって，見積と予測に基づく将来キャッシュ・フローと結びつく，将来の経済的便益の流入・流出およびその増減によって，資産・負債・費用・収益概念を構築し，決算書に計上される会計事象の認識領域を拡大している点に主要な特徴があるといえよう。

第3節 認識領域拡大と会計法改革

　「概念フレームワーク」は，現行法および現存の会計規準を解釈し発展させるためのガイドラインであり，将来の発展の目的にとっては，現行法に依存せずに公式化を行い，個別規定についても現行法および現存の会計規準と一致しない部分が含まれているという。また，「概念フレームワーク」は特定の事象について規定されるドイツ会計基準（DRS）ではなく，会計の枠組条件を規定するものだとされている。つまり，「概念フレームワーク」は今後，ドイツ基準設定審議会（DSR）の活動を方向づける前提となるものであり，将来を含めたドイツ会計基準（DRS）すべてを拘束するために作成された，文字通りの枠組概念（Rahmenkonzept）でもある。目下のところ草案段階とはいえ，「概念フレームワーク」で示された各種の定義と規定は，ドイツにおける会計規準設定の将来に及ぼす影響は少なくないと考えられる。

　しかし，ここで注意すべきことは，ドイツ会計基準（DRS）にしても，「概念フレームワーク」にしても，過去や現在の商法会計規範の中から論理的に派生した会計基準や概念ではないという点である。それらはIAS/IFRSないしUS-GAAPをいわば借用・転用して展開された会計規範や概念である。大陸法型の成文法主義を採り，しかも伝統的に債権者保護と資本維持に立脚して商法会計規範を中心に成立するドイツの会計制度において，投資意思決定目的を重視し，英米法的ないし会計プロフェッションに基準設定を委ねるアングロサクソン型の会計基準をそのまま商法の中に取り込むことは，社会的合意の上から馴染むものでない。そこには，EUにおける金融証券市場の統合とEU企業の資本市場における競争基盤の強化というグローバリゼーションの政策目標とひろく国際的なデファクト・スタンダードとしてのIAS/IFRSの適用という開放政策をつうじて，借用・転用の合理づけられた会計規範と概念であると考えることが妥当だろう。

　しかも，すでに述べたように，成文法主義の国ドイツの場合，ドイツ会計基

準 (DRS) あるいは「概念フレームワーク」は直接的な法効力を発揮するものでない。ドイツ会計基準 (DRS) は連邦法務省がそれを承認し，公示するという授権行為がなされて，法効力を発揮する。また，「概念フレームワーク」もドイツ会計基準 (DRS) が法効力を持ち得てはじめて，論理的規制力を持つ。商法会計規範の免責条項を示した商法典第292a条やドイツ会計基準委員会 (DRSC) の創設を根拠づけた商法典第342条は，法の権威によってアングロサクソン型の会計基準と概念を組み入れることを合理づけ・合法化するための法施設ということができよう。

　この関係について，俯瞰しようとしたのが図表4である。図表4において実線の矢印は，開放政策によってIAS/IFRSが直接・間接的に商法に適用される経路を示しており，①は商法典第292a条の商法免責条項により直接IAS/IFRSが適用されるケース，②はIAS/IFRSがドイツ会計基準 (DRS) に反映され，正規の連結会計の諸原則 (GoK)[17] になり一般条項として，間接的に適用されるケース，③はIAS/IFRSを反映したドイツ会計基準 (DRS) が連邦法務省の授権を受け商法規定に導入される場合を想定している。そして目下，ドイツにおいて急務とされているのが，①の免責条項の失効期限の2005年のあと，会計の2005年問題として，③をベースに遂行される商法会計規範の改正作業である。

　「概念フレームワーク」の公表後，2005年のIAS/IFRS適用期限を目前に，連邦法務省，連邦財務省が共同発表した「企業の健全性および投資家保護の強化のための連邦政府の措置一覧（10項目プログラム）」[18]（2003年3月25日）の政治スケジュールに沿って，ドイツ商法会計法の抜本的改正を企図した「会計法改革法 (BilReG)」案[19] が連邦政府から公表された。この「会計法改革法」案は，EU理事会が公布した「IAS適用命令」，「EU指令の現代化指令」，「会社規模基準値修正指令」，「公正価値指令」の4つの命令および指令をドイツ商法に転換し，商法のパラダイム転換を図るものと捉えられている。また，「会計法改革法」案は，配当，税目的の個別決算書は維持するものの，資本市場指向会社に対するIAS/IFRS適用の道を連結決算書だけでなく，情報目的の個別

第4章　ドイツ会計基準とドイツ版「概念フレームワーク」　　95

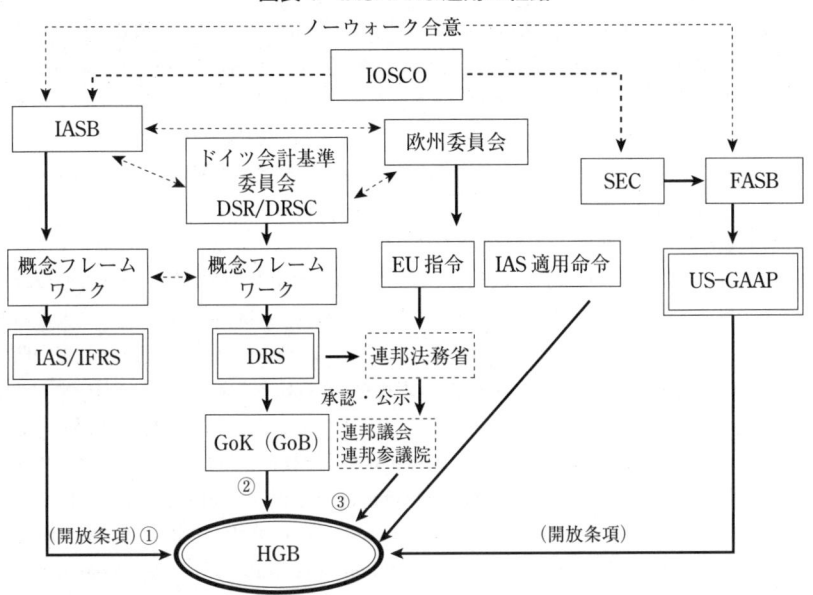

図表4　IAS/IFRS適用の経路

```
            ┌──── ノーウォーク合意 ────┐
            │         IOSCO          │
            ▼       ↙     ↘          ▼
    ┌─────┐      ┌─────────┐
    │IASB │◄─── │欧州委員会 │        ┌────┐   ┌────┐
    └─────┘      └─────────┘        │SEC │──►│FASB│
       │  ┌──────────┐                └────┘   └────┘
       │  │ドイツ会計基準│                          │
       │  │  委員会    │                          │
       │  │ DSR/DRSC  │                          │
       │  └──────────┘                          │
       ▼         ▼            ▼       ▼          ▼
   ┌─────┐  ┌─────┐      ┌────┐ ┌──────┐  ┌──────┐
   │概念フレーム│  │概念フレーム│   │EU指令│ │IAS適用命令│  │US-GAAP│
   │ ワーク  │  │ ワーク  │      └────┘ └──────┘  └──────┘
   └─────┘  └─────┘         │        │
       │         │              ▼        │
   ┌─────┐  ┌─────┐      ┌──────┐     │
   │IAS/IFRS│ │ DRS │──►  │連邦法務省│     │
   └─────┘  └─────┘      └──────┘     │
              │       承認・公示             │
              ▼         ┌──────┐          │
         ┌────────┐   │連邦議会│          │
         │GoK（GoB）│  │連邦参議院│          │
         └────────┘   └──────┘          │
              ②         ③                 │
  （開放条項）①                  （開放条項）     │
         ╲    ╱                    ╲      ╱
          ╲  ╱                      ╲    ╱
         ╔══════╗
         ║ HGB  ║
         ╚══════╝
```

決算書にまで開いているのが特徴といってよい[20]。

　たしかに，ドイツ会計基準（DRS）および「概念フレームワーク」は，ドイツ会計基準委員会（DRSC）の法的権限やそこから導出される会計情報の客観性・信頼性あるいは商法会計規範（および商法確定決算主義）との整合性の観点から多方面から批判が提起された[21]。しかし，1998年以降にみられる商法改正作業の内容は，EUの開放政策に支えられて，着実に，アングロサクソン型の意思決定有用性アプローチに基づく会計事象の認識拡大を受け入れる方向に向かっていたと考えられよう。

注

1　EU: Verordnung（EG）1606/2002 des Europäischen Parlaments und des Rates vom 19. 7. 2002 betreffend die Anwendung internationaler Rechnungslegungsstandards, Amtsblatt der EU, L243/1-4, 2002.

2　Deutscher Standardisierungsrat（DSR）: Entwurf Grundsätze ordnungsmäßger Rechnungs-

legung（Rahmenkonzept），Stand 16.10.2002.
3　B. Pellens は，1998 年の企業領域統制・透明化法（KonTraG）により創設されたドイツ会計基準委員会（DRSC）に関連して，この私的会計委員会の設置という解決は，連結会計を新たに構築して資本市場の効率性の増大に役立てるだけでなく，経済生活のその他の領域にも影響し，一般の福祉に供するというドイツの思考方法に沿うものであり，その準備はこのプライベートセクターに任せるのではなく，伝統的に国家の任務であるから，ドイツの立法者はドイツ会計基準委員会（DRSC）の活動基盤としてフレームワークを確定して重要な枠組み条件ないし最低条件を法典化しなければならないとする。また，そうした枠組みのなかで直接的な戸惑いをなくして，ドイツ会計基準委員会（DRSC）自身はドイツ会計基準（DRS）を開発しうるし，フレームワークから導出されるドイツ会計基準（DRS）も具体的な会計問題に関係する基準となりうると述べている。「正規の会計の諸原則（GoR）：枠組概念」草案は，B. Pellens が提起する立法者によるフレームワークではないにせよ，ドイツ会計基準委員会（DSRC）のドイツ基準設定機関（DSR）が開発する会計基準策定の安定化を図る上での基本的枠組み条件を提示したものとみることができよう。Vgl., Pellens, Bernhard: Internationale Rechnungslegung, 3. Auflage, 1999, S. 522.
4　Kapitalaufnahemeerleichterungsgesetze（KapAEG）vom 20.04.1998, BGBl 1998 Teil Nr. 24/Gesetzesbeschluß der Deutscher Bundestages, Gesetz zur Verbesserung der Wettbewerbsfähigkeit deutscher Konzerne an Kapitalmärkten und Erleicherung der Aufnahme von Geselllschafterdalehen（Kapitalaufnahmeerleicherungsgesetz-KapAEG, Deutscher Bundesrat, Drucksache 137/98 vom 13.02.1998.
5　Gesetz zur Kontrolle und Transparenz im Unternehmensbereich（KonTraG）vom 27.04.1998, BGBl 1998 Teil Ⅰ Nr. 24/Gesetzesbeschluß der Deutscher Bundestages, Gesetzes zur Kontrolle und Transparenz im Unternehmensbereich（KonTraG）, Deutscher Bundesrat Drucksache 203/98 vom 06.03.1998.
6　佐藤誠二『会計国際化と資本市場統合』森山書店，2001 年，138-145 頁を参照。
7　同上書，145-151 頁を参照。
8　この公開草案は，125 項からなる諸規定ならびに附属資料としての A. 理由書（35 項目），B. 法および DRS との比較，C. IFRS および US-GAAP との比較によって構成されている。以下，「概念フレームワーク」を参照・紹介するにあたって，規定の項番号のみ示し，附属資料の個別の所在については省略する。
9　Deutscher Standardisierungsrat（DSR）: Entwurf Grundsätze ordnungsmäßger Rechnungslegung（Rahmenkonzept), a.a.O., para. 9.
10　Ebenda, para. 15.
11　Ebenda, para. 23.
12　Ebenda, para. 24.

13 Ebenda, para. 40.
14 Ebenda, para. 42.
15 Ebenda, para. 88.
16 Ebenda, para. 26.
17 ここでいう正規の連結会計の諸原則 (GoK) とは，J. Baetge 等に依拠して，商法典第297条2項2文の連結会計に対する一般規範・一般条項を指す。商法典第297条2項2文の規定は次のようである。「連結決算書は，正規の簿記の諸原則 (GoB) に準拠して，連結集団の財産状態，財務状態および収益状態の実質的諸関係に合致する写像を伝達しなければならない」。J. Baetge 等は正規の簿記の諸原則 (GoB)，正規の連結処理の諸原則 (GoKons) および連結決算書の目的を満たす補完的諸原則を併せて，それを GoK と呼んでいる。この点については，Beatge, Jörg/Kirsch, Hans-Jürgen/Thiele, Stefan: Konzernbilanzen, 7. Aufl., 2004 を参照。邦訳として，佐藤博明監訳『ドイツ連結会計論』森山書店，2002年の第1章第3節も参照。
18 BMJ (Bundesministerium der Justis): Bundesministerium der Justis, Pressmitteilungen am 25. 02. 2003, Bundesregierung stärkt Anlegerschutz und Unternehmensintegrität, Maßnahmenkatalog der Bundesregierung zur Stärkung der Unternehmensintegrität und des Anlegerschutzes.
19 Vgl., Entwurf eines Gesetz zur Einfürung internationaler Rechnungslegungsstandards und zur Sicherung der Qualität der Abschlusprüfung (Bilanzrechtreformgesetzes-BilReG) vom 15. 12. 2003.
20 第6章で論じるように，2004年の「会計法改革法」案においては，商法典 (HGB) 第315a条を新設して，資本市場指向的企業だけでなく，資本市場を指向しない（上場や有価証券の取引認可しない）企業にまで，連結決算書の IAS/IFRS 適用を許容し，さらに，第325条の中に 2a 項，2b 項を新設して，情報目的に限定して，個別決算書に対する IAS 適用を許容する規定を導入することを提案している。
21 ドイツにおける「概念フレームワーク」への批判，問題点について紹介したものとして，次を参照。森川八洲男「ドイツ版概念フレームワークの構想」『企業会計』2003年10月号，4-13頁。木下勝一「ドイツの概念フレームワーク公開草案の論点」『會計』第165巻第6号，2004年，28-43頁。

第5章
2005年IAS/IFRS導入の目標設定と会計改革計画

はじめに

統一資本市場の形成と規制市場における連結決算書に対するIAS/IFRS適用を義務づけた2005年1月1日の期限を控えて、EUは、会計制度の枠組みの再編に向かって急展開をとげた。このEUにおける制度改革の動向は、当事者であるEU諸国のみならず、IAS/IFRSの策定に対するIASBとアメリカFASBとの「覚書：ノーウォーク合意」(Memorandum of Understanding — The Norwalk Agreement)、あるいはEU資本市場を利用する域外諸国企業の資金調達戦略等々とも絡んで、いわゆる会計2005年問題として世界的な関心の的となっていた。

EUにおける会計2005年問題については、欧州委員会が2005年を達成目標とする欧州資本統一市場構想とそのための戦略措置を提示した「金融サービス：金融市場大綱の転換：行動計画」(1999年5月11日、以下、「金融サービス行動計画」)[1]に、欧州理事会のリスボン決議を経て公表された「EUにおける会計戦略：将来の進路」(2000年6月13日)[2]の段階に沿って進展してきた。とくに、2005年1月1日を実施時期と定めた「IAS適用命令」(2002年7月19日)[3]ならびに既存の会計諸指令の修正を含んだ「現代化指令」(2003年6月18日)[4]の公布を受けて、EU加盟各国における会社会計法の改正作業が本格化し、統一資本市場実現のための法整備が着実に、進行した。しかも、その改革の速度は、欧州委員会が株主保護の強化と証券市場の健全化を目指して掲示したいわゆる「透明化指令」(「有価証券発行者に対する透明化要請に対する指令」)の提案(2003年3月26日)[5]、欧州版SECなどともいわれた欧州証券規制当局委員会

(CESR)がIAS/IFRS適用へ向けて公表した具体的移行計画「2005年におけるIFRS適用への欧州規制；IFRS転換に関する追加指針のための勧告」(2003年12月30日)[6]，さらには会計監査の品質管理・会計監査人の独立性強化，国際監査基準の適用等を指示した欧州委員会の「年度決算書と連結決算書の監査及びEU指令の修正に関する指令」提案(2004年2月17日)[7]が公表されたことを通じて，証券市場における開示ならびに監査，監督規制の改正と一体となって進行した。

　本章は，かかる2005年のIAS/IFRS導入の目標設定を前提に，その直前におけるEUの会計統合戦略の展開内容とそれに対するEU加盟国の実施計画について考察し，EUないしドイツにおける国際的会計基準の形成の過渡期の状況を確かめておきたい。

第1節　IAS適用命令の概要

　欧州委員会は，2001年2月13日付で「国際的な会計基準に関するEU議会および欧州理事会の命令に対する提案[8]」を発表した。この提案は，金融サービスに対する統合市場を早急に実現する必要性を強調し，2005年をもって欧州委員会の「金融サービス行動計画」の実施期限と定めて，資本市場指向的企業の決算書の比較可能性を改善するための措置を講ずるとした2000年3月のリスボンにおける欧州理事会の決議を踏まえたものである。その後，この提案は2002年2月および5月にUS-GAAP適用会社等のIAS/IFRS適用に2年間の期限猶予(2007年1月1日以後に適用)を付与し，また20数箇所に及ぶ修正を施したのち，最終的に11条項からなる「国際的な会計基準に関するEU議会及びEU理事会の命令」いわゆる「IAS適用命令(IAS-Verordnung)」として2002年7月19日付で欧州議会および欧州理事会によって公布された。

　このIAS適用命令の骨子は18項目に区分し簡潔に示されている。以下，そのうちの主要と思われる論点を概略すれば次のようである[9]。

　―統合市場の機能方法の改善のために，資本市場指向的企業は連結決算書に

対してより上質の国際的な会計基準 (internationale Rechnungslegungsstandards) の統一的規則の適用が義務づけられなければならない。金融市場に参加する共同体企業が，国際的に容認され，現実的な世界基準たる会計規準を適用することは一層，重要である。

― EU の第4号指令（年度決算書指令），第7号指令（連結決算書指令），銀行その他の金融機関の決算書に関する指令，保険企業の決算書に関する指令は共同体における資本市場指向的会社を対象とする。これらの EU 指令に委ねられた諸規定は，効果的で摩擦のない，かつ効率的な統合資本市場の構築にとっての不可欠の前提となる決算書の高度の透明性と比較可能性を保証し得るものでない。したがって，資本市場指向的会社に対して適用される法的枠組みを補強する必要がある。

― 本命令は資本市場の効率的かつ費用効果的な機能方法に貢献することを目的としている。投資家保護と金融市場における信頼保持は統合市場の完了の重要な側面でもある。共同体資本市場の競争能力にとって，欧州内で適用される決算書作成規範を国境横断的取引もしくは世界のすべての証券取引所での認可に際して利用される国際的な会計基準と結合することは大きな意義を有している。

― 本命令の実施にとって必要な措置は，1999 年6月 28 日の理事会決議に従い，委員会に委ねられた実施権限の行使に対する手続きの確定に際して許容されなければならない。この措置を行使する場合，欧州委員会は 2002 年2月5日に EU 議会の決議した金融サービス領域における法規定の転換の説明を当然考慮しなければならない。

― 国際的な会計基準の適用を受容するにあたり，企業の財産・財務・収益状態の事実関係に合致した写像を伝達することを満たすとした EU 指令の基本要請を満たし，理事会決議に照らして当該指令のすべての各個別規定の厳格な遵守を必要とすることなく，原則を維持することが第1の前提である。第2には，2000 年7月 17 日の理事会決議に従い欧州の共通の利害に合致すること，第3には，情報の質に関する基本的基準が満たされ，それ

により決算書がその受け手にとって有用であることを前提とする。
―承認（エンドースメント）機構は提案された国際的な会計基準を遅滞なく受容し，主要利害関係者，とくに国内の基準設定機関，有価証券領域の監督機関，銀行および保険会社，中央銀行，会計専門職ならびに決算書の受け手および作成者で国際的な会計基準を審議し検討する。情報を交換する可能性もまた提供する。承認機構は共同体における国際的な会計基準の採用に関する共通理解を深めるための手段であるべきである。
―状況適合原則に応じて，国際的な会計基準の統一的規則の適用を要請する本命令で行われる措置が，すべての資本市場指向的会社に対して共同体の有効で費用効果的機能方法の目標と統一市場の完了を達成するために必要である。また，加盟国に対して年度決算書に関して資本市場指向的会社が本命令の措置に従い国際的な会計基準に基づく作成を許容もしくは指示する上での選択権を付与することが必要であり，加盟国はこの可能性ないし指示をその他の会社の連結決算書や年度決算書に拡大することができる。
― IASB が国際的な会計基準（IFRS および SIC/IFIC）の開発の枠内で開示するドキュメントおよびペーパーを審議し，それに関する立場を形成する場合，欧州委員会は世界市場において活動する欧州企業の競争劣位を解除するための必要を考慮しなければならない。
―加盟国は自身の有価証券の取引が共同体もしくは第三国における規制された市場で認可され，自身の連結決算書をすでにその他の国際的に認められた会計原則に基礎づけられている，ならびに負債証券のみが規制された市場において取引認可されているすべての企業に対して，2007 年までに一定の規定の適用の延長を認めなければならない。しかし，遅くとも 2007 年までにはその有価証券の取引が規制された市場で認可されるすべての共同体企業にとってのグローバルな国際的な会計基準の統一規則として IAS/IFRS を適用することは放棄できない。
―加盟国および会社が国際的な会計基準を適用する上で必要な適応措置を講ずるために，一定の措置が 2005 年まで適用されることが必要である。本

命令を発効した結果，会社がIASを最初に適用するときは適切な措置が選択されなければならない。その措置は採用される解決策が国際的な承認を確保すべきため国際的レベルで策定されるべきである。

第2節　EU指令の現代化

　さて，EUにおいては，上述のIAS適用命令と並行して「EU指令の現代化」が進められてきた。EU指令の現代化は，欧州委員会が1999年5月に提示した「金融サービス行動計画」において，IAS/IFRSの動向を考慮してEC第4号指令および第7号指令を統合市場の要請に適応させる構想を2000年末まで委員会が提案し，2002年にEU議会が承認するというスケジュールに沿ったものである。1999年11月の欧州委員会の2005年欧州統合市場を実現するための戦略に関する公式意見書および1999年12月のヘルシンキにおける欧州理事会決議は，貨幣・資本市場の効率性を強化するうえで金融サービスに対する機能的な統合市場の2005年までの実現をもって1つの戦略重点とし，かかる戦略目標に基づくEU指令の現代化の必要性を提起していた。EU指令の現代化に関する試みは，2002年7月9日付「特定の法形態の会社，銀行及びその他の金融機関ならびに保険企業の年度決算書及び連結決算書に関する指令78/66の修正に対するEU議会および欧州理事会の指令」いわゆる「現代化指令」についての提案[10]を経て，2003年6月18日付で正式に成立，公表されるに至っている。

　現代化指令の提案によれば，現代化指令はIAS適用命令と並んで「金融サービス行動計画」の中心的骨格をなすものと位置づけられ，2005年の期限が保持され，行動計画の構成要件がその期限前に実施されるとするならば，この現代化指令が掲示する諸規定が可能な限り速やかに加盟国が転換されなければならないことが明言されている。以下，現代化指令提案にもとづいて，現代化の示す内容を概括すれば，以下のようになろう[11]。

　まず，現代化指令の目的は次のようであった。すなわち，2001年6月に欧

州委員会は「EUにおける会計戦略：将来の進路」を，また2002年7月に欧州議会および欧州理事会はIAS適用命令を発表し，すべての上場企業に対してその連結決算書を遅くとも2005年にIAS/IFRSに基づき作成されなければならない規定を導入した。同時に，IAS適用命令は，加盟国に対してIAS/IFRSを個別決算書にも非上場企業にも適用する規定を設ける可能性を与えた。ただし，EU指令に基づく年度決算書と連結決算書は今後も当該指令を共同体の会計要請の優先源泉としているために，IAS/IFRSを適用する共同体企業とIAS/IFRSを適用しない共同体企業との間に等しい競争条件が支配することが重要である。したがって，IAS/IFRSの受容とEU第4号指令およびEU第7号指令の適用という2つの目的にとって，当該指令が国際的会計の発展を反映することが望ましい。

目下，EUにおいて適用されている会計要請は次のEU法規に基づいている。

―特定の法形態の会社の年度決算書に関する1978年7月25日付EU第4号指令
―連結決算書に関するEU第7号指令
―銀行およびその他の金融機関の年度決算書および連結決算書に関する1983年12月8日付EU指令
―年度決算書および連結決算書に関する1991年12月19日付EU指令

現代化指令提案によれば，これら既存の「会計指令」は20数年前のその公布以来，変化なく留まっている。近年，会計理論と実務の変化は一層展開し，この動向は継続している。欧州委員会が実施した多くの研究は多くの観点で会計指令が会計の今日的理論と実務と今も一致していることを言及している。たしかに，一定の限定領域において，EUが決議したIAS適用命令を受容する要件とIAS/IFRSとは調和していない。こうした状況は2つの理由から容認し得ない。第1は，会計指令の場合，IAS/IFRS承認の機構において提案されたIAS適用命令のもとで重要な役割を果たすならば，会計領域の現実的動向を反映しなければならない。第2に，企業に対してIAS/IFRSを適用する共通の条

件枠組みが与えられなければならないが，そうなっていないことである。
　したがって，現代化指令の基本目標は次の3つとされる。
（ⅰ）　会計指令とIAS/IFRSとの間の既存のすべてのコンフリクトを解消する。
（ⅱ）　会計指令が今後も会計の基礎であるEU企業（すなわち，自身の年度決算書もしくは連結決算書がIAS/IFRSに従い作成されない企業）に対して，IAS/IFRSに存在する会計選択権を明確にする。
（ⅲ）　現代実務に合致し弾力性に富む会計フレームワークを生み出し，IAS/IFRSの将来の発展に寄与するよう会計指令の基礎構造を現代化する。
　さて，現代化指令の対象とする企業は既存の会計指令と変わることはない。つまり，現代化指令の対象企業とは会計指令に準拠して自身の連結決算書および個別決算書を作成するすべての企業である。これらの企業に対して本指令が問題とするのは次の点だという。加盟国が会計指令に基づいている会社の立場から，国内条件に合致した方法と速度での国内の会計要請に適用することが可能となることを提案する。それは，加盟国選択権の形式での追加的会計要請の導入をもって，また現存の加盟国選択権の削減を断念することをつうじて達成される。したがって，本指令は個々の加盟国が望まない会計への効果はもたらさない。このことは，会計要請ととくに個別決算書の場合における税務上とその他の問題との関連に基づいて重要だとする。
　ところで，連結決算書（ないし個別決算書）に加えて，会計指令は一定規模を上回る企業について営業活動の正しい写像を伝達する連結状況報告書（ないし企業の状況報告書）を要求している。現代化指令はこの要請を堅持し，それに応じて現在の認識状態を強化する。このことは，拡張された利害関係者集団に対する情報（金融面のみに限定されるものでない）をも提供する理解し易い報告書を導くことになるのだとする。
　現代化指令は2005年以降，一定の上場企業の連結決算書においてIAS/IFRSの適応を義務づけるIAS適用命令と結びついているために，加盟国，企業お

よび経済監査士の職業団体に対して，2005年以降のIAS/IFRSを適応する前の転換準備に対する相応の移行期間を保証するものだという。また，加盟国は国内条件に合致する様式と速度で適用することを目指している。企業にとってのあらゆる追加的コストは，そもそも加盟国が提案により加盟国選択権の実現に基づく修正を実施する範囲に依存している。このコストは通常，新しい会計要請への転換のための人材再教育の領域において生ずる。他方，会計指令の現代化・現実化に資する，この現代化指令の経済的効果は，財務情報の比較可能性と透明性を高め，それにより市場の効率性をも高め，企業資本コストを減少させることだとしている。ただし，現代化指令は，中小規模の企業に対してはその特別な状態を考慮するものだという。この指令によって，会計に対して個々の加盟国の望まない効果をもたらすことを想定していない。一定の規模基準以下の企業にすでに存在する一連の緩和措置が，それはかかる企業に対して開示負担を軽減し，承認され続けている。そうした既存の緩和措置もしくは規模基準について，取引所上場企業にとっては適合しないという例外を要請することによって，それらを変更することを考慮していない。取引所上場企業が，緩和措置を適用する上での基本前提を満たすためにはほとんどすべての場合，規模が大きすぎ，そうした企業に対して本指令がIAS適用命令と一貫していることを明らかにすることが必要であるとしている。

第3節　IAS/IFRS適用に対する移行指針

　すでに述べたように，欧州員会は欧州理事会のリスボン決議を前提に，「金融サービス行動計画」を公表し，欧州統一市場における監督体制・健全性規制の調和化を柱とした42項目の措置計画を提示した。2000年7月，経済財務相理事会において，これら措置を2005年までに実施する上で必要な立法手続きの方法を検討するための賢人委員会，通称Lamfalussy委員会が設置された。そして，そのLamfalussy委員会が，2001年2月15日に最終報告書（The Report of the Committee of Wise Men on the Regulation of European Securities

Markets）を提出し，欧州証券市場の効率化を妨げる要因を分析したうえで，今後取り組むべき主要課題として，「金融サービス行動計画」が掲げた課題のうち，単一目論見書の導入，取引所上場基準の現代化，IAS/IFRS の適用，証券市場における単一免許の導入などを提示し，それらの主要課題に取り組むための立法プロセスの改革について，第 1 段階：欧州委員会，EU 議会，欧州理事会の通常の立法方法・手続きによる規制，第 2 段階：欧州証券委員会，欧州証券監督者委員会と欧州委員会の協力による規制の詳細な実施，第 3 段階：第 1 および第 2 段階の規制をコンフリクトなく実施するための証券監督者間の協力の強化およびチェック機能を果たす独立機関としての欧州証券監督者委員会（ESRC）の設置，第 4 段階：共同体規制の各加盟国における受容状況に対する欧州委員会のチェックと必要な法的措置，という 4 段階アプローチを提案し，これらは 2001 年 3 月での欧州理事会のストックホルム決議として承認されるに至ったのである[12]。

この Lamfalussy 委員会報告書において構想された ESRC を具体化し，2001 年 5 月の EU 委員会決定に基づいて設立されたのが欧州証券規制当局委員会（The Committee of European Securities Regulators：CESR）である。

CESR の任務は，①欧州の有価証券監督者間の調整改善，②EU 委員会に対する助言，とくに有価証券領域における実施計画案の作成を行う諮問グループとしての活動，③加盟国における共同体規制に対してより一貫した適宜的実施を促進する活動にあり，CESR が上の任務を履行する上で発する指針（guidelines），勧告（recommendations），基準（standards）の EU における会計制度改革に対する CESR の影響力は小さくない[13]。

そして，CESR の発行した指針，勧告，基準のうちとくに注目されるのが，2003 年 12 月 30 日に公式発表された「2005 年における IFRS 適用への欧州規制；IFRS 転換に関する追加指針のための勧告[14]」であろう。そこにおいて，CESR は 2005 年 1 月 1 日から約 7,000 社の EU 上場会社が国際会計基準（IAS/IFRS）の適用が義務づけられるまでの移行期において，当該上場会社が IAS/IFRS 適用による財務的影響を投資家に対して効果的に情報開示が行われるた

図表1　IAS/IFRS適用の移行段階

	2003年	2004年	2005年
法的要件	2003年もしくは2004年国内基準決算書	Local GAAP →　　　　　2004年比較；IAS/IFRSへの組替および2005年財務諸表の公表	IAS/IFRS →
CESRの勧告		2004年度財務諸表での移行影響の数量化情報　　移行計画の記述，会計方法の重要な相違の明確化	IAS第3号もしくはIFRS評価規則に従う期間

出所）CESR, European Regulation on the Application on IFRS 2005；Recommendation for additional Guidance regarding the Transition to IFRS, Ref：CESR/03-323e, 2003, S.2

めの勧告を行った（図表1を参照）。

この勧告において，CESRは，IAS/IFRSの全面適用までの次のような4つのマイルストーンを公表したのである[15]。

(1) 2003年度年次報告書（2003年財務諸表を含む）の公開

この段階においては，会社は年次報告書において，IAS/IFRSへの転換をどのように実施しようとするのか（移行の計画および達成度）について説明する。上場企業はまた，自身の現在の会計方針との間の重要な相違およびIAS/IFRSの適用義務を確実に認識していることについて詳細に説明する。

(2) 2004年度年次報告書（2004年度財務諸表を含む）の公開

2004年度財務諸表においてIAS/IFRSの変化の影響を十分信頼しうる様式で

数量化することができる会社は，目的適合的な数量化情報を開示するよう努める。そうした開示は誤解を及ぼさない（プラス・マイナスのすべての考えられる影響をカバーする）ように行われなければならない。

(3) 2005年度中間財務諸表（半期財務諸表および四半期財務諸表）

2005年1月1日から任意に四半期または半期報告書の中間財務諸表を作成する会社については，そうした情報がIAS/IFRSのフレームワークに基づいて作成されていることが望ましい。この場合，発行者はIAS第34号「中間財務報告」の要件に完全に一致する財務諸表か，あるいは国内報告基準の要求に応じかつ年度末に適用されるIAS/IFRSの認識と測定の原則に基づき作成した中間財務諸表を作成するかのどちらかを選択することができる。また，IAS/IFRSを適用したか否かに関わりなく，半期および四半期財務報告をともに行う場合には，前年度の相応の期間に対する金額を開示することが望ましい。なお，発行者の財務伝達について継続的に理解するために，前中間期間において（以前の国内基準に基づいて）開示された情報は再度，提示され財務諸表に分離欄として一覧されるかもしくは別のページ上に提示することができる。

(4) 2005年度財務年次報告書

ほとんどの場合，2005年度年次財務報告書は，欧州の上場会社がIAS/IFRSを適用し作成する最初の完全セットの財務諸表となるだろう。この場合，比較可能な年度（たとえば，2004年度）のみがIAS/IFRSの適用の必要条件を考慮するのではなく，IAS/IFRSが適用されない場合でもできる限りの比較可能性をもたらすため，比較可能な数値（たとえば，2003年と2004年）の表示形式に関するブリッジ・アプローチ（the bridge approach）が採用されるべきである。

第4節　会計監査の品質改善

さて，EUにおける証券取引開示規制の改正は，決算書監査の強化と連携す

る。もちろん，決算書監査の強化問題は会社会計法の改革にとっても不可欠の前提をなす。既述のIAS適用命令，現代化指令のほか，公正価値指令（2001年9月27日），規模基準値修正指令（2003年5月13日）など欧州理事会が公布した諸指令は，上質の会計情報を担保する上での監査制度の改善を想定している。

　欧州委員会は，2004年2月17日に「年度決算書及び連結決算書の監査及びEU指令の修正に関する指令[16]」案を公表した。この提案は，「EUにおける会計戦略：将来の進路」とともにすでに欧州委員会が1998年5月8日に公式意見として表明していた「EUにおける決算書監査：将来の進路[17]」に基づき提示した「決算書監査のための品質保証に対する最低要件[18]」（2000年11月15日），「EUにおける決算書監査人の独立性[19]」（2002年5月16日），「EUにおける決算書監査の強化[20]」（2003年10月2日）を反映した既存のEU会計監査指令の修正提案である。もとより，この提案は「金融サービス行動計画」とそれに関連する法的措置，欧州委員会の公式意見など，とくに，EUにおける会社法の現代化およびコーポレート・ガバナンスの改善（2003年5月21日），IAS適用命令，目論見書指令，インサイダー取引および市場操作に関する指令と密接な関係を有しているという。

　年度決算書及び連結決算書の監査及び指令修正に関する指令提案は，会計監査に関する一般的かつ職業上の要件は既存のEU指令を引き継いでおり，決算書監査人および監査会社の認可に対する前提は実質上変更されるものでないという。しかし，監査の品質を高め決算報告書の信頼性を保証するために必要な監査の実施や構造に関して，EU法規制の適用領域を拡大するものといわれている。

　いま，提案に沿ってこの指令の提起された経過と指令の趣旨をまとめれば次のようになる[21]。

　―EC第4号指令（年度決算書指令），第7号指令（連結決算書指令），銀行およびその他の金融機関に対する会計指令，保険会計指令によれば，年度決算書と連結決算書は監査を実施する資格を有するものにより監査を受

けなければならない。
―決算書監査の領域における調和化の不足を理由に，1998年に欧州委員会は「EUにおける決算書監査：将来の進路」の公式意見において示した監査業と加盟国の間に緊密な共同作業をつうじていっそうの措置を講ずる委員会の設置を提案した。
―この委員会の作業に基づき，欧州委員会は「EUにおける決算書監査に対する品質保証システムへの最低要件」(2000年11月)および「EUにおける決算書監査人の独立性」(2002年5月)の勧告を公表した。2つの勧告は加盟国によって転換される。
―本指令が要求し，決算書監査の実施にあたり有資格となるすべての職業証明は，等価値とみなされなければならない。当該加盟国における認可を伴う決算書監査人の監査会社に対する議決権過半数もしくは当該加盟国における監査会社の管理監督機関の構成員の議決権過半数を保持，許容することは加盟国にはもはや認められない。
―決算書監査には，会社法，税法および社会法などの領域における相応の認識が要請される。この認識は他の加盟国から決算書監査人を認可するにあたって，審査されなければならない。
―認可される決算書監査人および監査会社は，第三者保護のために，公に利用可能で，決算書監査人ないし監査会社に関する基礎的情報が含む登記簿に記載されなければならない。
―決算書監査人には最高の倫理規範が義務づけられなければならない。
―決算書監査人および監査会社は，依頼人の事件に関して，厳格な守秘義務と厳格な職務秘密と結びつく，黙秘が保証されなければならない。
―決算書監査人および監査会社は，監査を実施するにあたり独立していなければならない。独立性が危険にさらされる状況の発見に努め，その状況が生じたときには監査契約を破棄しなければならない。独立性を危険にさらすその他の給付も拒絶しなければならい。
―共同体法が規定するすべての決算書監査につき，等しく上質の品質が保証

されなければならない。そのためには，すべての決算書監査は，国際的監査原則を遵守しなければならない。加盟国は，決算書監査の範囲を限定する特別の要件が生じた場合にのみ，追加的監査方法を規定することができる。

―共同体における国際的な監査基準の導入は，その基準が国際的に一般に認められること，すべての利害集団を完全に組み入れて，明瞭かつ透明に作成されること，また年度決算書と連結決算書の信頼性を高め，欧州の公益に資することを前提とする。

―連結決算書を監査する場合，個々の部分コンツェルンの決算書監査人が任務を相互に明確に区分することが重要である。コンツェルン監査人が監査証明に対する全責任を負うことになれば，それは最良に達成される。

―同一の会計規準を適用する企業の比較可能性を高めるためには，委員会は受容された国際的な会計基準に基づき作成された年度決算書および連結決算書の監査にあたって，統一した監査証明を確定する可能性をもたなければならない。

―同一の高さを維持する監査品質を達成するための手段は正規の監査である。決算書監査人と監査会社は審査されるべき決算書監査人と監査会社から独立した品質保証システムを基礎づけなければならない。

―特別審査および相応の懲罰は決算書監査の欠点を回避し，除去することに貢献する。

―加盟国は，決算書監査人および監査会社に対する効果的で明確な監督システムを策定なければならず，その監督は原始加盟国に委ねられる。この目的に該当する規制は，加盟国の常設の監督機関間の有効な協働を可能にさせるものでなければならない。この協働は実質的に，共同体における等しい監査品質の上質さを保持することを保証することができる。

―決算書監査人ないし監査会社は，被監査企業の会社定款によって任命されなければならない。監査人の独立性を保護するためには，十分説得力ある理由が存在し，かつ常設部門の監督に対してあれこれの理由が伝達される

ときにのみ解任が可能となる。
―公的利害の企業は公衆の目前に強くさらされ，経済的にも大きな意義を有しているため，それらの年度決算書もしくは連結決算書の監査については，より厳格な要件が適用されなければならない。
―監査委員会および効果的な内部統制システムは，財務リスクおよび経営リスクならびに規定違反のリスクを最小限まで減じ，決算書の品質を高めることに貢献する。
―資本市場との密接な関連に基づいて，その作業が共同体内の資本市場で行われるならば，第三国からの監査人にもまた高い品質が求められなければならない。当該監査人は，登録され，自身の品質保証システムが審査され，予定された審査および懲罰まで拡大される。相互承認の場合，委員会によって加盟国との協働において当該規制の同等性が審査されるならば，こうした付帯条件は度外視される。
―国際的コンツェルンの監査の複雑さは，加盟国の常設監督機関と当該第三国とのあいだの良好な協働を必要とする。したがって，加盟国は常設の国内機関が第三国の常設機関に対してワーキングペーパーその他の書類の入手を可能とすることを配慮しなければならない。参加チームの権利を保証し，それらペーパーおよび書類の入手を容易にする上で，加盟国は第三国の常設機関に対して，国内常設機関が異議を唱えないときには，直接の入手を保証しなければならない。
―EU 条約に従い確定された補完性原則と均衡原則に従い，本指令が規定する措置は，共同体における決算書監査の品質を一層，改善・調和化し，加盟国間ならびに加盟国と第三国間の協働を容易にし，その結果，決算書監査における信頼を強化することが求められている。
―決算書監査人ないし監査会社と被監査会社との関係を透明化するために，監査報酬ならびに被監査給付に対する報酬が将来，年度決算書および連結決算書に対する附属説明書において説明されるよう EU 第 4 号指令および EU 第 7 号指令が変更されなければならない。

―EU 第8号指令は相応の監査インフラの保証に対して公的監督，職務規程，および品質管理システムから十分な措置を提供しておらず，また加盟国および第三国の常設機関のあいだの協働についての特別規定も存在しないために，放棄されるべきである。しかし，法的安定性を確保する上で，EU 第8号指令に従い承認された決算書監査人および監査人が本指令のもとでも資格認可されことに疑いはない。

さて，以上が年度決算書及び連結決算書の監査及び EU 指令の修正に関する指令案のおおよその内容である。欧州委員会は，会計領域と同様に，監査領域においても EU 内部での世界規模の基準が適用されることを重要視している。その場合，必要なのは EU において監査された年度決算書が第三国においても承認されることを確保することと考えている。2005 年以降，IAS/IFRS の EU 域内での導入に関しても同様のことが妥当する。IAS/IFRS 適用の年度決算書が異なる国内監査基準に依拠して監査されることは矛盾することになるからである。欧州委員会は，国際的な監査基準を法拘束的に容認するためには，当該基準が世界規模で容認されるか否か，公的監督のもとで正規の協議プロセスに従い開発されているか否かについて委員会自身が検討しなければならないとする。さらに，上質の監査品質要請を満たし，年度決算書および連結決算書が適切な写像を伝達することも必要とした上で，結局，国際的な監査基準の導入は欧州の公益に資することが前提だとするのである。

第5節　EU 加盟国の IAS/IFRS 導入計画

2005 年 1 月 1 日の IAS 適用命令の適用と現代化指令の国内法転換の期限が間近に迫っているなかで，EU 加盟国は，この期限に合わせて会社会計法，資本市場法の改革を着実に進行させてきた。その背景には，欧州統一資本市場の実現と欧州企業の競争力強化という経済政策上の命題がある。しかし問題は，これらの法的展開をもって，すべての EU 諸国と EU 企業が IAS/IFRS を適用

し資本市場向けの決算書の作成と公開ならびに監査に現実問題として，一途に進むかどうかである。

　IASBが公表するEU各国のIAS適用命令に対しての立法選択権の行使計画に関するEUの調査結果（2004年3月）を示したのが図表2および図表3である。この意識調査からは，基本として，義務の課された上場企業の連結決算書に対するIAS/IFRS適用義務を別にして，IAS/IFRS適用に対する立法選択権（加盟国選択権）が付された非上場会社（資本市場非指向会社）の連結決算書，あるいは上場，非上場の会社の年度（個別）決算書に対して，EU加盟国が多様な取り組みを行う姿勢が見て取れる。EU加盟国のIAS/IFRS適用の加盟国選択権の行使には，現時点で見る限り，当該の国家的法施設としての会計制度の各様の対応をみてとることができる[22]。ちなみに，1998年資本調達容易化法（KapAEG）により，上場会社に対してIAS/IFRSの開放を行ったドイツの場合，上場会社だけでなく非上場の会社についてもIAS/IFRSの導入に対して積極的な姿勢をしめしてはいるが，こと税や配当に係わる年度決算書に対してのIAS/IFRSの導入については消極的である。総じて，多くの加盟国において，IAS/IFRS導入に肯定的（義務だけでなく許容も含めて）な方向も見られるが，それらは情報提供目的に資する連結決算書に対してである。

　こうした意識調査に現れているように，EUにおいて急速に進行している会社会計法ならびに資本市場会計規制の現代化・国際化は，現状では，あくまで資本市場の統合とそこにおけるエクイティ・ファイナンスにかかわる情報機能を軸に展開しているものと捉えることができよう。そして，そのことはまた，配当規制，課税所得の算定と密接な関わりをもつ年度決算書の会計目的と会計機能については，これまでと同様に保持する立場が依然として存在していることを示唆しているように思われる。EUは，たしかに，IAS/IFRSの導入を間近に控え，EU統一市場の効率化と透明性を求めて会計の情報提供機能を重視する制度改編の諸施策を講じてきている。ただし，立法選択権（加盟国選択権）の行使に係わるEU加盟国の導入・実施計画では，方向性は多様である。会計2005年問題は，従来から果たしてきた利益（ないし所得）算定という会計機能

図表2 EUおよびEEAにおけるIAS適用命令の実施計画

	オーストリア	ベルギー	デンマーク (1)	フィンランド	フランス	ドイツ	ギリシャ	イタリア	アイルランド (2)
IASの実施状況	計画段階	計画段階	計画段階	協議段階	計画段階	計画段階	法律	法律	協議段階
上場会社									
1. 年度決算書にIASを許容する意見の採用	No	検討 注記(3)	2009年前 Yes 2009年後 No	Yes	税と法的問題の解決まで No	Yes (4)	No	No	Yes Probably
2. 年度決算書にIASを要求する意見の採用	No	検討 注記(3)	2009年前 No 2009年後 Yes	Yes	Yes	No	Yes	Yes (5) 保険を除く	No
その他の会社									
1. 連結決算書にIASを許容する意見の採用	Yes Probably すべての会社	Yes Probably すべての形態	Yes すべての形態	Yes すべての形態	Yes 被連結会社	Yes すべての形態	Yes (6)	Yes 小企業を除く	Yes Probably すべての形態
2. 連結決算書にIASを要求する意見の採用	No	信用機関に対して Probably 将来はそれ以外の会社も Probably	No	No	No	No	No	Yes 若干の会社	No
3. 年度決算書にIASを許容する意見の採用	No	検討 注記(3)	Yes すべての形態	Yes (6)(8) すべての形態	No	Yes (4) すべての形態	Yes (6)	Yes 保険・商企業・必要な会社を除く	Yes Probably すべての形態
4. 年度決算書にIASを要求する意見の採用	No	検討 注記(3)	No	No	No	No	No	Yes 若干の会社	No
その他									
1. 規制市場に負債証券のみを取引認可される会社に対して2007年までIAS適用を延期する選択権の利用	Yes Probably	Yes すべての会社の連結決算書	Yes	Yes	Yes Possibly	Yes	No	No	No
2. IAS適用命令以前に国際的会計原則を適用し、非加盟国にて有価証券公式取引認可の会社に対する2007年までのIAS適用延期の選択権利用	Yes Probably	Yes Probably	No	No	No	Yes	No	No	No
3. 2005年以前のIASの早期適用と対象会社	Yes:1998年以降の連結決算書	Yes フルセットのIASの採用時に	上場会社の連結決算書は、2003年9月30日保険を除くものの会社の決算書すべてに2004年	No	No	Yes 上場会社の選択版 1998年から	2004年12月31日 Yes (6)	No	No

(1) デンマーク：計画が議会で審議中。金融会社・保険を除くすべての会社が対象。(2) アイルランド：与えられる情報は示唆のみであり，協議プロセスを経て変化するだろう。(3) ベルギー：税と法的規定しなければならない。(4) ドイツ：情報提供目的のみ。国内会計法に準拠する財務表は利益分配，課税，金融サービス管理他にとって必要であろう。続ける。(5) イタリア：上場保険会社は，連結決算書を作成しない場合のみ，IASに応じなければならない。(6) フィンランド／ギリシャ：公認監査人により監査される。(7) イタリア：監督金融会社・広く大衆間に流通する金融商品を要とする会社。保険会社 (8) フィンランド：移行期の年度決算書では保険会社に国内省法が適用。(9) イタリア：監督金融会社，広く大衆間に流通する金融商品を要する会社

(出所) EU: Geplante Umsetzung der in der IAS Verordnung eingeräumten Wahlrechte, Die Tabelle beinhaltet Informationen über die Absichten / Entscheidungen der neuen Mitgliedstaaten und Assoziierten Länder betreffend des Gebrauchs der in der IAS Verordnung einge, http://www.europa.eu.int/comm/internal_market/accounting/ias_de.htm.

117

図表3 EUおよびEEAにおけるIAS適用命令の実施計画

IASの実施状況	ルクセンブルク	オランダ	ポルトガル	スペイン	スウェーデン	イギリス	ノルウェイ	アイスランド	リヒテンシュタイン
	作業グループ	協議政府	作業グループ (10)	法律	計画政府	協議政府	協議政府	作業グループ	法律
上場会社									
1. 年度決算書にIASを許容する意見の採用	Yes 税則問題解決の場合 2007年possibly	Yes	No	No	Yes	Yes	Probably No	Yes	Yes
2. 年度決算書にIASを要求する意見の採用	Probably No	No	Yes すべての形態	No	No	No	Yes	Probably No	No
その他の会社									
1. 連結決算書にIASを許容する意見の採用	Yes 銀行 2003年	Yes すべての形態	Yes 公認の決算書を伴う会社	Yes すべての形態	Yes すべての形態	Yes	Yes (6)	Yes すべての形態	Yes Probably すべての形態
2. 連結決算書にIASを要求する意見の採用	Probably No	No	Yes 公認の決算書を伴う会社	No	金融部門について Possibly	No	No	No	No
3. 年度決算書にIASを許容する意見の採用	Yes 税則問題解決の場合 2007年possibly	Yes すべての形態	No	No	Yes すべての形態	Yes	Probably No	Yes すべての形態	Yes すべての形態
4. 年度決算書にIASを要求する意見の採用	Probably No	No	No	No	No	No	No	No	No
その他									
1. 規制市場に債務証券のみを取引認可される会社に対して、IAS適用延期する選択権の利用	Yes Probably	No	No	Yes 銀行部門の会社除く	Yes	No	Yes	Yes Probably	No
2. IAS規制以前に国際的会計原則を採用し、非加盟国にて有価証券の公式取引認可の会社に対する2007年までのIAS適用延期の選択権の利用	No 未決定	No	No	No	No	No	Yes	Yes Probably	No
3. 2005年以前のIASの早期適用と対象会社		No	No	No	No	No	No ただし、国内送元は可能	Yes Probably	2002年12月31日 Yes すべての形態

出所）EU: Geplante Umsetzung der in der IAS Verordnung eingeräumten Wahlrechte, Die Tabelle beinhaltet Informationen über die Absichten / Entscheidungen der neuen Mitgliedstaaten und Assoziierten Länder betreffend des Gebrauchs der in der IAS Verordnung einge．http://www.europa.eu.int/comm/internal_market/accounting/ias_de.htm.

と IAS/IFRS 導入の主目的である情報提供という機能との相互の関係のなかで，会計制度が社会的合意制度として存立する基盤を問い直す要因となっており，その意味で，2005年という期限はまさに会計制度の転換時期を指し示していたといえよう。

注

1　Vgl., Kommission der EU: Mitteilung der Kommission, Finanzdiestleistungen; Umsetzung des Finanzmarktrahmens: Aktionplan, KOM (1999) 232, 11. 05. 1999, S. 1-30. この公式意見書も含めて，以下，EU関連の資料については，EUの公式ホームページから入手している。http://www.europa.eu.int/comm/internal_market/financial-reporting/index_de.htm

2　Vgl., Kommission der EU: Mitteilung der Kommission, "Rechnungslegungsstrategie der EU: Künftiges Vorgehen", KOM (2000) 359, 13. 06. 2000, S. 1-12.

3　Vgl., Europäische Union: Verordnung (EG) 1606/2002 des Europäischen Parlaments und des Rates vom 19. 07. 2002, betreffend die Anwendung internationaler Rechnungslegungsstandards, Amtsblatt der EU L243/1-4.

4　Vgl., Europäische Union: Modernisierung und Aktualisierung der Rechnungslegungsvorschriften Richtlinie 2003/51/EG des Europäischen Parlaments und des Rates vom 18. 6. 2003 zur Änderung der Richtlinien 78/660/EWG, 83/349/EWG, 86/635/EWG und 91/674/EWG über den Jahresabschluss und den konsolidierten Abschluss von Gesellschaften bestimmter Rechtsformen, von Banken und anderen Finanzinstituten sowie von Versicherungsunternehmen, Amtsblatt der EU L178/16-22.

5　Vgl., Kommission der EU: Vorschlag für eine Richtlinie des Europäischen Parlaments und des Rates zur Harmonisierung der Transparenzanforderungen in Bezug auf Information über Emittenten, deren Wertpapiere zum Handel auf einem geregelten Markt zugelassen sind, und zur Änderung der Richtlinie 2001/34/EG, KOM (2003) 138, 26. 03. 2003, S. 1-70.

6　Vgl. CESR: European Regulation on the Application on IFRS 2005; Recommendation for additional Guidance regarding the Transition to IFRS, Ref: CESR/03-323e, December 2003, S. 1-10.

7　Vgl., Kommission der EU: Vorschlag für eine Richtlinie des Europäischen Parlaments und des Rates über die Prüfung des Jahresabschlusses und des konsolidierten Abschlusses und zur Änderung der Richtlinien 78/660/EWG und 83/349/EWG des Rates, 17. 02. 2004, S. 1-39.

8　Vgl., Kommission der EU: Vorschlag für eine Verordnung des Europäischen Parlaments und des Rates, betreffend die Anwendung internationaler Rechnungslegungsstandards, KOM

第5章 2005年IAS/IFRS導入の目標設定と会計改革計画　　*119*

(2001) 80, S. 1-24.
9　Europäische Union: Verordnung (EG) 1606/2002 des Europäischen Parlaments und des Rates vom 19. 07. 2002, betreffend die Anwendung internationaler Rechnungslegungsstandards, Amtsblatt der EU,, L243/1-3. なお，「IAS 適用命令」の内容については，次もあわせて参照。佐藤誠二「EU における会計国際化の新たな展開―『IAS 適用命令』と『EU 指令の現代化構想』に関連して―」『會計』第 163 巻第 1 号，2003 年。
10　Vgl., Kommission der EU: Vorschlag für eine Richtlinie des Europäischen Parlaments und des Rates zur Änderung der Richtlinien 78/660/EWG, 83/349/EWG und 91/674/EWG über den Jahresabschluss und den konsolidierten Abschluss von Gesellschaften bestimmter Rechtsformen sowie Versicherungsunternehmen, KOM (2002) 259/2, 09. 07. 2002, S. 1-28.
11　以下の内容については，主として次を参照して論述している。Kommission der EU: Vorschlag für eine Richtlinie des Europäischen Parlaments und des Rates zur Änderung der Richtlinien 78/660/EWG, 83/349/EWG und 91/674/EWG über den Jahresabschluss und den konsolidierten Abschluss von Gesellschaften bestimmter Rechtsformen sowie Versicherungs unternehmen, KOM (2002) 259/2, 09. 07. 2002, S. 3-4 und S. 24-25.
12　この内容に関して簡潔に紹介したものとして，外務省ホームページに掲載されている，「EU 金融サービス市場統合に向けた動き」(2001 年 4 月)，「ラムファルシー・リポートの概要」(2001 年 2 月 15 日)がある。(http://www.europa.eu.int/comm/internal_ market/financial-reporting/index_de.htm)。
13　CESR に関する資料は，次の公式ホームページから入手している。
http://www.europa.eu.int/comm/internal_market/financial-reporting/index_de.htm
14　CESR: European Regulation on the Application on IFRS 2005; Recommendation for additional Guidance regarding the Transition to IFRS, Ref: CESR/03-323e, December 2003.
15　Ebenda, S. 6-10.
16　CESR: European Regulation on the Application on IFRS 2005; Recommendation for additional Guidance regarding the Transition to IFRS, Ref: CESR/03-323e, December 2003, S. 4.
17　Vgl., Kommission der EU: Mitteilung der Kommission betreffend die Abschlußprüfung in der Europäischen Union: Künftiges Vorgehen, 8. 05. 1998, Amtsblatt der EU C 143/12-18.
18　Vgl., Kommission der EU: Empfehlung der Kommission 2001/256/EG vom 15. 11. 2000; Mindestanforderungen an Qualitätssicherungssysteme für die Abschlussprüfung in der EU, Amtsblatt der EU L91/91-97.
19　Vgl., Kommission der EU: Empfehlung der Kommission 2002/590 vom 16. 05. 2002- Unabhängigkeit des Abschlussprüfers in der EU-Grundprinzipien, 19. 07. 2002, Amtsblatt der EU L191/2257.

20 Vgl., Kommission der EU: Mitteilung der Kommission an den Rat und das Europäische Parlament "Verstärkung der Abschlußprüfung in der Europäischen Union", 02. 10. 2003, Amtsblatt derEU C 236/2-13.

21 以下，次を参考。Kommission der EU: Vorschlag für eine Richtlinie des Europäischen Parlaments und des Rates über die Prüfung des Jahresabschlusses und des konsolidierten Abschlusses und zur Änderung der Richtlinien 78/660/EWG und 83/349/EWG des Rates, 17. 02. 2004, S. 12-15.

22 IAS適用命令の公布以降，EUにおいてどのような制度的対応がなされているのか，とくにドイツを中心に論考したものとして，次を参照。佐藤誠二「EUとドイツにおける会計国際化の将来課題」同志社大学『ワールドワイドビジネスレビュー』第5巻（国際会計カンファレンス特集号），2004年。なお，ドイツでは2003年12月に「会計法改革法」案 (Entwurf Gesetz Zur Einfürung internationaler Rechnungslegungs standards und zur Sicherung der Qualität der Abschlusprüfung (Bilanzrechtreformgesetzes-BilReG) vom 15. 12. 2003) が公表されて以降，そこにおいて，商法典に第315a条を新設して，資本市場指向的企業だけでなく，資本市場を指向しない（上場や有価証券の取引認可しない）企業にまで，連結決算書のIAS/IFRS適用を許容し，さらに，第325条の中に第2a項，第2b項を新設して，情報目的に限定して，個別決算書に対してまでIAS適用を許容する規定を導入することを提案したが，この法案は2004年10月24日に連邦議会にて採決，12月9日付で連邦法律公報に公示されている。この点の詳細については，本書第6章（次章）を参照。

第6章
2004年会計法改革と
IAS/IFRS受容の問題点
――会計法改革法と会計統制法を中心にして――

はじめに

　2005年1月1日は，EUが統一資本市場を形成すると同時に，市場の透明性と投資家保護を強化する上で，資本市場を利用するEU企業の連結決算書に対して国際標準として想定したIAS/IFRS適用を義務づける戦略目標の達成時期である。この達成時期を目指して欧州委員会は，資本市場と会社会計に係る多くの指令と命令を公布し，その法的手段を媒介にしてEU加盟国の会計制度改革を促してきた。

　ドイツは，EUの戦略を受け入れ，これまで積極的に指令の国内法転換と命令の履行のための法整備を行い，主要国としてEU加盟国のなかで先導的役割を果たしてきた。そうした制度改革のうち，2005年を目前にした最終局面の2004年10月に成立したのが「会計法改革法（BilReG）[1]」と「会計統制法（BilKoG）[2]」である。しかし，2005年はEUにおける市場統合とIAS/IFRS適用の法形式上の達成時期であって，ドイツに限らずEU諸国の新しい制度が実質的に機能するか否かは，2005年以後の問題であり，法整備上残された課題は少なくないといえよう。そこで，本章の目的は，上述の2つの法律を素材に，その成立目的と内容を概括・検討した上で，ドイツの会計改革に残された2005年以後の課題について展望することにある。

　2005年を達成時期とするEUの会計改革問題は，IAS/IFRSの策定に係るIASBとFASBとのノーウォーク合意，あるいはEU資本市場を利用する域外企業の資金調達戦略とも絡んで，いわゆる2005年問題として世界的関心を呼んできた。本章では，2005年を迎えたのち，その問題がその後どのように推

移するのか，ドイツの会計改革を素材に国際的会計規準の形成に関わる課題のひとつとして，そこに関心を向けている。

第1節　会計法改革法と会計統制法の提案

さて，連邦政府は，2003年12月の法務省案を経て，2004年4月21日付で，会計法改革法（BilReG）と会計改革法（BilKoG）についての2法案[3]を連邦議会に提出した。この2つの法案は，連邦政府が先に示した措置一覧（10項目プログラム）を転換する法改革を示したもので，連邦法務大臣 Brigitte Zypries は，「10項目プログラムの転換に際しての2つの重要な計画が議会統制の途へと進ませた[4]」と位置づけている。

2つの法案の提示した法改正の具体的内容は次節に譲り，次に法案の主要論点について整理しておこう。

1. 会計法改革法案の要点

会計法改革法（BilReG）の主要な目的は，措置一覧の第4, 第5プログラムが指示した会計法の一層の進展と国際化および決算書監査人の役割強化にある。立法理由書によれば，この会計法改革法（BilReG）は，「IAS 適用命令」(IAS-Verordnung),「現代化指令」(Modernisierungsrichtlinie),「規模基準指令」(Schwellenwert-Richtlinie)」,「公正価値指令」(Fair-Value Richtlinie) の4つの EU 法文書に国内法を適合させるものであり，若干の例外を除いて，新法規は2005年1月1日以降に始まる営業年度から適用されることになる。また，その後の作業として，会計と決算書監査の法的枠組みの最適化に対して，措置一覧が予定したいくつかの課題に対処する「会計法現代化法」(Bilanzrechtsmodernisierungsgesetz；BilMoG) の立法計画が残されていた。この会計法現代化法 (BlMoG) の立法計画には，会計領域における現代化指令に基づく選択権の行使に関する決定，国際的動向に対する商法会計法の適応，公正価値指令が義務づけ，すでに会計法改革法（BilReG）案で規定されていた附属説明書および状

況報告書に関する規定を除いた公正価値評価構想に対する商事会計法の開放[5]
などの内容が属するとされている。なお，措置一覧で提示された経済監査士の
職務監督の強化については，2003年12月1日付の「経済監査士試験改革法」
ですでに転換されている。

会計法改革法（BilReG）が措置一覧と4つの法文書との関連で重点課題とした内容は次のようになろう[6]。

(1) 決算書監査の強化

会計法改革法（BilReG）の中心課題は，経済監査士が決算書監査人として被監査会社に提供する追加的な活動を限定し，厳密に規定することにある。独立した監査人は被監査会社の利害代表者として活動してはならないし，監査枠内で自身の先行したサービスの成果として評価せざるを得ない状況に陥ってはならないこと（自己監査の禁止）等を基礎づける。会計法改革法（BilReG）は，国際的議論，欧州の勧告並びにいわゆる「決算書監査人指令」の改革に向けてのEU委員会の提案を指向し，また，EUの均衡原則に基づき構想される。一方で，有価証券の発行体としての企業，信用機関，保険企業の監査に対する高い要請を考慮し，他方において，諸規模な資本市場指向の企業の監査のような中規模の経済監査実務の利害関係にも注意する。実質的な深刻さが予想される限りには，関係者に応じた移行期間が付与されることになるという[7]。

(2) 規模基準指令の転換

会計法改革法（BilReG）ではEUのいわゆる「規模基準指令」を転換する。商法典第267条の3つの規模基準のうち被用者数を除く貸借対照表総額，売上高の大中小の区分に対して約6分の1の引き上げを行う。この割合はEU基準を10%程度上回るものであり，それにより2004年以降，多くの企業が中小規模企業へと分類される。小規模会社の場合には状況報告書の作成，経済監査士による決算書監査などが免除されるなど費用節約と軽減措置が施され，年度決算書の連邦官報への公示義務は大規模資本会社にのみに適用されることになる[8]。

(3) IAS 適用命令の実施

会計法改革法 (BilReG) では，欧州局面において容認された IAS/IFRS に対する補完的国内規定を含んでいる。すでに「IAS 適用命令」によって，資本市場指向の企業は自身の連結決算書を 2005 年以後，IAS/IFRS に基づき作成しなければならない。したがって，会計法改革法 (BilReG) ではむしろそれ以外の領域において，資本市場非指向企業の連結決算書，個別決算書に対して IAS/IFRS 適用の選択権を与えている[9]。

(4) 現代化指令，公正価値指令の転換

「現代化指令」は，会計指令法，連結会計指令，銀行会計指令，保険会計指令の形態での現行の欧州会計法を広範囲に現代化する修正指令である。この「現代化指令」のうち，会計法改革法 (BilReG) においては，状況報告書の内容，決算書監査人の監査証明の形成，資本市場企業の厳格な透明性要求に関する詳細規定などの義務規定に対して商法会計法へ転換することにとどめ，今後の時点で国際的展開に接近するために多様な立法選択権（形成余地）の行使については，別途公表の予定されている「会計法現代化法 (BilMoG)」に委ねられている。その計画の枠内で，欧州法が，「公正価値指令」もふまえて，歴史的原価に限定する評価に代わって，時価評価を強く開放している選択権がどの程度行使されるべきなのかについて，とくに吟味されることになるという[10]。

2. 会計統制法案の要点

会計統制法 (BilKoG) の主たる目的は，措置一覧の第 6 プログラムが要請した会計のエンフォースメント (Enforcement) の確立にある。立法理由書によれば，現在の会計規定の実施のドイツ・システムは主として，決算書監査人と監査役会を通じた年度決算書監査および連結決算書監査を包括する。さらに，年度決算書の無効に関する株式法上の規定並びに刑罰・制裁規定も存在する。しかし，資本市場指向的企業の企業報告書の正当性を監査するための国家機関に委任された委員会は，これまでドイツに存在しなかった[11]。会計統制法 (BilKoG) の目的は，具体の企業決算書の法規準拠性を監督するためのメカニ

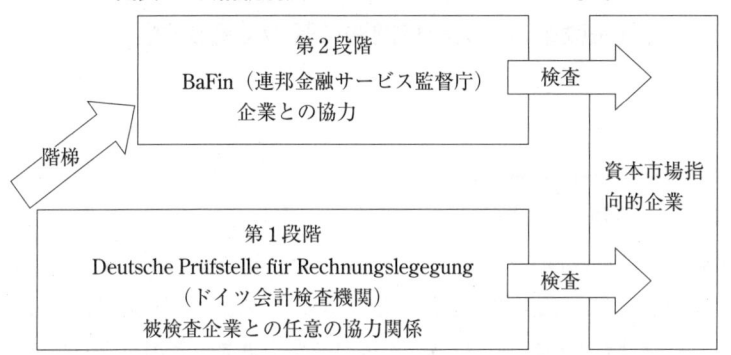

図表1　会計統制法によるエンフォースメント方式

```
                 第2段階
階梯 →    BaFin（連邦金融サービス監督庁）    → 検査 →
              企業との協力
                                                    資本市場指
                                                    向的企業
                 第1段階
         Deutsche Prüfstelle für Rechnungslegung   → 検査 →
            （ドイツ会計検査機関）
            被検査企業との任意の協力関係
```

出所）Pfitzer, Norbert/Oser, Peter/Orth, Christian : Reform des Aktien-, Bilanz- und Aufsichtsrechts, 2.Aufl., 2006, S.139.

ズムを導入することにあり，そこに私法上組織された委員会の設置が提案される。その場合のエンフォースメントのメカニズムは図表1に示すような二段階方式が採用される。このドイツが計画する二段階方式は，欧州の既存のシステムと連動し，私法上の委員会については連邦政府によって資本市場指向の企業の会計を検査する任務が委任される。この私法上の委員会は二段階システムの第一段階において，株主および債権者の指摘もしくは経済新聞雑誌の報道を通じた会計上の虚偽の畏れを起点として，あるいは無作為抽出調査などにおいて活動する。この場合，委員会の活動を迅速化するために，委員会と企業との間には「任意の協力関係の原則」が認められる。とくに協力関係の不備などにより第一段階の会計検査において問題が発生すると，第二段階において，BaFin（連邦金融サービス監督庁）が公法上の手段を通じて会計監査に関与し，BaFinが確認した会計上の虚偽に関しては企業自らが開示することが義務づけられることになる[12]。この二段階方式は経済の自己規制（Selbstregulierung）の思考を前提とするもので，必要である場合に限り，国は国家統治に基づき介入する。そのため，エンフォースメントの費用は資本市場指向的企業の分担金の徴収により資金調達され，第二段階における監査の具体的費用についてもその都度対象となる企業に個別に課せられることになる[13]。

第2節　会計法改革法と会計統制法に基づく商法改正

　2004年10月29日，ドイツ連邦議会は会計法改革法（BilReG）と会計統制法（BilKoG）の2つの法を議員団すべての賛同を得て採択した[14]。それにより，決算書監査人の独立性を強化し，国際的会計規準（IAS/IFRS）を導入し，新しい会計統制方法を設置する法律が成立した。その内容は商法を中心に，商法施行法，開示法，株式法，株式法施行法，有限会社法，有価証券取引法，金融サービス監督法などの法改正に及ぶ大きな改革である。この成立を受けて，連邦法務大臣 Brigitte Zypries は，魅力的資本市場は透明かつ現代的な会計法を前提とするが，連邦議会はドイツの会計規準を決定的に進歩させる二つの重要な法律を通過させたとし，また，この2つの法律は政府草案と比較して，とくに決算書監査人の独立性に関してほんの僅かの修正をみたのみで連邦政府の基本構想がほぼ保持されたこと，そして，法律の公布によって，経済と財政の地としてのドイツが国際的な競争能力について優位に立つための基盤が生み出されたことを歓迎するとも述べている[15]。

　たしかに，会計法改革法（BilReG）と会計統制法（BilKoG）の成立は，2005年の市場規制と IAS/IFRS 適用に際して，会計と監査の基範の法的整備という点で格段のステップを示している。商法会計法との関連での主要な改正点は，まず，会計法改革法（BilReG）によって，商法典第三篇第二章第二節において「第10款　国際的な会計基準に基づく連結決算書」が新規に加えられ，そこに新設された商法典第315a条では，「IAS 適用命令」を補完して，IAS/IFRS 適用義務の対象でない資本市場非指向の親会社の連結決算書に対して，IAS/IFRS 適用の可能性（選択権）を与えた。また，個別決算書に対する IAS/IFRS 適用に関しては，決算書の公示義務を定める商法典第325条のなかに2a項を新設し，すべての資本会社の個別決算書に関して IAS/IFRS 適用の可能性を認めている。ただし，個別決算書に関しては，あくまで情報提供目的に限定した IAS/IFRS の適用であり，依然として会社法目的並びに税法目的のための商法

準拠の個別決算書の作成が義務づけられることに変化はない。二重作成に関するコスト負担は，IAS/IFRS 準拠の個別決算書のみが連邦官報において公示されることで回避されるとされている[16]。これらは，「IAS 適用命令」との関連での重要な改正点である。

一方，会計法改革法（BilReG）の主要課題である決算書監査人の独立性強化に関しては，商法典第319条を新設して，決算書監査人が事業，財務もしくは人的関係に基づき忌避を起こす虞れがあるとき，被監査会社もしくはその結合企業の法定代理人・監査役会構成員・被用者であるとき，被監査会社の帳簿・決算書の作成もしくは内部監査に協力するとき，被監査会社に対して財務サービスもしくは評価サービスをもたらすときにはその決算書監査人は排除されるとし，新規に挿入された商法典第319a条においては，資本会社の監査にあたって，決算書監査人が過去5年のうちに職業活動からの総収入のうち15%以上が被監査会社と関連しているとき，被監査会社の年度剰余に法律および税務の相談業務が直接関連しているとき，一企業に対する監査証明に7年間継続して署名するときには排除される，等の連邦政府の措置一覧に即した商法規定の改正が行なわれている。

また，会計統制法（BilKoG）の場合は，企業決算書の法規準拠性を統制する2段階の「エンフォースメント・システム」を導入した。商法会計法との関係では，商法典第342a条の後に挿入された「第6節　会計のための検査機関」における第342b条（会計のための検査機関），第342c条（守秘義務），第342d条（検査機関の財務），第342e条（過料規定）に規定された私法上の検査機関の役割が主要な改正点といえる。

商法典第342b条第1項に基づき，連邦法務大臣は連邦財務大臣の合意を得て，私法上組織された独立の組織を会計規定の違反に対する検査機関として承認する[17]。この私法上の検査機関は，エンフォースメント・システムの第1段階において，資本市場指向的企業の個別決算書もしくは連結決算書の法規準拠性について，企業の任意の協力に基づき監査するという任務が委ねられる。この検査機関は，商法典第342a条第2項によれば，（ⅰ）会計規定への違反に対

する具体的起点が存在するとき，(ⅱ) BaFin（連邦金融サービス監督庁）の要請があるとき，(ⅲ) 特別の理由（無作為抽出の監査）があるときに行動し，確定された年度決算書，状況報告書，連結決算書，連結状況報告書に関して，正規の簿記の諸原則（GoB）もしくは許容される会計規準に合致しているかを監査し，また，商法典第342a条第6項により，検査に着手した意図，監査に協力することへの当該企業の拒絶，監査の結果および必要に応じて企業の監査結果への同意の可否に関してBaFinに報告する。目標は企業に対して虚偽除去のための合意解決をもたらすことにある。

すでに述べたように，企業が検査機関との協力を拒否するとき，エンフォースメント・システムの第2段階において，BaFinが公法上の措置を伴い会計報告の監査を実施する。BaFinは，監査機関の監査結果の妥当性あるいは監査の遂行に重要な疑義が存在するとき再度，検査を行うことも，自ら活動することも可能である。また，私法上組織される検査機関の設置もしくは承認が不成功となった場合は，BaFinが単独でエンフォースメント任務を負うことになる（125頁の図表1参照）。こうした会計規定の法規準拠性の監視は，立法理由書によれば，ドイツの資本市場の統合にきわめて重要であり，効率的・流動的・機能的資本市場は市場の参加者と投資家とが開示される企業報告書の正当性に信頼を寄せるところでのみ発展する[18]としているが，会計統制法（BilKoG）の要点は，資本市場統合を目指してIAS/IFRSの導入を図ると同時に，会計報告と一体をなす会計監査領域にも国際的に認められた監査基準を置くだけでなく，さらにIAS/IFRS対応の会計報告と監査とを実質的に担保するためのインフラ整備にあったといえよう[19]。

さて，以上みたように，会計法改革法（BilReG）と会計統制法（BilKoG）は，2003年の連邦政府の措置一覧（10項目プログラム）の3つのプログラムの会計と監査に該当する大部分を転換したものであり，会計法改革法（BilReG）の立法理由書によれば，それらは高価値，透明かつ資本市場指向的な会計規準だけでなく，同時にそうした規準の維持を保証するためのよりよいメカニズムとそ

れによってとくに資本市場企業の決算書の品質向上および品質保証を目指す包括的な構想を担うものだとされている[20]。また，会計統制法（BilKoG）の立法理由書は，連邦政府の最優先目標は，資本市場において過去失われた信頼を回復し，持続して強化することにあるとしている[21]。これらの指摘にみられるように，2005年IAS/IFRS受容を目前にしたドイツにおける2つの法律の成立は，「欧州の公益」を前提とする国際的会計規準形成の一環として，ドイツの市場と会計に係わる規制改革であり，とくに会計局面では，IAS/IFRS適用に際して必要な法規定の基盤整備であったといえよう。

第3節　2005年以降の会計改革の課題

さて，2004年12月に会計法改革法（BilReG）が施行され，EU企業の連結決算書に対するIAS/IFRSの適用ならびにEU会計規範の現代化を目的として欧州委員会が公布した4つの法文書，すなわち「IAS適用命令」および「規模基準指令」，「現代化指令」，「公正価値指令」が国内法に転換された[22]。ただし，会計法改革法（BilReG）は，2004年4月の政府草案時に予定したように，実質的には，上記4つの指令と命令のうちの次のような強制力をもつ欧州の計画をドイツ法に転換し，修正したものにほかならない[23]。

(i) 資本市場的資本会社が連結決算書をIAS/IFRSに準拠して作成する義務
(ii) 資本市場非指向会社に対するIAS/IFRS適用選択権の承認
(iii) 個別決算書[24]に対するIAS/IFRSの非開放
(iv) （連結）附属説明書および（連結）状況報告書における記載義務の拡大
(v) 資本会社およびコンツェルンに対する規模分類基準の引き上げ

他方，EU法文書が加盟国に付与した計上・評価選択権の行使，公正価値評価の本格的導入等の諸課題の対応については，ドイツの場合，会計法改革法（BilReG）ではなく，その後，策定の予定された「会計法現代化法（BilMoG）」に委ねられていた。とくに，商法上の個別決算書については，会計法改革法

(BilReG) は形式的および実質的会計政策に影響する規制をほとんど含まず，IAS/IFRS 適用によって生ずる個別決算書の会計政策の変更についても会計法現代化法 (BilMoG) の策定をまってはじめて明らかになるとされたのである。そこで次に，主として，B. Pellens 等の所説に依拠しながら，会計法改革法 (BilReG) 成立以後の，IAS/IFRS 適用と個別決算書作成との関係に係る会計課題についての議論をフォローし，2005 年以降の商法会計法改革がドイツの会計制度のその後の有り様をどのように捉えているのか検討してみたい。

1. 個別決算書への IAS/IFRS 適用の課題

すでに見たように，ドイツにおいては，IAS 適用命令の立法選択権を行使して，連結決算書だけでなく，情報提供目的に限定的に個別決算書に対してもIAS/IFRS 適用が認められた。しかし，個別決算書に対する IAS/IFRS の実質的な計上と評価に関する規定の受容については，会計法改革法 (BilReG) の立法理由書において，連邦政府が年度決算書は IAS/IFRS に依拠して作成される連結決算書と異なり，情報目的だけでなく配当測定の基礎，税務上の利益決定の基礎としても用いられる，と述べたことから否定されている。ドイツ経済監査士協会 (IDW) も，個別決算書に対して IAS/IFRS 適用の義務もしくは選択権を導入することは現時点では賛同され得ないという見解を示している。ただし，IDW は長期的展望と短期的展望に区分する必要性も指摘している。IDW の見解によれば，長期的には，EU 第 4 号指令の適用下のすべての企業は自身の個別決算書に対して IAS/IFRS を遵守して作成することが義務づけられなければならない。このことは，とくに連結決算書を作成しなくともよい取引所上場企業に妥当する。それ以外の企業の個別決算書に関しては，IAS/IFRS の計上および評価規定は原則的に修正されるべきでないけれど，例えばキャッシュ・フロー計算書のような個別の報告書，記載義務については IAS/IFRS に対する一定の簡便措置を講ずることも可能であり，そうした個別報告，記載義務について個別にどの程度，簡便化措置を講ずるべきかについては，基準設定主体，該当企業，決算書の受け手との立ち入った討議が必要ともしている[25]。

いずれにせよ，会計法改革法（BilReG）はその法務省案とその上に構築された政府法案とともに，個別決算書へのIAS/IFRS適用に対する商法会計規準の確定に際して，ドイツ経済監査士協会，ドイツ監督協会商法委員会，法学者連合会計法作業グループ等の指針を考慮して策定されたものである[26]。しかし，会計法改革法（BilReG）によって導入された既存の商法遵守の個別決算書とIAS/IFRS準拠の個別決算書という二重の決算書作成は，大規模資本会社について商業登記所への公示免責が付与されたとはいえ，多くの企業にとって多大な追加的経費と結びつく。また，個別決算書に係る商法会計法規範と会社法，税法との連携問題も根底にある。これらの課題について，ドイツでどのように問題提起がなされているのか，次に考察してみよう。

2. 会社法の保障システムとの連携問題

長期的に，IAS/IFRSを資本会社および有限責任の人的会社の個別決算書に導入するとすれば，EU第4号指令の適用対象外のその他の企業の会計報告に対して将来，どのような要請が行われるかもまた，議論しなければならない。この長期的シナリオを実現するためには，会社法と税法の大幅な改正が必要である。ドイツにおいて，現在のところ，商法上の個別決算書はそこで表示される年度損益と自己資本とともに会社法上の保障システムの基礎を形成している。このことはドイツの会社法だけでなく，EU第2号指令に基づきすべてのEU加盟国の会社法にも当てはまる。個別決算書におけるIAS/IFRSの適用は支配的規制とは異なる利益算定構想に基づいて，その保障システムの機能能力に大きな影響を及ぼすことになる。IAS/IFRSに基づく利益実現は請負工事の場合の部分利益実現，一定の金融商品の場合の公正価値評価など多くの場合，調達価値原則および実現原則に基づくものでない。したがって，IAS/IFRSの個別決算書への適用は，それと同時に個別決算書とEU第2号指令との結合が適切な方法で行われるときにのみ妥当となる。この点については，欧州委員会が，2003年5月のアクションプラン[27]において，EU第2号指令に定められた資本維持システムの変更について，社員に対する配当の場合，貸借対照表に表

示される自己資本が関連づけられるのではなく，いわゆる支払不能テスト (solvency test) を導入することが計画されている。しかし，現時点において，EU加盟国すべてに適用可能で適切なモデルがいつ開発されるかは予想することはできないとされている[28]。

3. 税務決算書との連携（基準性原則）問題

個別決算書における IAS/IFRS 適用の税務上の帰結もまた，目下のところ，論争中である。一部には，IAS/IFRS を適用して個別決算書を作成する場合にも基準性原則は存続するという見解が擁護される。たとえば，J. Sigloch は，現在の税務決算書に対する規定はすでに商法決算書よりも IAS/IFRS 準拠の会計のほうがより近いものであり，客観化，過剰課税の回避の観点からすると，IAS/IFRS 準拠の会計が成果作用的に処理される実現可能および実現利益要素を除去できるという税務上の利益計算の出発点を形成することを主張する。そうした見解に対して，N. Herzig は，それが実質的な課税原則，とくに会計の客観性と矛盾しない限り，独立した税務決算書に対する規制の創設に際して，出発点として IAS/IFRS に遡ることも可能とする。また，シュマーレンバッハ協会・外部会計報告ワーキング・グループは，既存の商法上の諸原則と結合し，かつ税目的，配当測定，債務超過の確定に資する「統一決算書 (Einheitsabschluss)」を作成・開示することを提言する。スタディグループはさらに，連結決算書の作成義務のない企業についても，IAS/IFRS 準拠の個別決算書の作成と開示を義務づけるべきとしている[29]。

連邦政府の見解によれば，独自の税務貸借対照表法の創設を通じて税務決算書と商法決算書との連携をはずすことは，現時点では考えられていない。それは，破滅的なシステム転換を意味し，企業は要請される法遵守を通じてきわめて強い負担が強いられる。ただし，連邦政府は，会社法上および税法上の問題が未解決であるにもかかわらず，個別決算書規定の国際化を完全には放棄していない。会計法改革法 (BilReG) の立法理由書において，2004年後半に，会計法現代化法 (BilModG) の策定が予定されているが，その立法計画はすでに

「企業の健全性および投資家保護のための連邦政府の措置一覧」いわゆる10項目プログラムにおいて予定されているところである。この措置一覧は，個別決算書に対して，時代に適合しない多くの選択権を廃止し，財産対象物と引当金の計上に関する一層の可能性の審査を通じて商法典の整備と改善を計画しており，その審査に当たって税務上の利益算定に対する影響もとくに考慮されなければならないとしている[30]。

4. IAS/IFRS適用の個別決算書作成に対する経費問題

　個別決算書にIAS/IFRSを適用する場合，決算書作成に対する追加的経費問題が発生する。この経費問題はIAS/IFRS準拠の個別決算書を作成する企業にとどまらない。IAS/IFRS準拠の個別決算書を作成しないが，IAS/IFRS連結決算書に組み入れられる被連結子企業の個別決算書は修正個別決算書（商事貸借対照表Ⅱ）を作成するために計上および評価に対してコンツェルン・レベルでの統一的の枠組みのなかでIAS/IFRSに適応しなければならないからである。したがって，多くのコンツェルン企業は間接的にIAS/IFRSの影響をIAS/IFRSという2つの規範体系において両立しない規制が存在しない限りにのみ可能となるとされる[31]。

第4節　ドイツ会計改革への将来の進路

　ドイツの会計制度は，会計法改革法（BilReG）の施行以後もあらたな改革に迫られた。その中心的課題のひとつは，前節でみたように，IAS/IFRS適用に際して生じた連結決算書と個別決算書の二元化に基づく会計機能と目的の多様化を整序し，商法会計規範と会社法，税法との安定的関係をどのように形成するかにある。

　B. Pellens等によれば，現在，存在する多様な会計報告義務を簡素化する目的で各方面から提起されている提案の内容は次の2点に集約される[32]。
　（ⅰ）利益配当測定の規制を新たに再考し，最終的に廃止するか，あるいは

できる限り簡素化したIAS/IFRS決算書もしくは税務決算書との調整計算を繋ぎ合わせること
（ⅱ）基準性を廃止し，税務上の利益算定を本来の税法（所得税法，法人税法等）の中で独立させること

（ⅰ）について，B. Pellens等は次のように指摘する。持分所有者（出資者）に対して配当可能金額の最高限度は，ドイツの株式法および有限会社法に基づけば，これまで商法上の年度余剰から任意積立金を控除した金額を指向する。現在の法定配当限度額をまったく無視するならば，債権者はそのことにより彼に対し追加的に生ずる財産移転リスクを自身の信用収益の中に含めることになる。配当上限に対する法規定が今後も必要であり，その限りで，配当上限規制がIAS/IFRS決算書の自己資本と結びつくか否かが問題であることがこれまで前提となっていた。それに代わって，配当上限がアメリカで典型的な支払不能テストに結びつくか否かも議論されている。しかし，支払不能テストは算定される純資産を前提とするため，法的に独立した企業にとっては，配当可能な自己資本金額の算定が別途，必要となる[33]。

また，配当下限規制（株式法第58条）の解除は，傾向的にアメリカ的状況に相当することになる。そこでは，広い領域における利益配当は規制されておらず，自由な市場力に委ねられている。取引所上場企業に対する配当下限規制の解除は，株式市場が持分所有者の利害を指向しない配当政策に対する統制機能を引き受けるためほとんど考えられないだろう。取引所に非上場の企業にとっては，そうした統制機能は存在しないため，少数持分社員の利害保護のための規制が必要となる。考えられる解決提案としては，例えば，フリー・キャッシュ・フローを指向する配当下限，税務会計利益への志向あるいはIAS/IFRS利益の利用が考えられ，必要に応じて未実現損益に対する配当抑制が考慮されなければならないだろうとする[34]。

（ⅱ）については，B. Pellens等は次のように述べている。従来の個別決算書のすべての機能を保持して，IAS/IFRS決算書に移行させるという意志があるなら，その場合，とくに，IASIFRS決算書の税務上の利益算定に対する基準

性が重要となる。この種の基準性はドイツにおいて頻繁に議論されてきた。IAS/IFRSの基準性に対する賛同者は情報提供目的に対して展開されてきたIAS/IFRSが税務上の利益算定に適合するのか否か，またはどの程度適合するのかについて議論する。場合によっては，例えば，税支払に対する即時的損失補填や国家の財政補助といった税法の修正は調和をもたらすかもしれない。しかし，そうした極めて規範的な問題に対して回答するか否かに関係なく，IAS/IFRSの税務上の基準性は，別の理由からほとんど擁護されていない。一方で，IAS/IFRSの基準設定プロセスに対して税務上の基準性が遡及することは刺激的である。それはIAS/IFRSの解釈に対して広範囲に財務判決を受け入れさせることになる。最後に，EUのエンドースメント（承認）メカニズムが存在するにもかかわらず，私的に開発されるIAS/IFRSが税務上の利益測定基礎を規定するならば，形式法的要請もまた犯されることになる。こうした議論はまた，基本的に，IAS/IFRS会計から配当可能利益を算定することにも引き継がれることになる[35]。

ただし，B. Pellens等は，IAS/IFRSが基準性原則という橋渡しがなくとも，税務上の利益算定に対して目的適合的であるという立場の存在にも注目している。欧州委員会の2001年10月に示した，連結課税へのEU戦略に関する公式意見書[36]がそれである。欧州委員会はすでに2001年において，企業課税の新戦略によって，EUにおけるボーダレスな企業活動が将来，連結された法人課税の算定基礎に基づいて課税が行われる野心的目標を公式意見として発表した。どのような計上規準，評価規準，連結規準がそこに関連づけられるべきかを問題とする場合，欧州委員会はIAS/IFRSを「有効な基準点」として指示した。とはいえ，こうした計画は現実的には中期的な転換のチャンスを待たなければならず，その財政統治権を脅かすとする加盟国側の従来から存していた反抗の観点からすれば疑いも生ずるという[37]。

かくして，B. Pellens等によると，今後のドイツ会計法の進展についての提案として，次の2点が要約しうるという[38]。また，その内容は，シュマーレンバッハ協会・外部会計ワーキング・グループの公式意見[39]としても公表され

るところであるともいう。

　（ⅰ）すべての商人に対して，商法もしくは税法のなかに，例えば，収益税支払，利益配当，債務超過といった法目的が誘導できるような会計報告システムを確立すること。その場合，ここの法目的が規制を可能とするか否か，どのような会計上の単位が区分されるのかについて検討すること。

　（ⅱ）企業の組織構成に応じて個別決算書および／もしくは連結決算書に適用するかを明確化して，公表義務あるすべての企業に対して，情報目的のための IAS/IFRS 決算書を追加的に規定すること

　ただし，B. Pellens 等の場合，こうした法展開について，次の点も指摘されている。それは中小規模の会社に対する IAS/IFRS の適用問題についてである。

　B. Pellens 等は，IAS/IFRS 合致の会計報告情報の作成は多大な経費と結びつくために，将来的に，その経費が総合経済的観点から正当と考えられる企業に対してのみ，公開義務が付与されるべきであるという。資本市場指向的企業，最終的にはその他の企業に対しても，大きな国民経済的意義を有するときそれがほぼ妥当するだろう。しかし，資本会社すべてに対して公開義務を付与することが適切かどうかは少なくとも疑いがある。将来，IAS/IFRS への適用準備はとくに中小規模の企業に対して明らかに増加するために，既存の IAS/IFRS の「中小規模適性」が問題となる。IASB 自体もこの「中小規模適性」に関するプロジェクトを発足させているが，この場合，IAS/IFRS の適用が多大な経費と結びつくことも問わなければならないという[40]。

　また，B. Pellens 等によれば，法システムのダイナミズムの増加や継続的情報提供義務と並んで，会計規準と保持されるべき説明義務の間の複雑さの問題も生ずる。企業に対して，費用と便益を比較考量して，IAS/IFRS 会計報告と公開が規定されるのなら，そこで IAS/IFRS が中小規模の企業に対して別様に区分されるか否か，またそれはどの程度かが問われなければならない。IASBにおける現在の議論は，この関連では，会計の計上規準，評価規準，連結規準

に向けられておらず，広範囲な附属明細書における記載に焦点づけられている。その結果，営業経過が中小規模企業の決算書において費用をもたらす一方，「正しい」決算書において財産価値を計上するということを調整するのは困難となっている[41]。

このように，B. Pellens 等も述べるように，2005年以降のドイツ会計制度改革の動向は商法会計法と会社法，税法との連携問題に加えて，IAS/IFRS の会社規模別適用とそこにおける規制緩和との関連も視野にいれられることになる。

むすびに

2005年1月1日から「IAS 適用命令」が発効した。IAS/IFRS の適用国はその後，EU 諸国が加わることにより 90 を上回り，IAS (IFRS) を中心とした会計基準の統一化（収斂）は一層加速することが各種の報道で予想されている。しかし，2005年以降，ドイツそして EU に残された課題も少なくないと思われる。

第1に，IAS/IFRS の承認問題がある。欧州委員会はこれまで，資本市場に上場する企業の連結決算書に対して適用される IAS/IFRS について，IAS 第39号（金融商品会計基準），IAS 第32号を除いてほぼ承認してきたが，とりわけ銀行等の抵抗の強かった IAS 第39号を2004年11月21日に承認し（「IAS 承認命令」を修正し12月9日付で欧州連合公報に公示），続いて，IAS 第32号についても12月29日に承認することによって，「IAS 適用命令」の施行のための必要条件は確保した。しかし問題は，ドイツの改革にみられるように国内会計法に IAS/IFRS 適用の道を開いたとしても，IAS/IFRS それ自体はドイツが策定する国内基準でなく，IASB が策定し，その運用に際して絶えず欧州利害との調整をレビューしなければならない（最終的には欧州裁判所が裁定する）「移動標的 (moving target)」(Willem van der Loos)[42] だということである。また，EU が期待するように，EU 企業にとって，IAS/IFRS が今後，EU 域内をこえて国際資本市場（とくにニューヨーク証券取引所等）で現実に使用しうる国際標準に

なるか否かも今後の問題である。

　第2に，決算書のパラレル（並立）システムの問題である。ドイツの場合，会計法改革法（BilReG）によって連結決算書だけでなく，情報目的に対して個別決算書までIAS/IFRS適用を許容したが，税，配当目的には商法準拠の個別決算書に対する作成義務は従来通り，保持される。こうしたいわば国内のパラレル決算書モデルに対して，商法会計規範の法定安定性が果たして保ちうるのかである。とくに，その後作成される予定の「会計法現代化法（BilMoG）」においては，懸案の公正価値評価の導入が予定されており，商法確定決算主義（基準性原則）も含めて，そこで情報目的と税・配当目的の分離した会計規範についていかに安定した体系が構築されるのか，状況を見定めるためには一定の時間が必要であろう。

　そして，第3は，連結会計規準の策定の実質的担い手であるドイツ会計基準委員会（DRSC）ないしドイツ基準設定審議会（DSR）の役割についてである。今回の会計改革では，連結決算書に対する商法遵守の免責条項（商法典第292a条）つまりIAS/US-GAAPへの開放条項（時限立法）の失効期限に対応して，商法上，継続的なIAS/IFRS適用への道を確保した。しかし，それにより，商法典第342条第1項3号のIASBへのドイツの代表という任務が全面に押し出て，第1項1号に基づく連結会計基準の開発というドイツ会計基準委員会（DRSC）の任務は後退し，ドイツ会計基準委員会（DRSC）が今後，IAS/IFRSの翻訳者ないし基準解釈者となってしまう畏れも生じる。また，ドイツ会計基準委員会（DRSC）が開発する会計基準（DRS）を連邦法務省が授権し法的効力を持つというドイツの立法主義に揺らぎが生ずることにもなる。

　いうまでもなく，上に述べた課題はドイツに限らずEUとその加盟国が共有しうる2005年以降の課題である。それは，資本市場（投資家）のニーズに応えた将来予測と判断を伴う会計情報とその機能を既存の会計制度のなかにいかに安定的に組み込み合意を図るかという課題でもある。B. Pellens, N. Herzig/ N. Dautzenberg等[43]の指摘を借りれば，資本市場指向の改革動向が，税務決算書（課税機能），伝統的決算書（配当測定機能），資本市場指向決算書（情報提

供機能）の3つの会計の機能に関して，どう差別化し，法規範の体系的運用を図るかである。EUとドイツにおける2004年の会計改革は，そうした問題に対して枠組みを設定するにとどまっていた。その意味で，2005年を境にしてEUとドイツの制度改革は，会計機能の本質的問題と制度的合意に取り組む新たな課題の解消が要請されるに至ったのである。

注

1 正式名称は，「国際的な会計基準の導入及び決算書監査の品質確保に対する法律（会計法改革法）」(2004年12月14日)。Gesetz zur Einfürung internationaler Rechnungslegungsstandards und zur Sicherung der Qualität der Abschlusprüfung (Bilanzrechtreformgesetzes-BilReG) vom 04. 12. 2004, Bundesgesetzblatt Jahrgang Teil I Nr. 65, 2004.

2 正式名称は，「企業決算書の統制に関する法律（会計統制法）」(2004年12月20日)。Gesetes zur Kontrolle von Unternehmungsabschlüssen (Bilanzkontrollgesetz-BilKoG) vom 20. 12. 2004. BGBl Teil1, Nr. 69, 2004.

3 Entwurf eines Gesetz zur Einfürung internationaler Rechnungslegungsstandards und zur Sicherung der Qualität der Abschlusprüfung (Bilanzrechtreformgesetzes-BilReG) vom 15. 12. 2003./Entwurf eines Gesetes zur Kontrolle von Unternehmungs bschlüssen (Bilanzkontrollgesetz-BilKoG) vom 08. 12. 2003.

4 Bundesministerium der Justis (BMJ), Pressmitteilungen am 21. 04. 2004, Bilanzrechtsreform und Bilanzkontrolle stärken Unternehmensintegrität und Anlegerschutz.

5 Entwurf eines Gesetz zur Einfürung internationaler Rechnungslegungsstandards und zur Sicherung der Qualität der Abschlusprüfung (Bilanzrechtreformgesetzes-BilReG), a.a.O., S. 40

6 以下，2法案のほかに次も参照した。Bundesministerium der Justis (BMJ): Pressmitteilungen, Bilanzrechtsreform und Bilanzkontrolle stärken Unternehmensintegrität und Anlegerschutz, a..a.O.

7 Entwurf eines Gesetz zur Einfürung internationaler Rechnungslegungsstandards und zur Sicherung der Qualität der Abschlusprüfung (Bilanzrechtreformgesetzes-BilReG), a.a.O., S. 51-52.

8 Ebenda, S. 48-49.

9 Ebenda, S. 43-44.

10 Ebenda, S. 47-48.

11 Entwurf eines Gesetes zur Kontrolle von Unternehungs bschlüssen (Bilanzkontrollgesetz-

BilKoG), a.a.O., S. 18.
12 Ebenda, S. 18-19.
13 Vgl., Bundesministerium der Justis（BMJ）: Pressmitteilungen am 08. 12. 2003, Enforcement stärkt Anlegerschutz und Unternehmensintegrität.
14 会計法改革法（BilReG）は，2004年12月9日付で連邦法律公報，会計統制法（BilKoG）は2004年12月20日付で連邦法律公報に公示。
15 Bundesministerium der Justis（BMJ）: Pressmitteilungen am 29. 10. 2004, Bundestag verabschieded Bilanzrechtsreformgesetz und Bilanzkontrollgesetz.
16 なお，中小規模の会社の年度決算書に対するIAS/IFRSの適用は見送られている。
17 なお，この私法上の検査機関は，ドイツ会計検査機関（DPR：Deutsche Prüfstelle für Rechnungslegung）として，経済界，投資者，経済監査士など15の関連団体代表17名のメンバーで設立され，2004年9月10日の社団登録を経て，2007年3月から活動を開始している。
18 Entwurf eines Gesetes zur Kontrolle von Unternehmungsabschlüssen（Bilanz kontrollgesetz-BilKoG), a.a.O., S. 19.
19 会計統制法（BilKoG）の規制内容は，欧州委員会が2004年2月17日付で公表している「年度決算書及び連結決算書の監査及び指令修正に関する指令案」の内容を多く，反映している。Vgl., Vorschlag für eine Richtlinie über die Prüfung des Jahresabschlusses und des konsolidierten Abschlusses und zur Änderung der Richtlinien 78/660/EWG und 83/349/EWG des Rates, KOM（2004）177.
20 Entwurf eines Gesetz zur Einfürung internationaler Rechnungslegungsstandards und zur Sicherung der Qualität der Abschlusprüfung（Bilanzrechtreformgesetzes-BilReG), a.a.O., S. 40.
21 Entwurf eines Gesetes zur Kontrolle von Unternehmungsabschlüssen Bilanzkontrollgesetz-BilKoG), a.a.O., S. 18.
22 内容の詳細については，佐藤誠二「ドイツ会計改革の進展と2005年以後の課題」『會計』第167巻第6号，2005年も参照。
23 Knorr, Karl Ernst: Über der Regelungen der EU-Verordnung sowie der Modernisierung-und Fair-Value-Richtlinie in deutsches Recht, in: Carl-Christian Freidank（hrsg.）, Reform der Rechnungslegung und Corporate Governance in Deutschland und Eulopa, 2004, S. 95.
24 ドイツの場合，ドイツ商法準拠の年度決算書と区別してIAS/IFRS準拠の年度決算書に対して，法律上，個別決算書という名称が使用されている。しかし，ここでは連結決算書に対する単体の決算書という意味で個別決算書という用語を用いている。
25 Brecker, Norbert: Änderungsmöglichkeiten der deutschen Rechnungslegung durch die geplannte Bilanzrechtsmodernisierung, in: Carl-Christian Freidank（hrsg.）, Reform der

第6章　2004年会計法改革とIAS/IFRS受容の問題点　　*141*

Rechnungslegung und Corporate Governance in Deutschland und Eulopa, 2004, S. 5.
26 Knorr, Karl Ernst: Über der Regelungen der EU-Verordnung sowie der Modernisierung-und Fair-Value-Richtlinie in deutsches Recht, a.a.O., S. 80.
27 Vgl., Kommission der EG: Communication from the Commission to the Council and the European Parliament: Modernising Company Law and Enhancing Corporate Governance in the Europian Union. Aplan to Move Forward, Com（2003）284.
28 Brecker, Norbert: a.a.O., S. 6-7.
29 Ebenda, S. 7
30 Ebenda, S. 7-8.
31 Marten, Kai-Uwe/Weiser, M. Felix: Neuorientierung der Bilanzpolitik für den Einzelabschuluss, a.a.O., S. 38.
32 Pellens, Bernhard/Fülbier, Rolf Uwe/Gassen, Joachim: Internationale Rechnungslegung, a.a.O., S. 367.
33 Ebenda, S. 867.
34 Ebenda, S. 867.
35 Ebenda, S. 868.
36 Vgl., Kommission der EG: Eine Binnenmarkt ohne steuerliche Hinderung, Strategie zur Schaffung einer konsolidierten Körperschaftsteuer-Bemessungsgrundlage für die grenzüberschreitende Unternehmenstätigkeit in der EU, KOM（2001）582.
37 Bernhard Pellens/Rolf Uwe Fülbier/Joachim Gassen: Internationale Rechnungslegung, 5. Auflage, a.a.O., S. 868.
38 Ebenda, S. 868.
39 Vgl., Arbeitskreis Externe Unternehmensrechnung der Schmalenbach-Gesellschaft für Betriebswirtschaftslehre e. V.: Präsentation in Rahmen der offentlichen Sitzung auf dem 57. Deutschen Betriebswirtschafter-Tag am 25. 09. 2003 in Berlin, http://www.akeu.de/.
40 Pellens, Bernhard/Fülbier, Rolf Uwe/Gassen, Joachim: a.a.O., S. 869.
41 Ebenda, S. 870.
42 ウィレム・ファン・デル・ロース「ヨーロッパのビジネスは2005年の国際会計基準への転換にどのように対応するのか?」『会計基準の基本戦略を考えるシンポジウム』(ASBJ/FASB国際シンポジウム Vol. 1)，財務会計基準機構，2004年，21頁。
43 Herzig, Norbert/Dautzenberg, Norbert: Auswirkungen der Internationalisierung der Rechnungslegung auf die Steuerbilanz, in: BFuP, 1998, S. 36. Bernhard Pellens, Internationale Rechnungslegung, 1999, S. 556. この点については，前掲の佐藤誠二『会計国際化と資本市場統合』の133頁および164頁を参照。

第7章
EUにおける
IAS/IFRS適用と第三国会計規準
―同等性評価の問題をめぐって―

はじめに

　EUにおける会計規準のコンバージェンス（収斂化）は，会社法改革と資本市場法改革との相互の連携のもとに行われてきた。EU域内企業（資本市場指向的企業）の連結決算書にIAS/IFRSの適用を義務づける「IAS適用命令[1]」（2002年7月19日付）はすでに発効し，連結決算書とIAS/IFRS適用の加盟国選択権を委ねた個別決算書を含めての法整備がEU加盟国において会社法改革として実施された。それと接続して，資本市場の発行開示，継続開示，臨時開示に係る「目論見書指令[2]」（2003年11月4日付），「透明性指令[3]」（2004年12月15日付），「市場濫用指令[4]」（2003年1月28日付）等に対応する資本市場法改革の立法措置が講じられてきた[5]。これらの制度改革はEUが金融サービスの統合市場を実現するうえで，欧州委員会が公表した「金融サービス；金融市場大綱の転換（行動計画）[6]」（1999年5月）とそれに続く「EUにおける会計戦略；将来の進路[7]」（2000年6月）において予定した一連の立法計画に従ったものである。

　とくに，IAS適用命令，目論見書指令，透明性指令の法措置を通じて，EUにおいては，資本市場指向の域内企業に対して，2005年1月1日以降に始まる事業年度から，その連結決算書に原則的にIAS/IFRS適用が義務づけられることになり，EU資本市場を利用する域外企業については，2005年1月から2年間の移行措置によって本国会計規準（GAAP）の採用が認められた。ただし，当該域外企業については，2007年1月1日以降に始まる事業年度からは，IAS/IFRSまたはそれと「同等」の会計規準の適用を義務づける方針を示され

ている。EU 域外の第三国の会計規準が IAS/IFRS と同等の会計規準であるか否かの判定は 2007 年までに行われる予定であり，その経過と結果に応じて，EU ならび域外第三国の会計規準のコンバージェンス（収斂化）への対応状況が変わる可能性もある。そして，こうした IAS/IFRS 適用とそれから派生する同等性評価の課題を取り巻く状況は，2007 年のデッドラインを象徴していわゆる会計 2007 年問題とも呼ばれた。

そこで，この章では，EU 資本市場における IAS/IFRS 適用が促した第三国会計規準に対する同等性評価の問題を対象にしながら，EU における会計規準のコンバージェンスの進展状況について検討する。EU における会計規準のコンバージェンスは現在，カナダ，アメリカ，日本等の第三国を含む世界的規模で議論されており，そこにおいてどのような課題が提起され（ようとし）ていたのか，あわせて検討しておきたい。

第 1 節　第三国会計規準に対する同等性評価への EU の要請

1. 同等性評価をめぐる法的関係

2000 年のリスボン欧州閣僚会議は，金融サービスの統一市場の実現を加速するため，金融サービス行動計画[8]（Financial Services Action Plan：FASP）を 2005 年までに完全実施するタイトな日程を決議した。IAS 適用命令はこの日程にそって，2005 年 1 月からすでに発効した。欧州理事会と欧州議会が 2003 年 11 月 4 日付で承認した目論見書指令と 2004 年 12 月 15 日付で承認した透明性指令とは，この目的を実現するために 2001 年ストックホルム閣僚理事会と 2002 年の欧州議会で決定された立法手続きの 4 段階アプローチ（本質的な原則，実行措置・協力，エンフォースメント，法的措置）を採用する[9]。資本市場における発行開示を規制する目論見書指令は，その有価証券を EU の規制された市場で認可されるか，その有価証券を欧州で公募発行することを希望する第三国の証券発行者に対して，2007 年 1 月 1 日以降に開始する事業年度から，EU によって承認された（endorsed）IAS/IFRS もしくは承認された IAS/IFRS と同

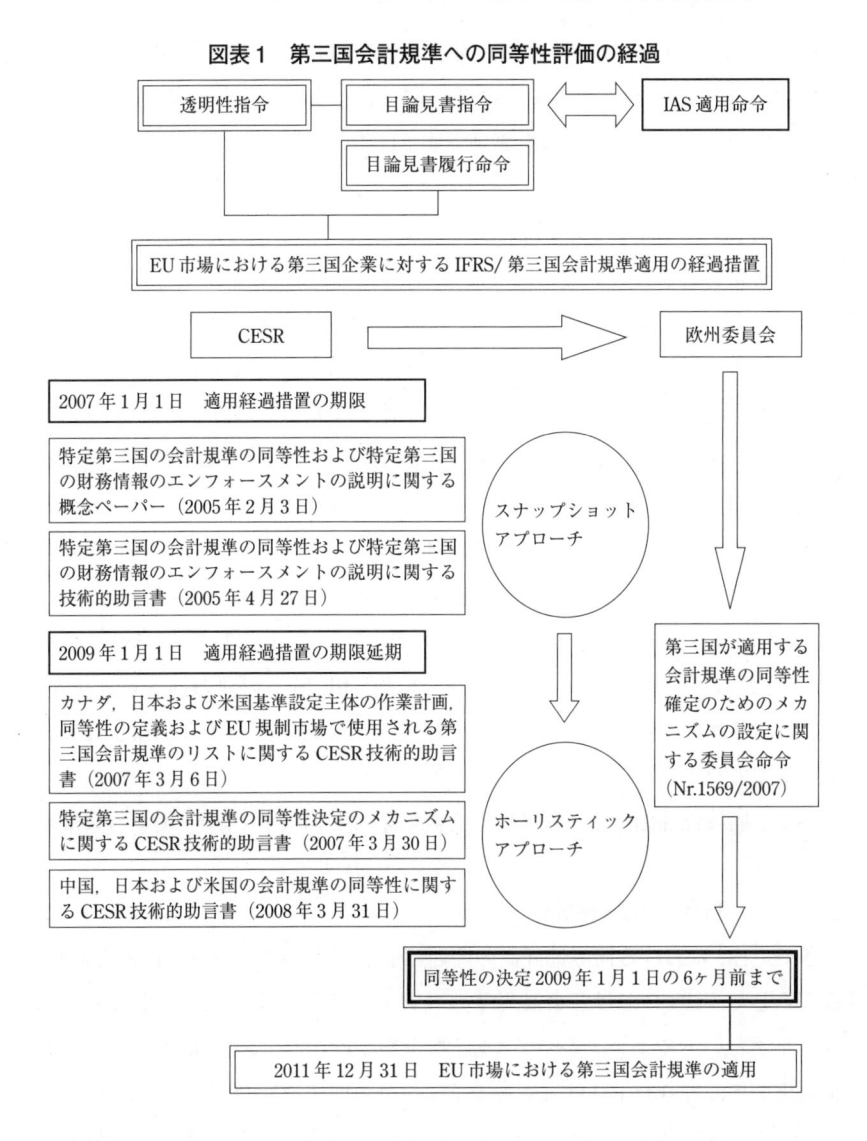

第7章 EUにおけるIAS/IFRS適用と第三国会計規準　　*145*

図表1　第三国会計規準への同等性評価の経過

```
┌─────────┐   ┌──────────┐       ┌──────────┐
│ 透明性指令 │   │目論見書指令│ ⇔   │IAS適用命令│
└─────────┘   └──────────┘       └──────────┘
         │          │
         │   ┌──────────────┐
         │   │目論見書履行命令│
         │   └──────────────┘
         │          │
   ┌─────────────────────────────────────────────┐
   │EU市場における第三国企業に対するIFRS/第三国会計規準適用の経過措置│
   └─────────────────────────────────────────────┘

      ┌──────┐          ━━━▶          ┌──────────┐
      │ CESR │                          │ 欧州委員会│
      └──────┘                          └──────────┘

┌──────────────────────────────┐
│2007年1月1日　適用経過措置の期限│
└──────────────────────────────┘
┌──────────────────────────────┐
│特定第三国の会計規準の同等性および特定第三国│
│の財務情報のエンフォースメントの説明に関する│       ╭──────────╮
│概念ペーパー（2005年2月3日）　　　　　　　　　│      │スナップショット│
└──────────────────────────────┘       │ アプローチ │
┌──────────────────────────────┐       ╰──────────╯
│特定第三国の会計規準の同等性および特定第三国│
│の財務情報のエンフォースメントの説明に関する│
│技術的助言書（2005年4月27日）　　　　　　　　│
└──────────────────────────────┘
                                                     ┌───────────┐
┌──────────────────────────────┐       │第三国が適用する│
│2009年1月1日　適用経過措置の期限延期│                │会計規準の同等性│
└──────────────────────────────┘       │確定のためのメカ│
┌──────────────────────────────┐       │ニズムの設定に関│
│カナダ，日本および米国基準設定主体の作業計画，│      │する委員会命令　│
│同等性の定義およびEU規制市場で使用される第　　│      │（Nr.1569/2007）│
│三国会計規準のリストに関するCESR技術的助言　　│      └───────────┘
│書（2007年3月6日）　　　　　　　　　　　　　　│
└──────────────────────────────┘
┌──────────────────────────────┐       ╭──────────╮
│特定第三国の会計規準の同等性決定のメカニズム│       │ホーリスティック│
│に関するCESR技術的助言書（2007年3月30日）　　│      │ アプローチ │
└──────────────────────────────┘       ╰──────────╯
┌──────────────────────────────┐
│中国，日本および米国の会計規準の同等性に関す│
│るCESR技術的助言書（2008年3月31日）　　　　　│
└──────────────────────────────┘

              ┌──────────────────────────────┐
              │同等性の決定2009年1月1日の6ヶ月前まで│
              └──────────────────────────────┘

         ┌────────────────────────────────────┐
         │2011年12月31日　EU市場における第三国会計規準の適用│
         └────────────────────────────────────┘
```

等であることを条件にした第三国会計規準（GAAP）に準拠し作成される財務諸表を含む目論見書を公表することを要請する。とくに2007年1月までの移行措置と同等性の評価に関しては，後述するように，「目論見書指令

(2003/71/EC) の履行のための 2004 年 4 月 29 日付の欧州委員会命令[10]」((EC) 809/2004) において法的に規制される。同様に，資本市場の継続開示を規制する透明性指令によれば，その有価証券が EU の規制された市場で取引認可される第三国の証券発行者は，2007 年 1 月 1 日以降，IAS/IFRS もしくは承認された IAS/IFRS との同等性を条件に第三国会計規準に準拠した年次財務報告書，半期財務報告書を作成しなければならない。その間の移行措置等に関しては，透明性指令に加えて，欧州委員会が 2004 年 4 月に透明性指令の前段階指令として公表した「非公式の透明性指令」においても法的に要請される[11]。そして，目論見書指令，透明性指令ならびに目論見書指令を履行するための委員会命令および非公式の透明性指令が指示する法的手続き（4 段階アプローチ）を前提に，欧州委員会に対して，第三国会計規準が IAS/IFRS と同等であるか否かの決定が要請されるのであり，欧州委員会は 2006 年 6 月に EU 内の証券規制当局から構成される CESR（The Committee of European Securities Regulators：欧州証券規制当局委員会）に対して，一定の第三国の会計規準（ベンチマークとしてカナダ，日本，アメリカの会計規準[12]）と IAS/IFRS との間の同等性評価ならびに財務情報のエンフォースメントに関する技術的助言（a technical advice）に対する委任を行ったのである。

いま，同等性評価を巡る法的関連を概略すると図表 1（前頁）のようになる。

2. IAS 適用命令と同等性評価

さて，EU における同等性評価の問題は会計規準のコンバース問題と直結する。そして，EU における会計規準のコンバース問題は「IAS 適用命令」が基点をなすといってよい。かつて，EU 指令を手段にして域内諸国の会計規準の調和化を促してきた EU は，新規の EU 指令の開発を断念し，新しい会計戦略のもとで，国際標準と想定した IAS/IFRS を軸にその受容を通じて，欧州の統一資本市場とそのインフラ整備としての共通の会計規準に基づく決算書の比較可能性の獲得の実現を図ってきた。その戦略転換を示したのが「金融サービス行動計画（FASP）」（1999 年 5 月）と「EU における会計戦略：将来の進路」

(2000年6月) であり，その延長線上に IAS 適用命令（2002年7月）がある。

IAS 適用命令はその第4条において，「2005年1月1日以降に開始する事業年度に対して，加盟国の法に基礎づけられる会社はその連結決算書について，自身の有価証券がいずれかの加盟国において，1993年5月10日付理事会指令93/22/EEC 第1条第13項の意味における規制される市場での取引が認可されるときには，本命令第6条2項の方法に基づき受容される国際的な会計基準に従い作成される」と規定し，2005年1月1日以降に開始する事業年度から資本市場指向的会社[13]の連結決算書につき IAS/IFRS の適用を義務づけている。

ただし，IAS 適用命令は，第9条の移行規定において，次のように規定する。

「第4項と離反して，加盟国は，a）理事会指令93/22/EEC 第1条第13項の意味における加盟国の規制された市場において，もっぱら負債証券が取引認可されている，b）その有価証券が非加盟国において公式取引が認可され，当該目的のため EU 公報において本命令が公示される前より始まる事業年度以降に国際的に認められる基準を適用している会社については，2007年1月1日以降に開始する事業年度に第4条をはじめて適用することを規定することができる。」

IAS 適用命令が掲げる18の論点整理のうちの第17によれば，IAS/IFRS 適用の猶予期限については，「加盟国は自身の有価証券の取引が共同体もしくは第三国における規制された市場で認可され，自身の連結決算書をすでにその他の国際的に認められた会計原則[14]に基礎づけられている，ならびに負債証券のみが規制された市場において取引認可されているすべての企業に対して，2007年までに一定の規定の適用の延長を認めなければならない。しかし，遅くとも2007年までにはその有価証券の取引が規制された市場で認可されるすべての共同体企業にとってのグローバルな国際的な会計基準の統一規則としてIAS を適用することは放棄できない」と説明されている。そして，この IAS 適用命令第9条の示す経過措置の終了する2007年1月1日が，IAS 適用命令と接続した目論見書指令と透明性指令の指定し欧州委員会が義務づけた第三国の

会計規準への同等性評価の期限と重なるのである。

3. 目論見書指令と同等性評価

「目論見書指令」は，EU資本市場において資本調達を行う証券発行者に対して，目論見書の作成と開示を規制する。2003年11月に承認された目論見書指令（2005年7月1日施行）は，証券発行者に対して，原則としてIAS/IFRS準拠の連結決算書の発行開示を義務づけている。ただし，目論見書指令は，第三国の証券発行者に対して，IAS/IFRSとの同等性を条件に，当該発行者の本国会計規準の採用を容認する。

目論見書指令は，第20条項1項において，本国会計規準採用の容認について，次のように規定している。

「本来加盟国の所轄当局は，第三国に住所を置く発行者に対して，規制された市場で公募ないし取引認可に際して，当該第三国の法規定に従い作成される目論見書を，a）当該目論見書がIOSCOの開示規準を含む有価証券監督局の国際的機関により確認された国際的基準に従い作成されるとき，b）財務情報にも関連した情報義務が本指令の要請と同等であるとき，承認することができる。」

IAS適用命令は規制された市場で資金調達する企業の連結決算書について国際的に認められた会計原則（IAS/IFRS）の適用を2005年1月から義務づけているが，目論見書指令の場合，IAS/IFRSと同等の会計規準の適用も容認する。「目論見書指令（2003/71/EC）の履行のための2004年4月29日付の欧州委員会命令」（(EC) 809/2004）（以下，目論見書指令履行命令）第35条第1項によれば，第三国の証券発行者が提供する目論見書における歴史的財務情報をIAS適用命令第3条に準じて適用されるIAS/IFRSもしくはIAS/IFRSと同等の第三国会計規準に準拠して作成することが要求される。また，第35条第2項に示されるように，財務情報がそうした会計規準に準拠して開示されなければ，修正再表示した財務諸表の形態で目論見書に提示されなければならない。

ただし，目論見書指令履行命令は，一定の条件付きの場合であるけれども，

第三国に対して，IAS/IFRS もしくは IAS/IFRS と同等の会計規準に準拠して作成されない歴史的財務情報を修正再表示する義務を免除する移行措置を含んでいる。目論見書指令履行命令は，この移行措置について，第35条第3項および第4項において次のように規定する。

「2007年1月1日まで，IAS 適用命令（(No. 1606/2002）に従い，歴史的財務情報を修正再表示する義務は，ⅰ）2007年1月1日までに規制された市場においてその有価証券の取引が認可されている，ⅱ）第三国の国内会計規準に従い歴史的財務情報を表示および作成している発行者については適用しないことができる。この場合，歴史的財務情報は，目論見書に記載される財務情報が発行者の資産，負債，財務状態，損益について真実かつ公正な写像を提供しないときには，より詳細および/もしくは追加的情報を伴わなければならない。」（第3項）

「IAS 適用命令第9条に言及されるように，国際的に認められた会計原則（国際的会計規準—引用者）に従い作成した歴史的財務情報を有する第三国の発行者は 2007年1月より前の目論見書において，修正再表示の義務を強いられることなく，当該情報を使用することができる。」（第4項）

しかし，2007年1月1日以降の目論見書に関しては，そうした移行措置の例外はもはや適用されず，IAS/IFRS ないしそれと同等の会計規準に準拠して作成されない財務情報は修正再表示が義務づけられることになる。その点につき，目論見書指令履行命令は，第35条第5項において，次のように規定している。

「2007年1月1日から，第三国の発行者は，第3項および第4項に言及されるように，欧州委員会が設定しなければならないメカニズムに準じた同等性の確認に従う第3項1号において言及される歴史的財務情報を作成しなければならない。このメカニズムは指令 2003/71/EC 第24条に対して指示される委員会手続きを通じて策定されなければならない。」

つまり，目論見書指令とその実施のための技術的措置と位置づけられる目論見書指令履行命令においては，目論見書に記載される財務情報に関して，国際

的会計規準（国際的に認められた会計原則）の適用あるいは財務情報の真実かつ公正な写像の提供を条件に，第三国の発行者に対して，IAS/IFRS とそれと同等の会計規準の適用を免除する経過規定を置いている。しかし，その経過措置は 2007 年 1 月 1 日を期限であり，その後の取り扱いを欧州委員会の同等性評価に関する決定に委ねたのである。

4. 透明性指令と同等性評価

2004 年 12 月 15 日付で採択された「透明性指令」（2007 年 1 月 20 日施行）は EU 資本市場で資本調達する証券発行者に対して，監査済の年次財務報告書 (Jahresfinanzberichte)，半期財務報告書 (Halbjahresfinanzberichte)，事業展開の中間報告，年次報告書および半期報告書に対する責任者の言明，などの継続開示を義務づけ，年次財務報告書および半期財務報告書については原則，IAS/IFRS の適用を義務づけている。この透明性指令もまた，目論見書指令と同様に，第 23 条 1 項において，同等性について次のような規定を置いている。

「第三国において発行者が居住するときには，本来加盟国の所轄当局は当該発行者に対して，当該第三国の法規定が少なくとも同等の条件を満たすかもしくは本来加盟国の所轄当局が同等と見なす第三国の法規定の条件を満たす限り，第 12 条項 6 項および第 14 条項，第 15 条項および第 16 条項から第 18 条項の条件を適用除外とすることができる。」

また，第 23 条 4 項においては，同等性評価の実施措置に関して次のように規定する。

「第 1 項の統一的適用を確保するために，欧州委員会は第 27 条項 2 項が掲げる方法に従い，ⅰ）第三国の法規定および管理規定に定められる情報を伴う決算書を含む本指令に従い要請される情報の同等性についての確認を保証するメカニズムを構築するため，ⅱ）発行者が居住する第三国がその法規定，行政規定ないし国際的組織により確認される国際的基準に指示される実践もしくは方法に基づき，本指令の情報要件の同等性を保証することを確認するための実施措置を講ずることができる。」

この透明性指令の規定と同様の同等性評価に関する規定を定めているのが，欧州委員会が透明性指令の前に非正規の法文として公表した「有価証券が規制された市場で取引認可される発行者についての情報に関する透明性要件の調和化及び指令 2001/34/EC の修正に対する欧州議会および欧州理事会の指令（に対する方策）[15]」，いわゆる「非公式の透明性指令（a informal and unofficial codified version of the transparency directive）」（2004年4月22日）である。

この非公式の透明性指令第 19 条第 1 項ならびに第 1a 項では次のように規定される。

「発行者の登録事務所が第三国にあるところでは，本来加盟国の所轄当局は，当該発行者が当該第三国の法が同等性の必要条件を規定するかもしくはその発行者が本来加盟国の所轄当局が同等と見なす（consider as equivalent）第三国の法の要件を満たしている場合に，第 4 条から第 7 条，第 11 条第 4 項，第 11b 条，第 11c 条および第 12 条から第 14 条のもとでの要請を適用除外とすることができる。」（第 1 項）

「第 1 項から離反して，第三国に事務所を登録する発行者は，当該発行者が IAS 適用命令（No. 1606/2002）第 9 条に言及する国際的に認められた会計原則に従って自身の財務諸表を作成するときには，2007 年 1 月 1 日以降に開始する会計年度より前に第 4 条もしくは第 5 条に合致する財務諸表を作成することから適用除外しなければならない。」（第 1a 項）

また，非公式の透明性指令では，この第 19 条第 1 項を受けて，第 19 条 3 項において実施措置が次のように規定される。

「第 1 項の統一的適用を促進するために，欧州委員会は第 23 条 2 項が言及する手続きに従い，ⅰ）本指令のもとに要求される財務諸表を含む情報および第三国の法，規定および行政規定で要請される財務諸表を含む情報を伴う決算書を含む情報の同等性についての確認を確実なものにするメカニズムを構築するため，ⅱ）その国内の法，規定，行政規定ないしもしくは国際的組織が策定する国際的基準に指示される実践もしくは方法の理由から，本指令の前提とする情報要件の同等性を発行者の登録する第三国が保証することを

確認するための実行措置を採用しなければならない。」

同等性の評価について，透明性指令第23条第4項が次のように規定するところである。

「欧州委員会は，第27条2項において述べた手続きに従い第30条第3項に確定される条件のもとで，第31条で言及される日付から遅くとも5年間のうちに，第三国に居住する証券発行者が利用する会計規準の同等性について必要な決議をおこなわなければならない。欧州委員会が第三国の会計規準が同等でないと決定するときには，当該証券発行者が当該会計規準を適切な移行期間の間，引き続き使用することを容認することができる。[16]」

つまり，透明性指令（および非公式の透明性指令）は，EU市場における証券発行者に対して，その財務諸表を含む財務情報が，国際的会計規準（国際的に認められた会計原則）に準拠しているか，もしくは証券発行者の本国会計規準がIAS/IFRSと同等か，ないしEUの本来加盟国の所轄当局がIAS/IFRSと同等とみなす場合，IAS/IFRS適用から除外することを容認し，とくに同等性の評価に関しては欧州委員会が評価のメカニズムを設けるための実施措置を講じた上で，同等性の評価を下すことを義務づけたのである。

第2節　同等性評価に関するCESRの技術的助言

1. CESRの同等性評価に関する概念ペーパー

すでに述べたように，EUは，2007年1月1日以降，EU域外第三国の証券発行者に対してIAS/IFRSないしそれと同等の会計規準の適用を義務づけることを予定し，欧州委員会はIAS適用命令と目論見書指令が指示する2007年1月1日の経過措置の期間満了までに，第三国の会計規準に対して同等性の評価を下すことが義務づけられていた。この域外第三国の本国会計規準とIAS/IFRSとの同等性評価の過程のなかで，欧州委員会は，CESR（欧州証券規制当局委員会）に対して2005年6月末までに域外第三国（日本・アメリカ・カナダ）の会計規準に対する同等性に関する技術的助言を行うことを委任した[17]

図表 2　一定の第三国における会計規準と IAS/IFRS との間の同等性評価のための CESR の作業計画

2004年6月29日	2004年7月29日	2004年10月	2004年10-12月	2005年1月	2005年3月	2005年4-5月	2005年5月	2005年6月
CESR への EU 指示 / 証明要請を CESR が送付	証明要請に対するコメントの期限	概念ペーパー案の CESR 採択	概念ペーパーの意見聴取＋公聴会 11月23日	概念ペーパー最終版の CESR 公表	同等性への助言案を CESR が採択	同等性への助言案について意見聴取＋公聴会	技術的助言案へのコメントの期限	CESR の技術的助言最終提言

CESR の中間草案作成プロセス

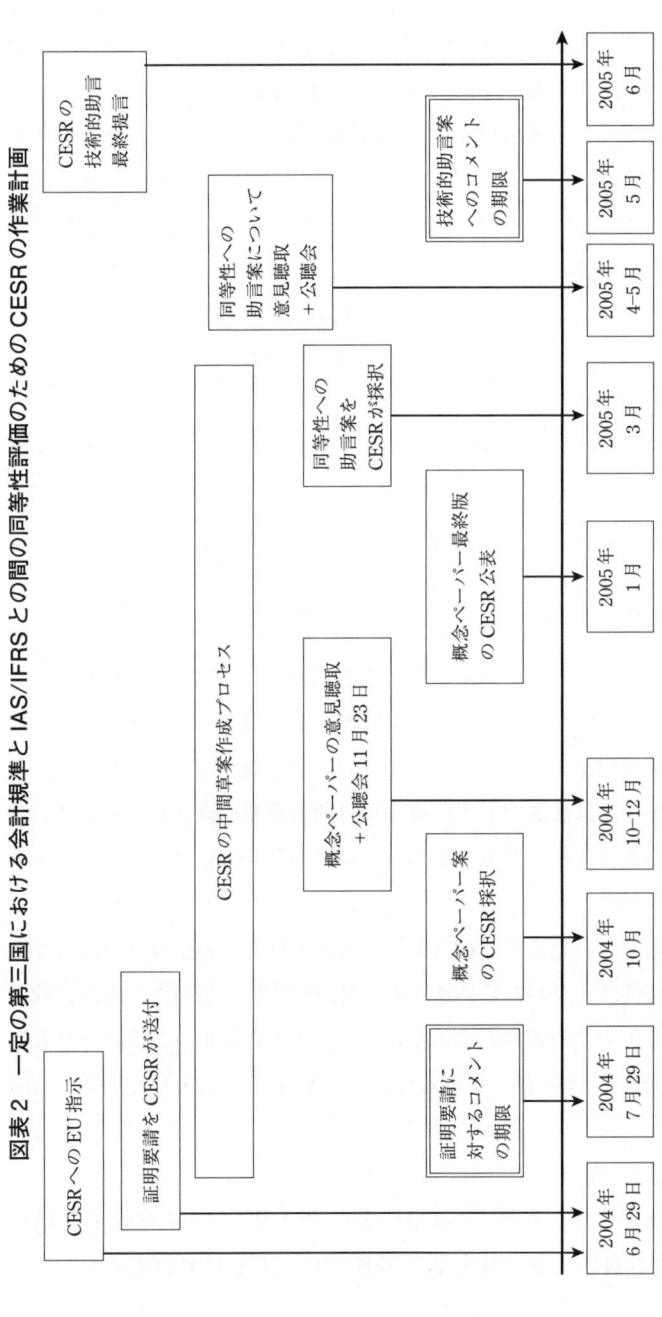

出所) concept papar on equivalent of certain third country GAAP and on description of certain third countries mechanisms of enforcement of financial Information, consultation paper Ref:CESR/04-509, October 2004, p.31.

(CESRの本文では,『一般に認められた会計原則（GAAP）』としているが，統一化を図るため会計規準として訳出。本章におけるその他の訳出も同じ)。

　欧州委員会の指示した技術的助言の作業計画は図表2に示すとおりであるが，技術的評価を行う前段階として，CESRは同等性評価の目的，意義等についての概要を示した2004年10月21日に「特定第三国の会計規準の同等性及び特定第三国の財務情報のエンフォースメントの説明に関する概念ペーパー（案）」を，その後，2005年2月3日にはその最終報告[18]を公表したのである。ここで，概念ペーパーの内容を概略するとおおよそ次のとおりである。

　(1)　同等性の目的

　CESRは，同等性が意味するのは何かを決定するため。欧州委員会の委任に着手するもっとも重要な問題のひとつと確信する。この問題を長期に議論し，「同等（equivalence）」とは一致（identical）を意味するべきでないとい明白な見方にたっており，むしろ，CESRは，第三国の会計規準のもとで作成される財務諸表が投資家に対して，IAS/IFRSに基づき作成される財務諸表によって同様の投資判断が可能なときに，IAS/IFRSと同等と言明できると考えている（para.1）。また，CESRは，第三国の会計規準とIAS/IFRSの相違が必ずしも投資家の意思決定の相違をもたらすものでないことを知っている。例えば，会計処理のいくつか相違は法的要素の相違や税目的の簡便な会計から生じているために，同等性の条件にとって重要でないからである（para.2）。

　(2)　一般原則の検討

　一般原則の検討を行うために，CESRは，欧州委員会の委任のなかに言及される4つの情報特性，すなわち目的適合性，理解可能性，信頼性および比較可能性および に第三国の会計規準がIAS/IFRSと類似の財務報告の問題を対象にしており比較可能な目標を有していることについて考慮に入れている（para.13）。

　(3)　技 術 的 評 価

　委任において指示されるように，評価は2005年1月1日から発効するIAS/IFRSと第三国会計規準とを一体として基礎づけ行わなければならい（para.

第7章　EUにおけるIAS/IFRS適用と第三国会計規準　　*155*

33)。IAS/IFRSと第三国会計規準は異なる法的環境のもとで発展してきており，会計規準全体として考慮されるべきものを識別する必要がある（para. 34)。

(4)　同等でない場合の評価

欧州委員会の委任は，CESRに対して，同等でない場合にどのような種類の補完措置（Remedy）を講ずるべきか，とくに，第三国の証券発行者がその財務諸表を修正再表示すべきか否か，より限定的な補完措置が講ぜられるか否かについて考慮することを要請する。補完措置をどうデザインするかを計画するときに，目論見書指令が同等でない場合について，修正再表示以外の補完措置を提供していないことをCESRは考慮する。透明性指令は同等でない場合の補完措置についてなんら示唆を提供していないので，CESRはこの2つの指令のもとで，一貫したアプローチを採るべきであり，補完措置の目的は投資家の同様の意思決定を可能とすることにあると考えている（para. 52, para. 53)。補完措置には追加開示（additional disclosures），調整表（statement of reconciliation）の作成，補完計算書（supplementary statement）の作成の3種がある。IAS/IFRSとの相違が開示条件の相違から生じているときには，IAS/IFRSのもとで必要とされるのと同程度の情報が追加表示されなければならない（para. 56)。IAS/IFRSとの相違が測定もしくは認識の相違から生ずるときには，国内会計規準からIAS/IFRSと同等となるような調整表が必要となる（para. 57)。測定もしくは認識の相違が複雑多岐にわたる場合は，調整表は含意を十分に理解させるうえで複雑すぎるため，CESRは，既存の国内会計規準に基づく財務諸表を拡充するための補完計算書（損益計算書，貸借対照表，可能ならキャッシュ・フロー計算書）を要求することが適切と考えている（para. 58)。

(5)　早期通知メカニズム

要求される会計規準の同等性評価は明らかに限定的であり，明示された時点の所与の状況が基礎となっている。IAS/IFRSおよびその他の会計規準は変更されるために，欧州委員会は2005年1月1日に早期通知メカニズムについての助言を求めている（para. 65)。早期の通知メカニズムについては，この任務を適切に遂行する既存のもしくは新設機関が想定される（para. 66)。補完措置

が実行可能な事象に置いては，同等性の定期的な再評価が目的適合的だろう。現段階においては，この目的を果たすため毎年，6月30日に再評価を行うことが望ましい (para. 67)。

(6) エンフォースメント・メカニズムの説明

欧州委員会の委任はCESRに対して少なくともカナダ，日本，アメリカが提供する第三国会計規準に影響を及ぼすメカニズム（監査およびコーポレートガバナンスの領域を除く）を記述することを求めている (para. 71)。CESRの任務はそうしたメカニズムの有効性と効率性を評価することにない。第三国におけるエンフォースメント・システムの品質はそれが当該第三国の財務諸表の信頼性に影響を及ぼすにしても，会計規準の同等性の条件でないからである (para. 72)。しかしながら，欧州委員会の委任に十分応えるために，第三国の会計規準に影響を及ぼすメカニズムによりなにが理解されるべきか明確化することが必要であり，そうした明確化も概念ペーパーの目的である (para. 73)。

2. CESRの同等性評価に関する技術的助言

CESRは，日本・アメリカ・カナダの各会計規準の同等性評価に関して，作業計画に従って，EUに対する「技術的委任書（案）」を2005年4月27日に公表し，関連当局の意見聴取を得たうえで「技術的助言書」の最終報告書[19]を2005年7月5日付で公表した。この助言書の内容はカナダ・日本・アメリカの各会計規準に対して「全体として同等」の評価を下しつつ，会計規準の重要な相違に関して一定の補完措置 (Remedy) を要求するものであった。

技術的助言書においては，冒頭の抜粋要約 (para. 2) および第1章3節 (para. 88) で次のように記している。

「CESRの助言はアメリカ，カナダおよび日本（以下，合わせて第三国）における『会計規準』のいずれもがIFRSと全体として (as a whole) 同等であるが，CESRが重要と考えて提供する相違一覧に対応するつぎの補完的措置を講ずることを条件とするとするものである。

・ 第三国会計規準では連結に組み入れられないが，IFRSの目的に照ら

せば連結の要求される，適格の特別目的会社（SPEs）のような下位機関を有する会社は，非連結の下位機関を含んだプロフォーマ（pro-forma）貸借対照表および損益計算書を報告する。
・ 持分プーリング法により買収を会計処理するか，そして／もしくはIFRSもしくは他の第三国の会計規準と合致しない会計規準に基づいて下位機関を連結している，日本の会計規準のもとで報告を行う会社は，企業結合と会計方針の統一を補ってIFRSに基づくプロフォーマの貸借対照表および損益計算書を報告する。
・ 日本およびアメリカの第三国証券発行者は，IFRSとの同等性（一致は必要でない）に基づき，2007年1月1日以前の履行を目指してストックオプションの費用計上に対する会計方針を採用する。なお，われわれは，このタイムテーブルに従いそうした規準を採用するための方策を計画していること，アメリカが2006年からほとんどのケースに適用可能となるよう，そうした規準を最近において採用したことを理解している。
・ 一定の特定のIFRSに関して，また適用可能ならば上述の補完措置に追加して，ときには記述的性格を持ち，ときには数量的な性格を持つ追加開示が存在する。」

CESRの提起する重要な相違の要約一覧は，図表3に示すとおりであるが，技術的助言書においては，特定の個別会計規準に関して一定の補完措置を講ずることが要請され，この補完措置には追加開示と補完計算書の作成があげられている。2004年の概念ペーパーの時点では，この補完措置のなかに調整表の作成が加えられていたが，技術的助言では調整表を作成するまでの重要な差異はなかったとして削除されている。

CESRのいう補完的措置の内容は次のように要約される。

(1) 追　加　開　示

追加開示は，会計規準の相違が開示要件の相違に起因するときに要請される。技術的助言書はこの追加開示について，それを説明的開示であるとし，さ

図表 3　補完措置の対象となる重要な相違の要約

	カナダの会計規準	日本の会計規準	アメリカの会計規準
開示 A	・株主報酬 (IFRS2) ・歴史的原価での少数株主持分 (IFRS3) ・株式の段階的取得 (IFRS2) ・従業員給付 (IAS19) ・解体・撤去等コスト (IAS37) ・投資不動産 (IAS40)	・株主報酬 (IFRS2) ・歴史的原価での少数株主持分 (IFRS3) ・株式の段階的取得 (IFRS2) ・保険契約 (IFRS4) ・工事契約 (IAS4) ・不良債権 (すでに開示のものを除く。IAS12, 30) ・資産除却義務のコスト (IAS16) ・従業員給付 (IAS19) ・のれんの移転 ((IAS21) ・金融商品の公正価値 (IAS32) ・減損 (IAS36) ・解体・撤去等コスト (IAS37) ・投資不動産 (IAS40)	・株主報酬 (IFRS2) ・歴史的原価での少数株主持分 (IFRS3) ・株式の段階的取得 (IFRS2) ・取替原価 (IAS16) ・従業員給付 (IAS19) ・減損 (IAS36) ・解体・撤去等コスト (IAS37) ・投資不動産 (IAS40)
開示 B	・企業結合 (交換日 IFRS3) ・負ののれん (IFRS3) ・LIFO の使用 (IAS2) ・減損テスト (IAS36) ・農業会計 (IAS41)	・株式報酬 (IFRS2) ・企業結合 (交換日 IFRS3) ・研究開発の取得 (IFRS3) ・負ののれん (IFRS3) ・LIFO および原価法の使用 (IAS2) ・会計方針の不統一 (IAS28) ・減損テスト (IAS36) ・開発費の資産計上 (IAS38) ・農業会計 (IAS41)	・株式報酬 (IFRS2) ・企業結合 (交換日 IFRS3) ・研究開発の取得 (IFRS3) ・負ののれん (IFRS3) ・LIFO および原価法の使用 (IAS2) ・会計方針の不統一 (IAS28) ・減損テスト (IAS36) ・開発費の資産計上 (IAS38) ・農業会計 (IAS41)
補完計算書	・連結範囲（支配の定義, IAS27)	・持ち分プーリング法 (IFRS3) ・連結範囲（支配の定義, IAS27) ・会計方針の不統一 (IAS28)	・連結範囲（支配の定義, IAS27)
今後の作業	・金融商品 (IAS39) 開示 A の可能性	・金融商品 (IAS39) 開示 A の可能性	・金融商品 (IAS39) 開示 A の可能性

出所）CESR: Technical advise on equivalence of certain third country GAAP and on description of certain third contries mechanisms of enforcement of financial information, June 2005 Ref. CSER/05-230b, p. 9.

らに「開示A」と「開示B」に区分している (para. 32, para99)。
 このうち，開示Aは第三国会計規準に基づき，すでに開示されている情報を拡充する定性的および／または定量的情報の追加開示であり，この開示には次のものがあげられる (par. 32, para99)。

・ 関連する取引，事象の説明および当該取引，そうした取引や事象に対する第三国会計規準のもとでの会計処理方法の説明
・ 第三国会計規準のもとでの取引および事象の測定・認識のために使用される前提，評価方法や仮定（例えば経済的データ）の指摘
・ 第三国会計規準に準拠して提供されていない場合の資産の公正価値に関する情報の開示

 開示Bについては，取引および事象がIAS/IFRSの規制に従って説明されていない場合，当該取引および事象の影響についての定量的指摘をいい，そうした定量化は，相違がもたらす証券発行者の損益もしくは株主持分に対する税効果のグロスとネットの影響を提供しなければならない (para. 32, para. 99)。

(2) 補 完 計 算 書

 補完計算書とは，第三国会計規準および証券発行者の第一次財務諸表に基づき作成され表示され，第三国の会計規準のもとでは表示されないかもしくは十分適用されていないIAS/IFRSの必要条件の明確な観点を考慮にいれた限定的な修正再表示を含むところのプロフォーマ計算書をいう (para. 33, para. 101)。この補完計算書は財務状態やIAS/IFRSを全面適用した場合の証券発行者の成果を表示することを目的としておらず，特定の限定的なIAS/IFRSを反映させる修正を除外した，基本的には第三国会計規準に基づく計算書である (para. 34, para. 103)。補完計算書は少なくとも，要約された損益計算書，貸借対照表および可能ならばキャッシュ・フロー計算書の形式で表示され，また追加開示の範囲によって補われる (para. 35, para. 104)。

 技術的助言書においては，IAS/IFRSと第三国（カナダ，日本，アメリカ）の個別会計規準との間の重要な相違について，補完措置を加えた要約一覧表だけでなく，カナダ，日本，アメリカの会計規準それぞれの重要な相違について，

問題点の説明を加えた些細な一覧表が掲示されている。そこにおいて CESR が指摘する主要な差異に関しては，カナダの会計規準が 14 項目（追加開示 12 項目，補完計算書 1 項目，今後の作業 1 項目），日本の会計規準については 26 項目（追加開示 22 項目，補完計算書 3 項目，今後の作業 1 項目），アメリカの会計規準については 19 項目（追加開示 17 項目，補完計算書 1 項目，今後の作業 1 項目）が列挙されている。この重要な相違の内容については，アメリカと日本の会計規準とで共通している項目が 18 項目あり，追加開示のうち開示 B の 9 項目は同一となっている。

　その他，技術的助言書は第 2 章「カナダ，日本，およびアメリカにおけるエンフォースメントの記述」において，第三国のベンチマークであるカナダ，日本，アメリカのエンフォースメント・メカニズムの詳細な説明がなされている。この一定第三国における財務情報のエンフォースメント・メカニズムの記述は，CESR の質問書に対する 3 つの国の関連規制当局（カナダのオンタリオ証券委員会 OSC，日本の金融庁 FSA，アメリカの証券取引委員会 SEC など）からの回答に基づくものであるとしている（para. 174）。

第 3 節　EU の同等性評価の決定

　2005 年を前にして，IAS/IFRS と自国の会計規準（GAAP）のコンバースメントを巡って，日本，カナダ，アメリカの取り組みの急速な展開があり，その動向は欧州委員会の同等性評価の決定にも少なからず影響を及ぼした。2005 年 1 月には，日本の企業会計基準委員会（ASBJ）は IASB との間で IAS/IFRS と日本会計規準の相違の解消に向けたジョイントプロジェクトに合意し，2005 年 3 月には会計規準のコンバージェンスを一層加速化すること合意した。また，カナダでは 2006 年 1 月には，カナダの ACSB（会計基準審議会）が今後，5 年間でほぼ IAS/IFRS を採用する戦略計画を公表した。そして，アメリカでは，2005 年 4 月に SEC（証券取引委員会）が IAS/IFRS に基づく財務諸表に対して要求していた調整表（reconciliation）を 2009 年までに解消するための

「ロードマップ」を，また，2006年2月にはFASB（財務会計基準審議会）とIASBは2008年までの会計規準のコンバージェンス計画に関する覚書（MOU）を公表した。そして，それらの動向に注目していたEUは，同等性評価の決定の延長を何度か議論した上で，2006年7月7日開催の会計規制委員会（ARC）および連絡委員会の21回総会において目論見書指令および透明性指令の修正された改正案が提示されたのを受けて[20]，欧州証券委員会の意見に従い2つの指令修正案を提起した[21]。

その後，欧州委員会は，同等性評価の決定を延期し，カナダ，日本およびアメリカのコンバージェンスの進展を注意深くみながら，同等性評価の決定をくだす目論見書指令と透明性指令の規定の改正を実施し，2007年12月には，図表4に示すような「欧州議会及び欧州理事会の目論見書指令及び透明性指令に基づく，第三国により適用される会計規準の同等性の確定のためのメカニズムの設定に係る2007年12月21日付の委員会命令（Nr. 1569/2007）」を発布するに至ったのである。なお，上のような同等性評価の改正については，最終的に，目論見書指令が2008年12月12日付の委員会命令（No. 1289/2008）として，また，透明性指令は同日付の委員会決定として12月19日に公表され，それをうけて同日，欧州委員会は会計規準に対する同等性評価の最終決定（わが国とアメリカについては同等と決定）が公表されたのである。

む す び に

欧州委員会が目論見書指令および透明性指令を改正したことによって，同等性評価の問題は，アメリカ，カナダ，日本における会計規準のコンバージェンスの対応と有機的に関連しながら2009年にタイムリミットが移行し，IAS適用命令が提起したいわゆる2005年問題は，2008年末をもってようやく一応の決着をみた。こうした第三国会計規準（GAAP）に対する同等性評価決定の推移はどのような問題を含意していたのだろうか

CESRの技術的助言書によれば，第三国会計規準とIAS/IFRSの同等性評価のアプローチは図表5のような経路をたどる。欧州委員会の委任に応えて，

図表4 「欧州議会及び欧州理事会の目論見書指令及び透明性指令に基づく，第三国により適用される会計規準の同等性の確定のためのメカニズムの設定に係る2007年12月21日付の委員会命令（Nr. 1569/2007）」

第1条　対象
　本命令をもって，第三国の会計規準（GAAP）が国際財務報告基準（IFRS）と同等と見なされる諸条件が確定され，その同等性を確定するためのメカニズムが導入される。

第2条　同等性
　第三国のGAAPは，当該第三国のGAAPに準拠して作成される決算書がIFRSに準拠して作成される決算書と財産・財務・収益状態の比較可能な評価と発行者の見通しを投資者に対して行わせ，その結果，投資者に提示される決算書が第三国のGAAPに準拠したのかIFRSに準拠したのかにかかわりなく，発行者の有価証券の獲得，保有，売却に関して同等の意思決定を下すときには，IAS適用命令に従い承認されるIFRSと同等とみなすことができる。

第3条　同等性メカニズム
　第三国のGAAPの同等性の確定については，委員会の発議，加盟国の主務官庁の申請もしくは第三国における会計原則に対する主務官庁の申請に基づき決定されうる。
　同等性の確定についての委員会の決定は，委員会の申請もしくは発議に基づき開示される。

第4条　猶予期間についての第三国のGAAPの容認のための条件
　第1項　第三国発行者は，次の場合には，透明性指令の枠内での義務を果たし，目論見書履行命令第35条第5項（移行規定—引用者）から離反して，2008年12月31日より後から始まり，遅くとも2011年12月31日に終わる期間について当該命令に従う歴史的情報を提供するために，第三国のGAAPと一致して作成される決算書を利用することが容認される。
　　第1号　該当国内GAAPに対する主務官庁が，2008年6月30日までに，当該基準がIFRSと2011年12月31日までに収斂し，次の条件を満たすことが明確に義務づけられている。
　　　a）該当国内GAAPに対する主務官庁が2008年12月31日より前に，2011年12月31日より前に終了する包括的な収斂プログラムを作成している。
　　　b）その収斂プログラムが，現実に遅滞なく実行され，かつその終結まで必要な資金を継続して準備されている。
　　第2号　該当の国内GAAPに対して主務官庁が2008年6月30日までに，2008年6月30日までに，当該第三国においてIFRSを2011年12月31日までに受け入れることを明確に義務づけ，その期日までのIFRSへの期限通りのかつ完全な移行を確保するための効果的な措置を講じているか，もしくは2008年12月310日より前にEUとの相互承認についての取り決めを達成している。

出所）Amtsblatt der EU, L340/66-68 vom 22.12.2007 から抜粋

CESRの同等性に関する評価（助言）は国家レベルの会計規準の技術的比較にあるが，会社レベルで作成される財務諸表を利用する投資家の意思決定を経て資本市場にまで影響を及ぼすことになる。したがって，CESRは，技術的助言書において，会計規準は純粋に技術的レベルでみれば孤立しているけれども，

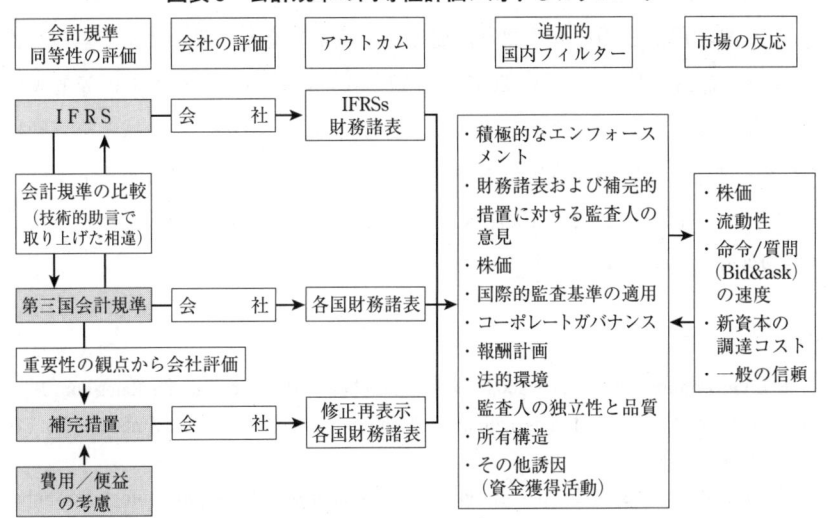

図表5　会計規準の同等性評価に対するアプローチ

会計規準同等性の評価	会社の評価	アウトカム	追加的国内フィルター	市場の反応
IFRS	会社 →	IFRSs財務諸表	・積極的なエンフォースメント ・財務諸表および補完的措置に対する監査人の意見 ・株価 ・国際的監査基準の適用 ・コーポレートガバナンス ・報酬計画 ・法的環境 ・監査人の独立性と品質 ・所有構造 ・その他誘因（資金獲得活動）	・株価 ・流動性 ・命令/質問（Bid&ask）の速度 ・新資本の調達コスト ・一般の信頼
↕ 会計規準の比較（技術的助言で取り上げた相違）				
第三国会計規準	会社 →	各国財務諸表		
↕ 重要性の観点から会社評価				
補完措置	会社 →	修正再表示各国財務諸表		
↑ 費用／便益の考慮				

出所）CESR: Technical advise on equivalence of certain third country GAAP and on description of certain third contries mechanisms of enforcement of financial information, June 2005 Ref. CESR/05-230b, p.14.

国家レベルにおいて，すべての問題を同等性プロジェクトに委ねるには十分な基礎とはなり得ないだろうとしている (para. 41)。

CESR の言葉を引くまでもなく，EU における同等性評価は，国際的な会計規準とのコンバージェンスを絡めて，単純に技術的な会計問題として存在していない。近年，会計規準のコンバージェンス問題は世界的規模で論じられているが，その進展状況は，一国を越えた枠組みのなかで，会計（規準）が資本市場（エクイティ・ファイナンス）との相互の関係で機能を果たしているということを示すだけでなく，EU，アメリカ，カナダそして日本等における国家的レベルの会計制度や資本市場の利害の国際的調和—対立のアンビバレントな過程としての様相を強くみせている。

それは，本章で考察してきた EU における IAS/IFRS 適用義務とそこから派生した第三国（証券発行者）への経過措置・免除措置についての目論見書指令，透明性指令に関する複雑な法的措置の経過や同等性評価の期限延長などからも

読みとることができる。とくに，同等性評価の延期は，アメリカの US-GAAP と EU-IAS/IFRS との相互承認を前提とした将来戦略とみることができる。また，そうした状況は，会計の 2005 年問題が投げかける会計利害の国際的調和がいかに困難なものなのかを示唆しているだろうし，そのことは域外第三国にとどまらず EU 域内の加盟国においても妥当する。本書が対象とするドイツにおいても，やはり，会計が市場において果たす機能と国家的利害の係わる会計制度の変革との関係が問われているのである。

注

1　EU: Verordnung（EG）1606/2002 des Europäischen Parlaments und des Rates vom 19. 7. 2002 betreffend Anwendung internationaler Rechnungslegungsstandards, Amtsblatt der EU, L243/1-4.

2　EU: Richtlinie 2003/71/EG des Europäischen Parlaments und des Rates vom 4. November 2003 betreffend den Prospekt, der beim offentlichen Angebot von Wertpapieren oder bei deren Zulassung zum Handel zu veroffentlichen ist, und zur Änderung der Richtlinie 2001/34/EG, Amtsblatt der EU, L345/64-89.

3　EU: Richtlinie 2004/109/EG des Europäischen Parlaments und des Rates vom 15 Dezember2004 zur Harmonisierung der Transparenzanforderungen in Bezug auf Information über Emittenten,deren Wertpapiere zum Handel auf einem geregelten Markt zugelassen sind, und zur Änderung der Richtlinie 2001/34/EG, Amtsblatt der EU, L390/38-57.

4　EU: Richtlinie 2003/6/EG des Europäischen Parlaments und des Rates vom 28. Januar 2003 über Insider-Gschäfte und Marktmanipulation（Marktmissbrauch,. Amtsblatt der EU, L96.

5　この経過については，佐藤誠二「EU における会計 2005 年問題」川口八洲雄編著『会計制度の統合戦略— EU とドイツの会計現代化—』森山書店，2005 年の第 2 章とくに 65-81 頁ならびに佐藤誠二「EU における会計国際化の新たな展開—『IAS 適用命令』と『EU 指令の現代化構想』に関連して—」『會計』第 163 巻 1 号，2003 年を参照。

6　Kommission der EU: Mitteilung der Kommission, Finanz-diestleistungen; Umsetzung des Finanzmarktrahmens, Aktionplan, KOM（1999）232, 11. 05. 1999, S. 1-30.

7　Kommission der EU: Rechnungslegungsstrategie der EU; Künftiges Vorgehen; Mitteilung der Kommission KOM（2000）359 vom 13. 06. 2000, S. 1-12.

8　FASP は，ドイツ語表現では「金融サービス；金融市場大綱の転換（行動計画）」である。この EASP 並びにその前に欧州委員会の公表した「金融サービス：行動大綱の策定」（1998 年 10 月）の EU 戦略については，佐藤誠二『会計国際化と資本市場統合—ドイツに

おける証券取引開示規制と商法会計法との連繋―』森山書店,1998年の10-15頁を参照。なお,上記の2つの欧州委員会の公式意見書については,川口八洲雄「EUの金融市場統合と会計戦略」(前掲川口編著第1章)において詳細な紹介がある。

9 この4段階アプローチは,2000年7月にEUの経済財務相理事会において設置された賢人委員会(通称,ラムフアルシー委員会)の報告書(2001年2月)において提起されたもので,次の内容となっている。第1段階:本質的な原則を決定するのは欧州委員会,欧州議会,欧州理事会の通常の立法手続きに委ねる,第2段階:規制の実施措置は欧州証券委員会,欧州証券監督者委員会と欧州委員会との協力により決定される,第3段階:第1段階および第2段階の規制のエンフォースメントは欧州証券監督委員会(ESRC;現在のCESR)に委ねる,第4段階:規制の受け入れ状況は欧州委員会がチェックし,必要な法的措置を講ずる。なお,この点については,前掲の佐藤誠二「EUにおける会計2005年問題」の61頁を参照。

10 EU: Verordnung (EG) Nr. 809/2004 der Kommission vom 29. April 2004 zur Umsezung der Richtlinie 2003/71/EG des Europäischen Parlaments und des Rates vom 4. November 2003 betreffend den Prospekten enthaltenen Informationen sowie das Format, die Aufnahme von Informationen mittels Verweis und veroffentlichung solcher Prospekt und Verbreitung von Werbung, Amtsblatt der EU, L162/7075.

11 その他,透明性指令の実施指令として,欧州委員会が2006年5月25日に次の「透明性指令の一定規定に対する履行規定に関する指令(案)」を公表している。Kommission der EU: Entwurf richtlinie../.../EG der Kommission v omit Durchführungsbestimmungen zu bestimmten Vorschriften der Richtlinie 2004/109/EG zur Harmonisierung der Transparenzanforderungen in Bezug auf Information über Emittenten, deren Wertpapiere zum Handel auf einem geregelten Markt zugelassen sind.

12 IASBのリエゾンメンバー(イギリス,フランス,ドイツ,アメリカ,カナダ,日本の6カ国+オーストラリア・ニュージーランドの1地域)のうち,IAS/IFRSの国内適用を認めていない国は,カナダ,日本,アメリカの3カ国であり,EU域外の第三国としてこの3カ国が同等性評価対象のベンチマークとなっている。

13 ここでいう資本市場指向的会社とは,組織化された市場において,なんらかの種類の有価証券が認可される会社およびその子会社を指す。

14 この「その他の国際的に認められた会計原則」としてIAS適用命令はUS-GAAPを想定している。EUは,IAS/IFRSをEU資本市場に導入することによって,アメリカ証券市場に上場するEU企業のIAS/IFRS準拠の連結決算書が,US-GAAPとIAS/IFRSとのコンバージェンスを通じて将来,相互承認されることを期待している。

15 EU: (Proposal for a) Directive of the European Parliament and of the Council on the harmonization of transparency requirements with regard to information about issuers whose

securities are admitted to trading on a regulated market and amending Directive 2001/31/EC, Institutional File: 2003/0045 (COD), 22 April 2004, pp. 1-57.
16 透明性指令第31条が指示する日付は2007年1月20日（指令の加盟国への転換期日）である。
17 European Commission: Formal mandate to CESR for technical advice in implementing measures on the equivalent between certain third country GAAP and IAS/IFRS, 25 June 2004, G2 D (22204).
18 CESR: Concept paper on equivalent of certain third country GAAP and on description of certain third countries mechanisms of enforcement of financial Information, consultation paper Ref: CESR/04-509, October 2004, pp. 1-30.
19 CESR: Technical advise on equivalence of certain third country GAAP and on description of certain third countries mechanisms of enforcement of financial information, Ref. CESR/05-230b, June 2005, pp. 1-138.
20 2006年4月24日に開催された会計規制委員会（ARC）および連絡委員会の20回会合でも，同等性評価の決定の2年延長案が審議さて，目論見指令および透明性指令の改正案が提示された。21回の会合では，両指令の改正案が修正されている。なお，会合の審議内容を示す議事要録については，次を参照。ARC: Draft Summary Record, Meeting of the Accounting Regulatory Committee and Contact Committee of 7 July 2006.
21 会計規制委員会（ARC）および連絡委員会の総会では，この改正案を巡って，SECのIAS/IFRS財務諸表に対する調整表（reconciliation）の解消など，アメリカの今後の動向について加盟国の意見が主としてみられたようである。透明性指令の改正（とくに第23条4項）について，「有価証券の第三国発行者による国際的に認められる会計原則の枠内で作成される情報の適用に関する委員会決定（案）」については，European Commission: Draft Commission Decision, on the use by third country issuers of securities of information prepared under internationally accepted accounting standards. pp. 1-3, 2006. また，目論見書指令の改正案について，「欧州議会および理事会の委員会命令2003/71/EC（目論見書指令履行命令—引用者）を改正する委員会命令（案）」については，European Commission: Draft Commission Regulation; amending Regulation (EC) 809/2004 of 29 April implementing Directive 2003/71/EC of the European Parliament of the Council as regards Information contained in Prospectuses as well as the format, incorporation by reference and publication of such Prospectuses and dissemination of advertisement, pp. 1-6, 2006. を参照。
22 こうした欧州委員会の同等性評価の最終決定についての意味づけについては，本書第8章を参照。

第8章
2005年IAS/IFRS導入後の会計実務の状況と課題
―「IAS適用命令」の履行とエンフォースメント―

はじめに

　EUにおいては,「IAS適用命令[1]」(国際的な会計基準に関するEU議会及びEU理事会の命令, 2002年7月19日) に基づき, 2005年から国際的会計規準として, IAS/IFRSが受容されている[2]。「IAS適用命令」は, 欧州の規制市場で有価証券の取引認可を受ける資本市場指向 (kapitalmarktorientiert) の欧州企業に対して, 2005年1月1日以降に始まる事業年度から, 連結決算書へのIAS/IFRSの適用を義務づけた (負債証券を発行する資本市場指向企業に対するIAS/IFRSの適用については, 2年間の猶予措置)。ただし, 資本市場指向企業の個別決算書, 資本市場非指向企業の連結決算書および個別決算書に対するIAS/IFRSの適用については加盟国の裁量に委ねる立法選択権が付与された。また, 欧州の規制市場を利用する域外第三国企業に対しては,「IAS適用命令」と連動して資本市場の開示規制を設ける「目論見書指令[3]」(「有価証券の公募もしくは取引認可に際し開示される目論見書及びEU指令2001/34の修正に関する指令」, 2003年11月4日) および「透明性指令[4]」(「規制市場に有価証券を取引認可される発行者に関する情報についての透明化要請の調和化及び2001/34 EU指令の修正に関する指令」, 2004年12月15日) において,「IAS適用命令」の猶予規定に合わせて2007年1月1日以降に始まる事業年度からIAS/IFRSまたはそれと「同等 (equivalent)」の会計規準 (GAAP) の適用を義務づけた (この適用期日は目論見書指令, 透明性指令を修正の上, 2009年1月1日に延期された[5])。

　したがって, 欧州の資本市場の競争能力にとって, 欧州内で適用される会計規範を国境横断的取引もしくは世界のすべての証券取引所での認可に際して利

用される国際的会計規準と結合するという「IAS 適用命令」が掲げる目的に照らすと，IAS/IFRS 適用義務の範囲は資本市場指向企業の連結決算書と限定的である。欧州資本市場では，IAS/IFRS のほか加盟各国および第三国の多様な会計規準（GAAP）が適用されている。

こうした状況のなかで，「IAS 適用命令」発効の 2005 年直後，EU 加盟国において IAS/IFRS 適用の会計実務がどのような状況にあるのか，また，IAS/IFRS 受容によって加盟国および域外第三国の会計規準に対してどのような課題が生じているのか，そのこと考察することは，本書で対象とするドイツそして EU だけでなく，同様に IAS/IFRS を軸としたわが国の会計規準のコンバージェンスについての今後を展望する上で少なからず示唆を提供するものと思われる。本章では，その点について考察を行うものである。

第 1 節　IAS/IFRS のエンドースメントと適用状況

「IAS 適用命令」によると，IAS/IFRS を EU に受容するにあっての前提は，（ⅰ）企業の財産・財務・収益状態の事実関係に合致する写像を伝達するという EU 会計指令の基本要請を満たし，（ⅱ）2000 年 7 月 17 日の理事会決議に従い欧州の共通の利害に合致すること，（ⅲ）情報の質に関する基本的水準が満たされ，それにより決算書がその受け手にとって有用であることにある[6]。

また，EU における IAS/IFRS の承認すなわちエンドースメント（endorsement）のメカニズムは技術的および政治的レベルの二重のプロセスで構成される。IASB の設定する IAS/IFRS は，まず民間組織の「欧州財務報告諮問グループ（EFRAG）」により技術的レベルで検討され，次いでこの EFRAG の技術的助言は「基準諮問検証グループ（SARG）」の検証を経て欧州委員会に提出される。EFRAG の助言に基づき作成された欧州委員会の承認提案は，公的組織である「会計規制委員会（ARC）」の政治的レベルの審査を経て欧州議会，理事会に提出され，その後，欧州議会で承認決定された IAS/IFRS が欧州委員会命令として EU 公報の公表を得て法効力が付与されることになる。した

がって，EU において用いられる IAS/IFRS とは，純粋な IAS/IFRS でなく，EU の受容前提を満たし EU のエンドースメントの手続きを経て「承認された (endorsed)」IAS/IFRS つまり EU-IAS/IFRS である。

　2006 年時点（2005 年決算書の初度適用）でこの「承認された」IAS/IFRS を適用した EU の規制市場で有価証券取引の認可された発行体（企業）は，CESR（欧州証券規制当局委員会）によると，7,365 社（持分証券発行体が 5,534 社，負債証券発行体が 1,831 社）である[7]。これら発行体に対する IAS/IFRS 適用の状況については，欧州委員会が 2008 年 4 月に「IAS 適用に関する『IAS 適用命令』の遂行についての欧州理事会および欧州議会への委員会報告[8]」を公表している。その報告のなかでは，おおよそ次のような結論が示されている。

- 全体的にみて，IAS/IFRS の適用はすべてのステークホルダーにとって一つの挑戦であったが，市場と報告サイクルの混乱もなく達成された。IAS/IFRS への転換は該当会社とくに小規模会社にとって困難な作業と多くの資源を必要とさせた。
- IAS/IFRS 適用により財務報告の比較可能性と品質を高め，よく大きな透明性をもたらしたことに作成者，監査人，投資者等の間に共通した認識がある。ステークホルダーのほとんどは，とくに金融商品，企業結合，ストックオプションの改善の余地のある一定の領域を除いて，財務諸表の理解可能性が改善されたと考えている。
- IAS/IFRS の認識と測定手続きは一定の開示要件を上回って一貫的かつ明確に適用しているように思われるが，とくに，一般会計方針の開示についてより改善すべき余地が存在する。証券監督局はこのことに注目したが，IAS/IFRS の遵法性の一般水準を下回っていないと結論している。
- 企業結合，金融商品（減損），非流動資産，会計方針の開示，見積もりと前提等の一定領域において注意すべき問題は CESR により識別されている。監督当局は年金プラン，ストックオプションに関する開示の改善，貸借対照表と損益計算書の様式の簡素化を勧告している。
- 被用者便益，借入コスト，結合企業に関連する IAS/IFRS に認められる

図表1 加盟国における IAS/IFRS 適用の法状況

	公開会社		非公開会社	
	連結決算書	個別決算書	連結決算書	個別決算書
オーストリア	義務	不容認	容認	不容認
ベルギー	義務	不容認	容認	不容認
キプロス	義務	義務	義務	義務
チェコ共和国	義務	容認	容認	容認
デンマーク	義務	容認	容認	容認
エストニア	義務	義務	容認	容認
フィンランド	義務	容認	容認	容認
フランス	義務	不容認	容認	不容認
ドイツ	義務	不容認	容認	不容認
ギリシャ	義務	義務	容認	容認
ハンガリー	義務	不容認	容認	不容認
アイルランド	義務	容認	容認	容認
イタリア	義務	義務	容認	容認
ラトビア	義務	容認	容認	不容認
リトアニア	義務	義務	不容認	不容認
ルクセンブルグ	義務	容認	容認	容認
マルタ	義務	義務	義務	義務
オランダ	義務	容認	容認	容認
ポーランド	義務	容認	不容認	不容認
ポルトガル	義務	容認	容認	不容認
スロバキア	義務	不容認	義務	不容認
スロベニア	義務	容認	容認	容認
スペイン	義務	不容認	容認	不容認
スウェーデン	義務	不容認	容認	不容認
イギリス	義務	容認	容認	容認

出所）European Commission; Report from the Commission to the Council and the European Parliament on the operation of Regulation（EC）No1606/2002 of 19 July 2002 on the application of international accounting standards, COM（2008）215final, 24.4.2008,p.3 の表を簡略化して作成。金融機関，保険会社等に対する IAS/IFRS 適用に関しては省略した。

選択権は多様に利用されている。早期適用に対する IAS/IFRS における選択権も幅広く利用される。しかし，公正価値測定の適用選択権はそれほど使用されず，IAS 第 39 号におけるカーブアウトの利用はほんの少しの銀行に限られている。監視当局は将来，IAS/IFRS において利用可能な選択権が削減されることを期待している。

- IAS 適用命令の範囲を拡大する選択権は各加盟国でそれらの個別の経済的と法的環境に応じて，異なる方法で履行されている。弾力的アプローチ各加盟国における会計環境とくに財政ルールと会社法の関連する会計環境の特性に合わせた履行を認めている。IAS/IFRS の強制適用は非上場の会社や個別決算書に幅広く活用されていない。

IAS/IFRS 決算書は各国の会計慣行に未だ影響を受けている。それに関する一つの理由は経験と会計ドクトリンの不足にある。実際，プロフェッショナルの判断を必要とするプリンシプル・ベースの会計アプローチの導入は，幾つかの加盟国にとってはひとつの挑戦であった。しかし，作成者と監査人が IAS/IFRS をより熟知することによって，問題が解決されなければならないという評価を委員会は報告はしている。しかし他方で，発行体の IAS/IFRS 適用実務に対して，加盟各国それぞれの会計慣行，経済的法的環境の影響を受けていること，IAS/IFRS 適用に際して IAS/IFRS における選択権，また IAS/IFRS の適用領域について加盟国の立法選択権が多様に行使されているとの委員会の指摘などは注目する必要があると思われる。図表 1 は，加盟国における IAS/IFRS 適用に対する立法状況を示したものであるが，「IAS 適用命令」が義務づける資本市場指向の企業の連結決算書を除いて，加盟国の多様な IAS/IFRS 適用の状況を見て取ることができる。

第 2 節　IAS/IFRS 適用に対するエンフォースメント状況

「IAS 適用命令」は，エンフォースメント（enforcement）のシステムについて，次のように述べている。

「適切で厳格なエンフォースメントは，金融市場における投資者の信頼を確保するために重要である。加盟国は国際的会計規準の遵法性を確保する適切な措置を講じることが要求される。欧州委員会はエンフォースメントの共通のアプローチを開発するため，明確に CESR の援助を得て，加盟国と連携するつもりである[9]。」

EU において，エンフォースメント・システムは効率的な資本市場を形成するために有効な手段とみなされ，エンフォースメント実務の調和化は金融市場における投資者の信頼を改善し，欧州市場に上場する発行体が開示する財務情報の比較可能性を高めるとされている。そのエンフォースメントのための基準を開発する役割を「IAS 適用命令」は CESR（欧州証券規制当局委員会）に求め，欧州委員会の要請のもとで，CESR は 2002 年 3 月 1 日に「財務情報第 1 基準，欧州における財務情報に関するエンフォースメント基準[10]」，2004 年 4 月 22 日には「財務情報第 2 基準，エンフォースメント活動の協働[11]」のエンフォースメント基準を掲示した。CESR のエンフォースメント基準によれば，エンフォースメントの目的は，投資者を保護し投資者の意思決定プロセスに適合した財務情報の透明性に貢献することにより市場の信頼を高めることにあり，財務諸表に関して言えば，EU の規制市場における IAS/IFRS の一貫した適用に貢献することにある。また，その目的に照らして，エンフォースメントの定義は，適切な財務報告フレームワークにより財務情報の遵法性を監視し，違反が発見された場合適切な措置を講ずるものとされている[12]。

このエンフォースメント基準をもとに，CESR が 2007 年 12 月に公表したのが，「EU における IFRS の履行とエンフォースメントに関する CESR の調査[13]」である。この調査報告は欧州委員会の公式の要請に基づくものでないが，個別の加盟国における 2005 年 IAS/IFRS 財務諸表との関連でエンフォースメント活動の実施状況について観察すること，そして観察した IAS/IFRS に関連した活動と加盟国自体のエンフォースメント活動から得た発見および暫定的帰結を示すことが目的だとされている。

CESR が行った IAS/IFRS 連結決算書に対する EU 加盟国の監督機関のエン

図表2　2006年におけるEU加盟国のエンフォースメント活動

2005年度財務諸表に対する2006年における十分なエンフォースメント活動を行った加盟国	2005年度財務諸表に対する2006年における一部のエンフォースメント活動を行った加盟国	2005年度財務諸表に対する2006年におけるエンフォースメント活動を行わなかった加盟国
ベルギー キプロス デンマーク フィンランド フランス ギリシャ イタリア ノルウェイ ポルトガル スペイン イギリス	ブルガリア チェコ エストニア アイスランド ラトビア ポーランド オランダ スロベニア マルタ ドイツ	オーストリア（エンフォースメント・システム構築段階） ハンガリー（2008年から活動開始） リトアニア（2008年から活動開始） ルクセンブルグ（2007年から活動開始） ルーマニア（2008年から活動開始） スウェーデン（2007年から活動開始） スロバキア（エンフォースメント・システム構築段階） アイルランド（2007年から活動開始）

出所）CESR, CESR`s review of the implementation and enforcement of IFRS in the EU, Ref: 07-352, November 2007, p. 7の表をもとに作成。

フォースメント活動状況に関する調査結果は図表2に集約して示されている。調査結果によると，2006年までにエンフォースメント・メカニズムを導入した27の加盟国（図表2のうちブルガリアとルーマニアの2国は2007年からEU加盟のため，調査時点ではEU非加盟国）のうち20カ国はCESRの基準における必要条件を少なくとも一部，満たしている。また，エンフォースメント・メカニズムを導入した11の加盟国が2006年までに，CESRの基準の必要条件を十分満たしており，そうした11加盟国に属する発行体は，IAS/IFRS適用の発行体全体の約60%占めているという。また，残りの9加盟国は，CESRのエンフォース・メカニズムの構築段階にある。CESRは，この調査結果は加盟国のエンフォースメント活動の発展段階のスナップショットであるとしている。しかし，そもそもEUは加盟国の経済環境，法文化，制度特性に合わせて柔軟で独自なエンフォースメント・システムの設計を容認していることから，エンフォースメント活動を通じてIAS/IFRS適用実務の遵法性監視がEUにおいて統一的に機能させることは容易でないだろうし，今後の重要な課題であろう。

第3節　IAS/IFRS と第三国会計規準との同等性の課題

1. CESR の同等性評価に関する助言

「IAS 適用命令」は，資本市場の開示規制を定める「目論見書指令」と「透明性指令」に連動する。EU 規制市場を利用する EU 域外の第三国企業については，「IAS 適用命令」の欧州企業への猶予期限に合わせて，IAS/IFRS との同等性評価を条件に，2007年1月1日までの当該第三国会計規準（GAAP）の適用経過措置が採られていた。

第7章で述べたように，「目論見書指令」は EU 域外第三国の証券発行者に対する資本市場における発行開示として，2007年1月1日以降に開始する事業年度から目論見書における財務諸表について IAS/IFRS もしくは IAS/IFRS と同等の第三国会計規準の適用を義務づけ，「目論見書指令の履行のための欧州委員会命令[14]」において2007年1月までの猶予期限を法的に定めていた。また，資本市場の継続開示を規制する「透明性指令」においても，有価証券が EU の規制市場で取引認可される第三国の証券発行者は，2007年1月1日以降，IAS/IFRS もしくは IAS/IFRS との同等性を条件に第三国会計規準に準拠した年次財務報告書，半期財務報告書の作成を要請していた。

そして，その経過措置期間満了の6ヶ月前までに，第三国会計規準と IAS/IFRS との同等性評価を義務づけられたのが欧州委員会である。欧州委員会は，コミトロジー・アプローチ（欧州委員会と欧州の証券監督者委員会が協力して規制を詳細に履行）に基づき，CESR に対して同等性評価に対する技術的助言を行うことを諮問し[15]，それを受けた CESR は，2005年2月3日に同等性評価の目的，意義等についての概要を示した「特定第三国の会計規準の同等性及び特定第三国の財務情報のエンフォースメントの説明に関する概念ペーパー[16]」，同年7月5日には域外第三国（日本・アメリカ・カナダ）の各会計規準の同等性評価に関する「技術的助言書[17]」（以下，2005年技術的助言書）を公表した。この2005年技術的助言書の内容はカナダ・日本・アメリカの各会計規準に対し

て「全体として同等」の評価を下しつつ，会計規準の重要な相違に関して一定の補完措置（日本26項目，カナダ14項目，米国19項目）を要求するものであった。ただし，2005年技術的助言書においては，同等性の評価について期間延期されることが織り込まれており，その背景に会計規準のコンバースメントを巡る取り組みの急速な展開があった。アメリカでは，2005年4月にSECがIAS/IFRSに基づく財務諸表に対して要求していた調整表を2009年までに解消するための「ロードマップ」を，また，2006年2月にはFASBとIASBは2008年までの会計規準のコンバージェンス計画に関する覚書（MOU）を公表した。カナダでは2006年1月には，ACSBが今後，5年間でほぼIAS/IFRSを採用する戦略計画を公表した。また，日本のASBJは，2005年1月にIASBとの間でIAS/IFRSと日本会計規準の相違の解消に向けたジョイント・プロジェクトを合意した。そして，それらの動向に注目していた欧州委員会は，CESRの助言を踏まえ，同等性評価の決定を2007年1月より2年延長することを決定するとともに，CESRに対し，継続して同等性の定義および評価メカニズムの確定を含む同等性評価に向けての助言を諮問したのである。

その後，CESRは欧州委員会の要請に応えて，2007年3月6日に「カナダ，日本，アメリカの基準設定主体の作業計画，同等性の定義，EU資本市場を現在利用する第三国会計規準一覧に関する欧州委員会に対するCESRの助言[18]」（以下，2007年第1助言書），2007年3月30日には，「第三国会計規準の同等性を決定するメカニズムに関するCESRの技術的助言[19]」（以下，2007年第2助言書）を公表し，さらに，2008年3月19日に「カナダと韓国の会計規準に関するCESRの助言[20]」，3月31日には「中国，日本及びアメリカの会計規準の同等性に関するCESRの助言[21]」の同等性評価に対する最終助言書を欧州委員会に答申したのである。

2. 欧州委員会の同等性評価に関する命令の意味

欧州委員会は，CESRの2007年の2つの助言書に基づき「欧州議会及び欧州理事会の目論見書指令及び透明性指令に基づく，第三国により適用される会

計原則の同等性の確定のためのメカニズムの設定に係る 2007 年 12 月 21 日付の委員会命令[22]」を公表し，2008 年 6 月 30 日の同等性評価決定に必要な第三国会計規準（GAAP）と IAS/IFRS との同等性についての諸条件，同等性を確定するためのメカニズムの導入を法的に確定した。

　その欧州委員会命令の骨子は図表 3 の通りであるが，次の点に内容的特徴を含んでいるといえよう。

　第 1 に，同等性の定義については従来からの CESR の定義と同様に，成果主義アプローチ（outcome based approach）に基づき，投資者に示される決算書が第三国会計規準に準拠したのか，IAS/IFRS に準拠したのかにかかわりなく同等の意思決定が可能となることとしたが，この同等性の評価に対して，2007 年第 2 助言書が示した 2 つの代替的評価アプローチのうち，「よりホーリスティックな成果主義アプローチ（a more holistic outcome-based approach）[23]」を採用した点である。これまで，CESR は「会計基準の直接的比較の形式（a form of direct comparison of standards）」による評価アプローチを採用し，IAS/IFRS と第三国会計規準間の差異について分析し重要な差異については補正措置を求めてきたが，EU と第三国の会計規準設定主体（主務官庁）間において，コンバージェンス・プログラムが具体的に存在し，その実施が確実に見込まれると評価されれば，第三国会計規準を同等と評価するというホーリスティックなアプローチが明確に採用された。その背景には，第三国の IAS/IFRS 受容（adoption もしくは convergence）の急速な展開があり，とくに，EU が会計規準の相互承認を要望するアメリカにおいて，証券取引委員会（SEC）がアメリカの取引所に上場する第三国企業に対して US-GAAP との調整計算表なしの IFRS 準拠の決算書を許容する方向を決定したことも大きく影響したといえる。事実，このホーリスティックなアプローチを前提として，EU の CESR は SEC との間で会計規準の相互承認に向けた情報交換と共同計画がすでに実施されている。

　第 2 に，欧州委員会命令における同等性評価メカニズムは，会計規準に対する技術的比較が主体であり，会計規準以外に財務報告の品質を決定する報告主

図表3　同等性評価に対する欧州委員会命令の骨子

「欧州議会及び欧州理事会の目論見書指令及び透明性指令に基づく，第三国により適用される会計規準の同等性の確定のためのメカニズムの設定に係る委員会命令」からの抜粋

同等性の定義
（第2条　同等性）
　　第三国の会計規準は，当該第三国の会計規準に準拠して作成される決算書がIFRSに準拠して作成される決算書と財産・財政・収益状態の比較可能な評価と発行者の見通しを投資者に対して行わせ，その結果，投資者に示される決算書が第三国の会計規準に準拠したのかIFRSに準拠したのかにかかわりなく，発行者の有価証券の獲得，保有，売却に関して同等の意思決定を下すことができるときには，IAS適用命令に従い承認されるIFRSと同等とみなすことができる。

同等性評価に対するホーリスティック・アプローチ
（第4条　第三国の会計規準の容認のための期間猶予の条件）
　　第1項　第三国発行体は，透明性指令の枠内での義務を果たし，目論見書履行命令第35条第5項から離反して，2008年12月31日より後から始まり，遅くとも2011年12月31日に終わる期間について当該命令に従う歴史的情報を提供するために，第三国の会計規準と一致して作成される決算書を利用することが次の場合に容認される。
(1)　該当国内会計原則に対する主務官庁が，2008年6月30日までに，当該規準がIFRSと2011年12月31日までに収斂し，次の条件を満たすことが明確に義務づけられている。
　(a)　該当国内会計規準に対する主務官庁が2008年12月31日より前に，2011年12月31日より前に終了する包括的な収斂プログラムを作成している。
　(b)　その収斂プログラムが，現実に遅滞なく実行され，かつその終結まで必要な資金を継続して準備されている。
(2)　該当の国内会計規準に対して主務官庁が2008年6月30日までに，当該第三国においてIFRSを2011年12月31日までに受け入れることを明確に義務づけ，IFRSへの移行をその期限通りにかつ完全に確保するための効果的な措置を講じているか，もしくは2008年12月310日より前にEUとの相互承認についての取り決めが達成されている。

体の企業統治，法環境，経営者報酬計画，監査の品質および会計監査人の独立性等のフィルター（filters）そしてエンフォースメントのメカニズムと活動に関しては，それを評価の対象に含めないとしている点である[24]。欧州委員会はIAS/IFRSと会計規準の相違が投資者の意思決定の有用性を決定する要因として同等性の定義付けを行っているが，フィルターやエンフォースメント・システムの要因についても，投資者の意思決定の有効性を決定する上で重要と認めている。しかし，それらの要因については第三国において有効に機能していると仮定して無視するとしていて，同等性の定義と評価メカニズムとの間の整合

性が欠ける (会計規準の同等性のみでは必ずしも同等の意思決定を導かない) ことになる。

むすびに

EU の会計統合戦略は，資本市場のインフラ基盤として，EU のエンドースメント・メカニズム (承認機構) を通じて国際的会計基準としての IAS/IFRS を導入し，また，EU の調和化したエンフォースメント・システムを機能させることにより，「承認した IAS/SIFRS」への欧州企業の適用実務に対して遵法性を確保し，財務情報の信頼性，比較可能性を高め，国際的な競争能力ある効率的な単一資本市場を形成することにある。

しかし，本章で考察してきたように，EU 加盟国の IAS/IFRS 適用実務は各国の既存の会計慣行に未だ影響を受けており，立法選択権が付与された連結決算書と個別決算書への IAS/IFRS 適用についても経済的環境や財政ルールと会社法の関連する会計環境に応じて異なる方法で履行されている。統一的会計原則 (承認された IAS/IFRS, EU-IAS/IFRS) の適用は，会計実務のコンバージェンスとはなりえていないように思われる。会計実務のコンバージェンスを監視するエンフォースメント・システムについても，加盟国間のエンフォースメント活動のハイレベルの協調 (coodination) と調和化 (harmonization) を求める所期の目的が達成されるかについても疑問もある。CESR の調査にみられるように現時点でエンフォースメント・メカニズムは各加盟国の経済や法環境の異なるところで多様な活動水準にある。さらに，域外第三国企業に対する 2009 年 1 月 1 日からの IAS/IFRS もしくは IAS/IFRS と同等の第三国会計規準の適用は，2007 年 12 月の欧州委員会命令に従い，遅くとも 2011 年 12 月 31 日までの期間猶予措置が講じられている。CESR の 2007 年調査によれば，2005 年度実績で EU の規制市場を利用する第三国発行体は 591 社 (持分証券の発行体が 295 社，負債証券の発光体は 296 社)，利用される第三国会計規準も 30 を上回っている (ただし，複数回答や使用される GAAP の重複等があり必ずしも正確な数字でない)[25]。CESR の 2008 年最終助言書によれば，アメリカ，日本の会計規準

に関しては同等性要件を満たすことが予定されたが，その他の第三国会計規準に対して，欧州委員会がホーリスティック・アプローチに基づきどのような同等性決定を下すのかが注目されるところである（最終的に，日本とアメリカについては2008年末に同等と決定されたことは，前章で述べたとおりである）。また，CESRによれば，同等性評価はエンフォースメントの先行的活動ではなく，域外企業を対象とするIAS/IFRSないし同等と認められた第三国会計規準に準拠した財務情報に対するエンフォースメントの活動評価は初度適用の2011年事業年度の後となる。

したがって，「IAS適用命令」を契機にEUにおいて展開している会計規準のコンバージェンスの意義も，エンフォースメントを含めた制度諸課題への対応と現実のIAS/IFRS適用実務の進展状況を慎重に検討しながら見定める必要があろう[26]。

注

1　EU: Verordnung (EG) 1606/2002 des Europäischen Parlaments und des Rates vom 19. 7. 2002 betreffend Anwendung internationaler Rechnungslegungsstandards, Amtsblatt der EU, L243/1-4.

2　ここでいう国際的会計規準とは，EUが受容する国際会計基準（IAS），国際財務報告基準（IFRS）だけでなく，基準解釈委員会（SIC）および国際財務報告基準委員会（IFRIC）の解釈指針も含んでいる。

3　EU: Richtlinie 2003/71/EG des Europäischen Parlaments und des Rates vom 4. 11. 2003 betreffend den Prospekt, der beim offentlichen Angebot von Wertpapieren oder bei deren Zulassung zum Handel zu veröffentlichen ist, und zur Änderung der Richtlinie 2001/34/EG, Amtsblatt der EU, L345/64-82.

4　EU: Richtlinie 2004/109/EG des Europäischen Parlament und der Rat vom 15. 12. 2004, Zur Harmonisierung der Transparenzanforderung in Bezug auf Informationen über Ermittenten, deren Wertpapier zum Handel auf einen gereelten Markt zugelassen sind, und zur Änderung der Richtlinie 2001/34/EG, Amsblatt der EU, L390/38-57.

5　EU: Commission Regulation 1787/2006 of 4 December amending Commission Regulation 809/2004 on prospectuses/Commission Decision 2006/891/EC of 4 December 2006 on the use by third country issuers of securities of information prepared under internationally accepted accounting standards.

6 EU: Verordnung (EG) 1606/2002 des Europäischen Parlaments und des Rates vom 19. 7. 2002 betreffend Anwendung internationaler Rechnungslegungsstandards, a.a.O., L243/2.

7 CESR: CESR's review of the implementation and endorcement of IFRS in the EU, Ref: 07-352, November 2007, p. 19.

8 European Commission: Report from the Commission to the Council and the European Parliament on the operation of Regulation {EC} No1606/2002 of 19 July 2002 on the application of international accounting standards, COM (2008) 215final, 24. 4. 2008, pp. 6-7.

9 EU: Verordnung (EG) 1606/2002 des Europäischen Parlaments und des Rates vom 19. 7. 2002 betreffend Anwendung internationaler Rechnungslegungsstandards, a.a.O., L243/2.

10 CESR: Standard No. 1 on Financial Information, Enforcement of Standard on Financial Information in Europa, Ref: CESR/03-073, 12. 03. 2002.

11 CESR: Standard No. 2 on Financial Information, Coordination of Enforcement Activities, Ref: CESR/03-317c, 22. 04. 2004.

12 CESR: op. cit., Standard No. 1 on Financial Information, p. 4.

13 CESR: CESR's review of the implementation and endorsement of IFRS in the EU, op. cit., pp. 1-21.

14 EU: Verordnung (EG) Nr. 809/2004 der Kommission vom 29. April 2004 zur Umsezung der Richtlinie 2003/71/EG des Europäischen Parlaments und des Rates vom 4. November 2003 betreffend den Prospekten enthaltenen Informationen sowie das Format, die Aufnahme von Informationen mittels Verweis und veroffentlichung solcher Prospekt und Verbreitung von Werbung, Amtsblatt der EU, L162/7075.

15 European Commission: Formal mandate to CESR for technical advice in implementing measures on the equivalent between certain third country GAAP and IAS/IFRS, 25 June 2004, G2 D (22204).

16 CESR: Concept paper on equivalent of certain third country GAAP and on description of certain third countries mechanisms of enforcement of financial Information, consultation paper Ref: CESR/04-509, October 2004, pp. 1-30.

17 CESR: Technical advise on equivalence of certain third country GAAP and on description of certain third countries mechanisms of enforcement of financial information, Ref.CESR/05-230b, June 2005, pp. 1-138.

18 CESR: CESR's advice to the European Commission on the work programmes of the Canadian, Japanese and US standardsetters, the definition of equivalence and the list of third country GAAPs currently used on the EU capital markets, 6 March 2007, Ref: CESR/07-138, pp. 1-39.

19 CESR: CESR's technical advice toa mechanism for determining the equivalence of the

generally accepted accounting principles of third countries, 30 May 2007, Ref: CESR/07-289, pp. 1-17.
20 CESR: CESR's advice on the equivalence of Chinese, Japanese and US GAAPs, Ref: CESR/08-179, March 2008.
21 CESR: CESR's advice on tCanadian and South Korean GAAPs, Ref: CESR/08-293, May 2008.
22 EU: Verordnung (EG) Nr. 1569/2007 der Commission vom 2. Desember 2007 über die Einrichtung eines Mechanismus zur Festlegung der Gleichwertigkeit der von Drittstaatemittenten angewandten Rechnungslegungsgrundsätze gemaß den Richtlinie 2003/71/EG und 2004/104/EG des Europäischen Parlament und des Rates, Amtsblatt der EU, L340/66-68.
23 CESR: CESR's advice on the equivalence of Chinese, Japanese and US-GAAPs, op. cit., para. 40.
24 CESR: CESR's advice to the European Commission on the work programmes of the Canadian, Japanese and US standardsetters, the definition of equivalence and the list of third country GAAPs currently used on the EU capital markets, op. cit., para. 26, 28, 30.
25 op. cit., para. 32. なお，約130の第三国発行体がUK-GAAPなどEU加盟国GAAPを使用しているという。
26 なお，EUにおけるIAS/IFRSのエンドースメントおよびエンフォースメントのメカニズムを検討したものとして，佐藤誠二編著『EU・ドイツの会計制度改革—IAS/IFRSの承認と監視のメカニズム』森山書店，2007年を参照。

第 9 章
2009年会計法の現代化改革
――会計法改革法,会計法現代化法との関連で――

はじめに

　わが国における IAS/IFRS 導入については,企業会計審議会企画調整部会の「我が国における国際会計基準の取り扱いについて(中間報告)(案)」(2009年6月)が公表されて以降,「今後のコンバージェンスを確実にするための実務上の工夫として,連結財務諸表と個別財務諸表の関係を少し緩め,連結財務諸表に係る会計基準については,情報提供機能の強化及び国際的な比較可能性の観点から,我が国固有の商慣行や伝統的な会計実務に関係の深い個別財務諸表に先行して機動的に改訂する考え方(いわゆる「連結先行」の考え方)で対応していくことが考えられる」とする「連結先行」の方向性が示されている。また,中間報告案においては,ロードマップとして,国際的な財務活動を行う上場企業を対象に,連結財務諸表についてできるだけ早期,例えば2010年3月期に任意適用,その後ととりあえず2012年を判断の目途として強制適用する考えが示されており,そうしたわが国における IAS/IFRS 適用に向けて,IAS/IFRS の内容,適用する場合の言語,実務の準備・対応,教育・訓練をはじめとする諸課題への取り組みの必要性が指摘されている。しかし,他方で,連結財務諸表に IAS/IFRS が導入された場合の個別財務諸表の取り扱いについては,積極論,慎重論の両論併記がなされ,幅広い見地から検討する必要性が述べられるにとどまっており,仮に「連結先行」の道を選ぶにしても,その後の展開については不透明な内容になっている。

　こうしたわが国の議論状況のなかで今後の方向性を探る上でも,EU の会計国際化戦略に従い,2005年から上場企業に対して連結財務諸表への IAS/IFRS

適用を義務づけ，また，情報提供機能の観点から個別決算書についても IAS/IFRS の任意適用を認める，商法会計法を中心とした会計改革が進んでいるドイツの先例は少なからず参考になるものといえる。とくに，ドイツにおいては，商法上の配当可能利益や税法上の課税所得計算との関連（基準性原則，わが国の確定決算主義に相応）において個別決算書に対する会計基準のあり方や IAS/IFRS 導入に伴う対象企業の負担軽減の観点から会社規模基準の見直しなどの法改革が漸次，進展しており，同様の課題に取り組むことが予想されるわが国における今後の会計基準改訂論議にも有効な示唆を与えてくれるものと考えられる。

本章では，そうした観点も視野に入れながら，IAS/IFRS 導入に関連してドイツにおいて成立した会計法改革法（2004年），会計法現代化法（2009年）を取り上げ，その2つの立法措置における会計法改革の要点を考察した上で，2005年の IAS/IFRS 導入以降において，ドイツが国際的会計規準の形成にどのように取り組んでいるのか，将来課題にも触れながら論じてみたい。

第1節　会計法改革法による商法改正と IAS/IFRS 導入

ドイツでは，EU による「IAS 適用命令（IAS-Verordnung）」（2002年7月19日）に従い，2005年より資本市場指向的（kapitalmarktorientiert）[1]ドイツ企業の連結決算書に対して，IAS/IFRS の適用が義務づけられている。また，資本市場非指向の企業の連結決算書については，IAS/IFRS の任意適用の余地が与えられているし，個別決算書に関しても情報目的（公示目的）に限定して IAS/IFRS の任意適用（企業選択権）が存在する[2]。

こうしたドイツにおける IAS/IFRS 導入に関連した会計法改革として，2004年12月4日の「国際的な会計基準の導入及び決算書監査の品質確保に対する法律（BilReG）」（会計法改革法），そして2009年3月26日に成立した「会計法の現代化に関する法律（BilMoG）」（会計法現代化法）が重要な意味を持つ。

これらの法改革はドイツ連邦政府が2003年3月25日に公表した「企業健全

性と投資者保護の強化に対する連邦政府の措置一覧」いわゆる10項目プログラムに沿って成立，施行された．10項目プログラムの内容の骨子は，①会社に対する取締役会および監査役会構成員の個人責任；株主訴訟権の改善，②資本市場の故意または重大な過失のある虚偽情報についての投資者に対する取締役会および監査役会構成員の個人責任の導入；株主請求の集団的行使の改善，③ドイツ・コーポレート・ガバナンス規範の一層の発展；取締役員の株主ベースもしくはインセンティブ指向の報酬（ストックオプション）についての透明性，④会計基準の発展と国際的会計原則への適用，⑤決算書監査人の役割の強化，⑥独立した機関による具体的企業決算書の法規準拠性の監視（エンフォースメント），⑦取引所改革の継続と監督法の一層の展開，⑧いわゆる「清廉な市場」の領域における投資者保護の改善，⑨財務アナリストおよび格付機関による企業評価の信頼性の確保，⑩資本市場領域における不法行為に対する刑罰規定の厳格化であるが，それらのうち④と⑤の項目が会計法改革法（BilReG），会計法現代化法（BilMoG）による法改革の主たる前提となっている[3]．

　ドイツ企業へのIAS/IFRS導入については，2004年会計法改革法（BilReG）を通じて法整備が行われた．具体的には，連結決算書に対するIAS/IFRS適用に関しては，商法典（HGB）第2章第2節に第10款「国際的な会計基準に基づく連結決算書（Konzernabschluss nach internationale Rechnungslegungsstandards）」を創設し，第315a条を新規に規定した．この第315a条第1項は，「IAS適用命令」に従い，2005年1月1日から始まる事業年度より，連結決算書作成義務（商法典第293条第1項）があり，かつ資本市場指向的，つまり有価証券取引についてEUの規制市場を利用するコンツェルンの親企業の連結決算書に対して，国際的会計規準の適用を義務づけている．商法典第315a条第2項においては，「IAS適用命令」の義務範囲を越えて，外国の公式市場もしくは規制市場において有価証券の取引認可申請を行う資本市場指向的親企業に対しても，IAS/IFRS適用を義務づけている．また，商法典第315a条第3項によって，資本市場非指向の親企業の連結決算書に対して，商法（HGB）の代わりにIAS/IFRS適用を許容している．

他方，個別決算書については，商法典第2章第4節のなかの決算書の公示を定める第325条において，第2項に続いて2a項，2b項を新設し，IAS/IFRS適用が許容されている。政府草案理由書の説明によれば，この商法典第325条2a項，同条2b項については，（ⅰ）個別決算書に対するIAS/IFRSの適用は，投資者およびその他のステークホルダーに対する情報提供目的のためのみに任意に行うことができ，（ⅱ）IAS/IFRS適用の個別決算書の「公示」を選択した企業は，会社法目的および税法目的のための商法準拠の個別決算書を作成しなければならない。また，（ⅲ）任意にIAS/IFRS準拠の個別決算書を作成するにあたって，IAS/IFRSの部分準拠は認められないし，（ⅳ）企業がIAS/IFRSに準拠して個別決算書を作成するときには，商法準拠の個別決算書の連邦官報への公示義務（大規模資本会社）を免責し，IAS/IFRS準拠の個別決算書を連邦公報に公示することができ，それによって，企業はIAS/IFRS決算書を公示義務の対象にし国際会計を備える企業としての印象づけすることが可能となる，とされる。

したがって，商法典325条2a項，同条2b項は，正確には「IAS適用命令」に基づく加盟国選択権を行使し，個別決算書に対してIAS/IFRSを適用したものでなく，商法（HGB）準拠の個別決算書に加えて情報目的（公示目的）に限定したIAS/IFRS準拠の個別決算書作成を企業選択権として付与したものである。すなち，個別決算書は配当測定基礎（株式法第57条第3項，第58条第4項）並びに税務上の利益測定基礎（所得税法第5条第1項）として用いられるというドイツ固有の目標設定の維持，つまり，商法準拠の個別決算書の作成義務を保持しながら，別途，情報提供目的という限定的条件のもとでIAS/IFRS準拠の個別決算書の作成を許容したのである[4]。

第2節　会計法現代化法による商法改正とIAS/IFRS導入

2004年12月の会計法改革法（BilReG）は連結決算書に対するIAS/IFRS導入の法整備を行ったが，IAS/IFRS導入に伴う個別決算書や懸案の公正価値評

価の導入，計上選択権に関する会計諸規定の法整備は会計法現代化法（BilMoG）に委ねられていた。会計法改革法（BilReG）が当初予定した時期（2004年後半に法案を公表）から大幅に遅れて，ようやく2009年5月に会計法現代化法（BilMoG）が成立した。いま，そこにおける会計法改正点のうち主たるものを列挙すると次のようになろう。

（ⅰ）個人商人，人的商事会社に対して，帳簿記入，財産目録の作成を免責する（引き続く2つの事業年度において売上高が50万ユーロ，年度余剰が5万ユーロを下回る場合）。ただし，免責は当該商人や会社が資本市場指向の場合には不適用とする。(商法典第241a条第1項および第2項，商法典第242条第4項)。

（ⅱ）大，中，小規模の資本会社の区分のための規模基準を会計法改革法（BilReG）の改正時からさらに約20％高める（商法典第267条）と同時に，連結決算書の作成義務の規模基準も約8％から20％高める（商法典第293条）ことにより，連結決算書作成義務の負担軽減を図る。

（ⅲ）IAS/IFRS導入の規制範囲を確定するため「資本市場指向」の属性を，有価証券取引法と一体化して一層明確化する。すなわち，「資本会社は，有価証券取引法第2条第1項1文の意味での有価証券を有価証券取引法第2条第5項の意味での組織的市場で利用するもしくは組織的市場におけるかかる有価証券の取引認可を申請するときには，資本市場指向的である」(商法典第264d条)とする。

（ⅳ）ドイツ会計基準委員会（DRSC）に対して，IAS/IFRS適用にあたっての解釈を開発する追加的任務を付与する(商法典第342条第1項)。

（ⅴ）逆基準性原則(所得税法第5条1項2文)を廃止する。

（ⅵ）IAS/IFRS会計の中心的な価値尺度である公正価値を「付すべき時価」として導入する(商法典255条第4項)。

（ⅶ）IAS/IFRS会計および税法との調整を可能とする費用性引当金の計上について原則禁止とする(商法典第249条第2項等)

（ⅷ）IAS/IFRS会計と同様の自己創設の積極側（借方）無形財産対象物の

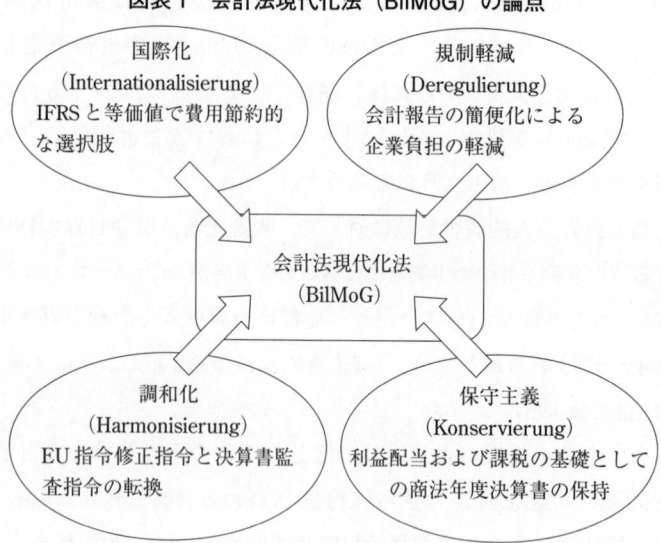

図表 1　会計法現代化法（BilMoG）の論点

```
   国際化                        規制軽減
(Internationalisierung)      (Deregulierung)
IFRSと等価値で費用節約的       会計報告の簡便化による
な選択肢                       企業負担の軽減

              会計法現代化法
               (BilMoG)

   調和化                        保守主義
(Harmonisierung)             (Konservierung)
EU指令修正指令と決算書監       利益配当および課税の基礎として
査指令の転換                   の商法年度決算書の保持
```

出所）Kessler, Harald/Leinen, Markus/Strickmann, Michael (Hrsg.)：Bilanzrechtsmoder-nisierungsgesetz（BilMoG-RegE），Die neue Handelsbilanz, 2008, S.30 の図を一部，修正して作成。

　導入や積極側（借方）潜在的租税の計上に伴い，それらについて配当抑制を施す。(商法典第268条第8項)。

　こうした会計法現代化法（BilMoG）について，法改正の主要な骨組み（フレームワーク）は図表1が示すように国際化（Internationalisierung），調和化（Harmonisierung），規制軽減（Deregulierung），保守主義（Konservierung）の4つである[5]。

　会計法現代化法（BilMoG）参事官草案理由書は次のように述べている。「本草案は会計法と決算書監査法における改正を規定する。会計法の現代化により，企業に対して，国際財務報告基準（IFRS）との関連において等価値であるが簡便でコストパフォーマンスの良い選択肢を提供するという目標が追求される。その場合，商法上の年度決算書は利益配当の基礎でありつづけるし，税務上の利益算定に対する商法上の年度決算書の基準性の優位性は保持され，した

がって，商法会計の要諦（Eckpunkte）は存在し続ける[6]。」

つまり，会計法現代化法（BilMoG）による法改正の目的は，IAS/IFRS 導入以後，引き続いてドイツ企業が現代化した会計基礎を構築（調和化）するため，商法上の連結決算書だけでなく年度（個別）決算書の情報提供機能を高めるとともに，配当測定と税務上の利益算定の基礎であることを断念することなく（保守主義），商法会計法の要諦たる商法決算書が，持続的で，IAS/IFRS との関係で十分に調整のとれた（国際化），しかもコストパフォーマンスの高く簡便な選択肢（規制軽減）を会計法に対して展開することにあったといえよう。

第3節　会社規模別の規制緩和策と連結決算書作成免責

EU においては，EC 第 4 号指令第 11 条，第 12 条，第 27 条および EC 第 7 号指令第 6 条に基づいて決定されていた資本会社についての大，中，小の会社規模区分は，第 4 号指令第 53 条第 2 項の規定により，域内の経済状況および為替動向を考慮して 5 年毎に見直されることになっていた。このことを前提に，EU の「規模基準修正指令」（2003 年 5 月 13 日）は，ユーロ表示の規模基準値（貸借対照表総額，売上高）を約 17％引き上げることを要請していたが，ドイツの場合は加盟国選択権を行使して，2004 年に会計法改革法（BilReG）を成立させ，EU 基準値より約 10％の高い引き上げを商法典第 267 条第 1 項及び第 2 項（中，小会社の規模基準）の修正をもって実現した。

会計法改革法（BilReG）ではまた，資本会社の大，中，小規模基準の修正に伴い，連結決算書作成に対する規模免責基準である商法典第 293 条第 1 項も修正された。ドイツにおいては，商法典第 293 条第 1 項に基づき，連結決算書作成義務のある親企業は，総額法と純額法のいずれかに基づき，免責規定が施されている。総額法の場合，コンツェルン親企業および子企業の年度決算書が決算日現在および前決算日において，貸借対照表総額，売上収入，被用者の 3 つの基準値のうち 2 つの基準値を超えないとき，連結決算書作成義務が免責され

る。他方，純額法に基づくと，コンツェルン親企業の作成する連結決算書が決算日現在および前決算日において，貸借対照表総額，売上収入，被用者の3つの基準値のうち2つの基準値を超えないとき連結決算書作成義務が免責されことになる。このうち純額法による連結決算書に対する3つの基準値は，資本会社の大規模基準に該当する。

したがって，中，小規模の資本会社については，この商法典第293条第1項により連結決算書の作成義務が免責されることになるが，そうした基準値を引き上げることによって，連結決算書の作成義務対象となる企業に対する規制軽減の措置が講ぜられた。なお，こうした会社規模基準と連結決算書免責基準（貸借対照表総額，売上高の基準値）の修正は，2009年の会計法現代化法（BilMoG）によっても実施されており，一層の引き上げ（貸借対照表総額及び売上高の基準値を約20%）が実施され，その規制軽減を通じて3億ユーロの費用削減効果が見込まれるという。ここで，会計法改革法（BilReG）および会計法現代化法（BilMoG）の規模基準修正の経過を示すと図表2および図表3のとおりである。

ところで，従来からドイツの商法会計法（商法典）では，資本会社の大，中，小規模基準に応じて，貸借対照表，損益計算書の項目分類，附属説明書（Anhang）における報告・説明義務，状況報告書（Lagebericht）の作成並びに決算書監査，公示に関して，段階的な規制区分が設けられてきた。会計法現代化法（BilMoG）の成立により，この段階的規制区分は，大規模資本会社と有価証券取引法の定義と一体化させた資本市場指向的企業との区分けを通じて，さらに明確なものとなっている。会計法改革法（BilReG）によって新設された商法典第315a条によるIAS/IFRS導入，会計法現代化法（BilMoG）による有価証券取引法と合致する資本市場指向的企業の定義づけによるIAS/IFRS適用義務対象の明確化，また，会計法改革法（BilReG），会計法現代化法（BilMoG）による大，中，小会社規模基準の引き上げを通じた連結決算書作成の免責範囲の拡大（負担軽減），非資本会社に対する簡便措置，そして，他方における資本市場非指向も含めた連結決算書および個別決算書に対するIAS/IFRS任意適

図表2　大規模資本会社の基準値の引き上げ

単位：1,000ユーロ

基準値		大規模	中規模	小規模
貸借対照表総額	従　来	> 13,750	≦ 13,750	≦ 3,438
	BilReG（2004年）	> 16,060	≦ 16,060	≦ 4,015
	BilMoG（2009年）	> 19,250	≦ 19,250	≦ 4,840
売上高	従　来	> 27,500	≦ 27,500	≦ 6,875
	BilReG（2004年）	> 32,120	≦ 32,120	≦ 8,030
	BilMoG（2009年）	> 38,500	≦ 38,500	≦ 9,680
被用者	従　来	> 250	≦ 250	≦ 50
	BilReG（2004年）	> 250	≦ 250	≦ 50
	BilMoG（2009年）	> 250	≦ 250	≦ 50

図表3　連結決算書作成免責基準の引き上げ

単位：1,000ユーロ

基準値	総額法		純額法	
	BilReG（2004年）	BilMoG（2009年）	BilReG（2004年）	BilMoG（2009年）
貸借対照表総額	≦ 19,272	≦ 21,000	≦ 16,060	≦ 19,250
売上高	≦ 38,544	≦ 42,000	≦ 32,120	≦ 38,500
被用者	≦ 250	≦ 250	≦ 250	≦ 250

用など，資本会社規模区分と機能区分（意思決定指向か否か）をマトリックスとして組み合わせて，商法典が複合的（ハイブリッド）な構成となった点が特徴であるが，複雑で異なる会計規準の選択的適用がドイツの実務に混乱をもたらしかねないという批判も同時に提起されていることに注意しておく必要があろう。

第4節　会計法現代化法と基準性原則

わが国における確定決算主義に相当するのが，ドイツにおける基準性原則（Maßgeblichkeitsprinzip）である。この基準性原則は所得税法第5条第1項において，これまで次のように規定されてきた。

「法規定に基づき帳簿を記帳し，正規の決算を義務づけられる，もしくはかかる義務を伴わずに帳簿を記帳し正規の決算をおこなう事業者は，事業年度末に商法上の正規の簿記の諸原則に従い表示されるべき経営財産を計上しなければならない。利益算定に際して税法上の選択権は商法上の年度決算書と一致して行使されなければならない。」

このうち所得税法第5条第1項1文は実質的基準性の原則，第5条第1項2文は形式的基準性（逆基準性）の原則と呼ばれる。後者の形式的基準性（逆基準性）の原則は，税法上の特別償却や免税積立金等の租税優遇措置などに関連して規定される税法上の計上選択権が，その行使にあたって商法決算書に同様に行使されることを前提とするもので，わが国の損金経理の規定に類する。これに対して，前者の実質的基準性の原則とは，商法上の正規の簿記の諸原則（Grundsätze ordnungsmäßiger Buchführung：GoB）に従う会計処理が税務上の会計処理の基礎となることを意味する。ただし，この実質的基準性の原則も，わが国と同様に税法上，別段の定め等が在る場合には，それが優先する。具体的には，（ⅰ）商法上の計上義務，計上禁止は実質的基準性により税務上も適用，（ⅱ）税法に別段，計上義務および禁止が定められる場合，これが優先する，（ⅲ）商法上の借方計上選択権は，税務上の計上義務となる，（ⅳ）商法上の貸方計上選択権は，税務上の計上禁止となる，と解されている。

実質的基準性の原則の制度化は1874年以降，ザクセンとブレーメンの諸邦の所得課税法（Gesetz zur Einkommensbesteuerung）にまで遡るが，逆基準性原則の歴史はそう古いものでない。逆基準性原則は1990年の租税改革法を通じて所得税法に導入された。この逆基準性原則については，これまで，商法上の

正規の簿記の諸原則の実質的基準性の適用除外とみる見解とそれは形式的な基準性原則のあらわれであり基準性原則の一部である（広義の形式的基準性と呼ばれる）とみる見解がある。しかし，逆基準性原則の導入以後，税法の商事貸借対照表に対する実質的支配による商法会計法の空洞化が生じているという批判もあり，また資本市場に対する情報提供機能を重視する会計の国際化が進展するなかで，商事会計法に対して税法が基準性原則（逆基準性原則も含めて）を保持すべきか，あるいは放棄すべきかの議論が提起されてきた。

　会計国際化に伴う基準性原則の廃止ないし見直しの法制化は，欧州委員会の公式意見書「EUの新会計戦略」に対するドイツ会計基準委員会（DRSC）の意見などにおいて2000年頃から活発に議論されてきたが，会計法現代化法（BilMoG）の成立により，結果として，所得税法第5条第1項の修正が施された。会計法現代化法（BilMoG）は，所得税法第5条第1項1文の実質的基準性を堅持しながら，2文の逆基準性を廃止して，第5条第1項を次のように修正したのである。

　　「法規定に基づき帳簿記入し正規の決算を行うことが義務づけられる，もしくはかかる義務が無く帳簿記入し正規の決算を行う事業者は，税務上の選択権を行使して異なる計上が選択される場合を除いて，事業年度末に商法上の正規の簿記の諸原則に従い表示される経営財産を計上しなければならない。税法上の選択権を行使する上での前提は，商法上の基準となる価値をもって税務上の利益算定に表示されない経済財が特別で，継続した記録簿に収容されていることである。記録簿において，調達もしくは制作の日付，調達原価もしくは制作原価，行使される税務上の選択権の規定，実施される減額記入が証明されなければならない。」

　こうした逆基準性原則の廃止に伴い，商法の改正という点では，これまで逆基準性の原則に基づき税法上の非課税準備金を商事貸借対照表に設定する項目，たとえば，商法典第247条第3項「準備金部分を伴う特別項目」，商法典第254条「税法上の減額記入」が廃止されることになった。また，実質的基準性（所得税法第5条第1項1文）を補強するために，税務中立性を保持しつつ，

これまで税法上は，認められなかった費用性引当金および自己目的引当金に対する計上選択権（商法典第249条第1項3文及び2項），商人の理性的判断による減額記入に対する評価選択権（商法典第253条第4項）が削除され，商法と税法との調整がなされた。他方で，IAS/IFRSと同等性を担保するために新規に導入された，評価尺度として付すべき時価（der beizu legende Zeitwert）の導入（商法典第255条第4項），自己創設の固定資産たる無形財産対象物に対する計上選択権（商法典第268条第8項）などについては，税務中立性が保持されるだけでなく，商法上の配当制限措置が設けられることになった。

そうした商法規定の改正はその多くが，税法上も同様ないし類似の文言ですでに容認されており，また税法側で明確に中立化（たとえば，自己創設の無形財産の税務上の計上禁止など）されており，会計法現代化法（BilMoG）の法改革は税法の視点からは実質的変更を伴わない改正であったことが特徴といえよう。

第5節　IAS/IFRS導入に伴う3つの課題

以上，IAS/IFRS導入に関連した近年のドイツにおける商法会計法改革の内容について，会社規模区分基準の修正，基準性原則との関係も含めて考察してきた。ドイツでは，2005年からのIAS/IFRS導入時期を前後して，会計法改革法（BilReG），会計法現代化法（BilMoG）を介した法改正が行われ，「国際化，調和化」と「規制緩和（負担軽減），保守主義」という一見，アンビバレントなフレームワークに基づき，商法会計法（基準）の法整備が漸次，進行してきている。しかし，そうした急速な改革に際して様々な課題が提起されていることも考慮しておく必要があると思われる。以下むすびとして，わが国における制度改革を考える上でも重要と思われる3つの将来課題について述べておきたい。

1. 統一貸借対照表構想のゆくえ

　第1は，ドイツの資本市場指向の会計改革に際して絶えず問われている，伝統的商法決算書（配当測定機能），資本市場指向決算書（情報提供機能），税務決算書（課税機能）という3つの会計の機能に関して，どう差別化を行い，法規範の体系的運用を図るのか[7]，という課題である。

　この点，連邦法務大臣 Brigitte Zyprs は，会計法現代化法（BilMoG）の成立に際して，統一貸借対照表の保持（Erhalt einer Einheitsbilanz）を謳っている。連邦法務省のプレスリリース「新会計法：ドイツ中小企業に対して10億ユーロの負担軽減」においても，会計現代化法（BilMoG）について，次のように報じられている（傍点は筆者）。「会計報告義務あるドイツ企業の大多数は資本市場に要求を有していない。したがって，会計報告義務企業のすべてに費用負担を強い，非常に複雑な IFRS を義務づけることは正当ではない。最近，IASBが公表した『中小企業に対する IFRS』基準案も情報能力ある年度決算書の作成にとって実用的な選択肢でもない。この基準案はその適用が商法会計法と比較して一層複雑で費用負担を強いるためにドイツの実務において厳しく批判されている。会計法現代化法（BilMoG）は，したがって，別のアプローチを採る。商法会計法を国際的会計基準と同等であり，本質的に費用節約的で実務においてより簡単に対応しうる法施設へと改造することである。その場合，とくに商法会計法が税務上の利益算定および配当測定のための基礎であることを保持する。とくに中，小規模企業については，上述の目的すべての基礎となる法施設，いわゆる統一貸借対照表（Einheitsbilanz）がそれを可能とする[8]。」

　統一貸借対照表（統一決算書とも呼ばれる）は，ドイツで中小規模企業において実務慣習として作成される税務貸借対照表と兼用の商事貸借対照表で，その存在はこれまでもドイツでたびたび論議されてきた。また，最近ではドイツ経営経済学会の外部会計ワーキング・グループ[9]や B. Pellens, M. Dehler, G. Lanfermann, 等[10]がそれを広義にとらえ，商法目的（配当可能利益計算の基礎）と税法目的（課税所得計算の基礎）とを同時にみたす正規の単一の貸借対照表として構想されてきた。しかし，そうした統一貸借対照表の構想に対する批判

もある。統一貸借対照表の概念はたしかに数十年来,提唱されてきたが,しかし,そうした統一貸借対照表は,1999年以来,現実に存在しなくなっている,あるいは,税務中立性と統一貸借対照表の保持を同時に伴う商法会計のIAS/IFRSへの接近は,正反対の対立する目標の観点から達成し得ない政治的目標の束を示している,等の批判である[11]。会計法現代化法(BilMoG)が,保持した慣習的実務をこえて,今後,上記のワーキング・グループ等が提唱するように,ドイツ企業一般に統一貸借対照表を導入することがあるなら,商法会計法における計上,評価,開示に関する具体的な諸規定(会計基準)にまで掘り下げた法整備が必要となるだろう。

2. 正規の簿記の諸原則の再構成

2つ目の課題として,わが国の「公正妥当な企業会計の慣行」(会社法第431条)に相当する商法上の正規の簿記の諸原則(GoB)の解釈問題である。従来,正規の簿記の諸原則(GoB)は会社の法形態に依存しないすべての商人に適用される商法典における一般条項,不確定法概念として位置づけられてきた[12]。しかし,すでにみた商法典の複合的(ハイブリッド)な構造のなかで,正規の簿記の諸原則(GoB)の新たな解釈問題が生じてきている。R. U. Fülbier/J. Gasssenはその問題について次のように言及している。「法律と経営経済学の注釈文献の目標は,会計法現代化法(BilMoG)により展開された商法会計の諸原則をあらたに定義づけしなければならないことにある。そうした新指向の正規の簿記の諸原則(diese neu-orientierten GoB)はその場合,あらたな目的論的演繹基礎として利用されることになろう。しかし,そうした回帰的な基盤形成が結局のところ,成果を生み出しうるかどうかは疑問がある。IASBやFASBの概念フレームワーク・プロジェクトの歴史と現実の認識がここで一定の懐疑心のきっかけとなる。この基盤形成が成功しなければ,結果は明らかである。商法典(HGB)はIFRSからの独立性と原則指向性を自ら失うということである[13]。」

たしかに,ドイツの学説レベルでは,資本市場指向の正規の簿記の諸原則

(GoB) 論として，J. Beatge の「正規の連結会計の諸原則（Grundsätze ordnungsmäßiger Konzernrechnungslegung：GoK)」や W. Ballwieser の「情報-正規の簿記の諸原則（Information-GoB)」等が提唱されている[14]。しかし，現行の複合的な商法規定構造を支える支配的解釈を提供するには至っていないように思われる。コンメンタールを含めた法解釈の新たな体系化が必要となろう。

3. ドイツ会計基準委員会の新しい任務

3つ目の課題は，会計法現代化法（BilMoG）により，ドイツ会計基準委員会（DRSC）の任務としてあらたに「国際的会計規準の解釈の開発」が加えられたことに関連する。ドイツ会計基準委員会（DRSC）の任務を規定する商法典第342条第1項が修正され，従来の（ⅰ）連結会計原則の適用のための指針の開発，（ⅱ）会計規定の立法化に際する連邦法務省への助言，（ⅲ）国際的標準設定委員会におけるドイツの代表，の任務に（ⅳ）商法典第315条第1項の意味での国際的会計規準の解釈の開発が加えられた。

周知のように，ドイツをはじめ EU 諸国が採用する IAS/IFRS は純粋な（pure) IFRS でも完全な（full) IAS/IFRS でもなく，いわゆる「EU-IAS/IFRS」あるいは「承認された IAS/IFRS」である[15]。従来，ドイツ会計基準委員会（DRSC）は，連結会計基準，すなわちドイツ会計基準（DRS：Deutsche Rechnungslegungsstandards）とその適用指針を開発する任務を担ってきた。そして，ドイツ会計基準（DRS）は連邦法務省の公告を通じて連結会計に関する正規の簿記の諸原則（GoB）を遵守したものとする法的な正規性の推定（Ordnungsmassigkeitvemutung）を得て，法効力が付与されてきた。しかし，今後，ドイツ会計基準委員会（DRSC）の任務はむしろ，「承認された IAS/IFRS」についての解釈に重点が移行することが予想される。その場合，ドイツ会計基準委員会（DRSC）が自ら開発した，ドイツ会計基準（DRS）と整合的な「承認された IAS/IFRS」の解釈をいかに展開し，連邦法務省との連携において商法会計法の法的安定性に向けてのどう役割を果たし得るのか，その動向に注目しておくことも必要となるだろう。

注

1 「資本市場指向」の概念は,EU 指令に従い,組織化された市場において何らかの種類の有価証券取引の認可されるすべての企業とその子会社と広義に理解されてきたが,後述するように,2004 年の会計法改革法(BilReG)以降,商法典第 264d 条のなかで有価証券取引法第 2 条第 1 項 1 文と一体化させた定義が定められた。

2 EU・ドイツにおける IFRS のエンドースメント(承認)とエンフォースメント(執行・監視)のメカニズムについては,佐藤誠二編著『EU・ドイツの会計制度改革―IFRS の承認と監視のメカニズム―』森山書店,2007 年を参照されたい。

3 10 項目プログラムの⑥の項目は 2004 年 12 月 20 日に「企業決算書の統制に関する法律(BilKoG)」(会計統制法)により実現した。この会計統制法(BilKoG)と会計法改革法(BilReG)の法案から成立までの経過と法改正の内容については,本書第 6 章を参照。なお,同様の内容を論じたものとして佐藤誠二「ドイツ会計改革の進展と 2005 年以降の課題―会計法改革法と会計統制法を中心として―」『會計』第 167 巻第 6 号,2004 年がある。

4 立法理由書のなかでは,商法(HGB)準拠の個別決算書に対して「年度決算書」,IAS/IFRS 準拠の年度決算書に対して「個別決算書」として用語上の区分もみられる。なお,「IAS 適用命令」の発効する 2005 年以降のドイツを含めた EU 諸国における IAS/IFRS の適用状況とそこにおける問題点に関しては,本書第 8 章を参照。同様の内容を論じたものとして,佐藤誠二「EU における IFRS 会計実務状況と課題―『IAS 適用命令』の履行とエンフォースメント」『會計』第 174 巻第 5 号,2008 年も参照。

5 Kessler, Harald/Leinen, Markus/Strickmann, Michael (Hrsg.), Bilanzrechtsmodernisierungsgesetz (BilMoG-RegE), Die neue Handelsbilanz, 2008, S. 29-33.

6 BMJ (Bundesministerium der Justis): Referentenentwurf eines Gesetzes zur Modernisierung des Bilanzrechts (Bilanzrechtsmodernisierungsgesetz-BilMoG) vom 8. 11. 2007, S. 57.

7 Herzig, Norbert/N.Dautzenberg: Auswirkungen der Internationalisierung der Rechnungslegung auf die Steuerbilanz, in: Betriebswirtschaftliche Forschung und Praxis (BFuP), 1998, S. 36.

8 BMJ (Bundesministerium der Justis): Pressemitteilungen, Neues Bilanzrecht: Milliardenentlastung für den deutschen Mittelstand beschlossen, 26. März 2009

9 Arbeitskreis "Externe Unternehmumgs" der Schmalenbach-Gesellschaft für Betriebswirtschaft e.V.,: International Financial Standards im Einzel-und Konzern-abschluss unter der Prämisse eines Einheitsabschlusses für unter Anderem steuerlicher Zwecke, in: Der Betrieb, Heft 30, 2003.

10 M. Dehler: Der Mitelstand braucht ein modernisiertes HGB, in: Betriebs-Berater, 2008/G. Lanfermann: BilMoG und die Zukunft der Einheitsbilanz, in: Status: Recht 2008/Pellens, Bernhard/Fülbie, Rolf Uwe/Gassen, Joachim: Internationale Rechnungslegung, 5.Auflage,

2004. なお，B. Pellens の統一貸借対照表をめぐる議論については，佐藤誠二『会計国際化と資本市場統合』森山書店，2001 年の第 7 章を参照．

11　Breithecker, Volker: BilReG — Überblick über die Anderungen einzelabschluss-relevanter Vorschriften und Auflistung der Durchbrechungen des Maßgeblichkeitsprinzips, in: Schmiel, Ute/Breithecker, Volker（Hrsg.）, Steuerliche Gewinnermittlung nach dem Bilanzrechtsmodernisierungsgesetz, 2008, S. 2.

12　正規の簿記の諸原則（GoB）の法性格と体系については，佐藤誠二『ドイツ会計規準の探究』森山書店，1998 年の第 2 章および第 3 章を参照．

13　Fülbier, Rolf Uwe/Gassen, Joachim: Das Bilanzrechtmodernisierungsgesetz（BilMoG）, Handelsrechtliche GoB vor der Neuinterpretation, in: Der Betrieb, 60. Jg., 2007, S. 2612.

14　Beatge, Jörg/Kirsch, Hans-Jürgen/Thiele, Stefan: Konzernbilanzen, 7. Aufl., 2004; Ballwieser, Wolfgang: Information-GoB — auch im Lichte und Us-GAAP, in: Zeitschrift für internationale und kapitalorientierte Rechnung（KoR）, 3, 2002.
　　これらの正規の簿記の諸原則（GoB）論については，川口八洲雄編著『会計制度の統合戦略』森山書店，2005 年の第 4 章で紹介がなされている．

15　EU における IAS/IFRS の承認（endorsement）メカニズムにおいて，IAS/IFRS は，民間組織の欧州財務報告諮問グループ（EFRAG）により技術的レベルで検討され，次いでこの EFRAG の技術的助言は基準諮問検証グループ（SARG）の検証を経て欧州委員会に提出される．EFRAG の助言に基づき作成された欧州委員会の承認提案は，公的組織である会計規制委員会（ARC）の政治的レベルの審査を経て欧州議会，理事会に提出された後，欧州議会で承認決定された IAS/IFRS が欧州委員会命令として EU 公報（23 言語に翻訳）の公示を経て法効力が付与されることになる．

第10章
IAS/IFRSへの対応と非対応の会計法改革
─再び「会計法現代化法」を取り上げて─

はじめに

　本章は，2009年5月にドイツで成立した「会計法現代化法（BilMoG）」を再度，取り上げ，IAS/IFRSへの対応と非対応の複線的な会計法改革の内容とそこから生じている新たな制度課題について整理・検討しようとするものである。前章においても触れたように，わが国では，金融庁の企業会計審議会企画調整部会からIAS/IFRS導入に関して「いわゆる連結先行」の考え方が示されて以後，とくに個別財務諸表の取り扱いに関連して，連結先行の是非について様々な観点から議論が行われている[1]。本章においては，IAS/IFRSへの対応に際して連単分離論を採用し，IAS/IFRSの部分的導入と国内会計法のIAS/IFRS対応の現代化改革を進める一方，商法上の年度決算書が配当測定および課税所得算定の基礎となる基本的機能を堅持しようとしているドイツの制度改革の内容についてIAS/IFRSへの対応と非対応の観点から今一度，整理し直して，そこに内在する国際的会計規準の形成課題を明らかにする。そこでの考察は，ドイツだけでなく，わが国の今後の方向を探る上でも重要な示唆を与えてくれるものと言えよう[2]。

第1節　会計法現代化法の2つの立法目的

　ドイツにおいて，「会計法現代化法（BilMoG）[3]」が2009年5月に成立した。この立法は，1985年商法改正以後，ほぼ四半世紀にわたって展開されてきた資本市場指向的（kapitalmarktorientiert）会計改革のいわば最終局面を示したも

のと言える。とくに，1995年に欧州委員会が公表した新会計戦略(「会計領域における調和化：国際的調和化の観点からの新しい戦略[4]」)により，EUが域内共通の会計基準の開発とそれによる加盟各国会計規準の調和化を断念し，アングロサクソン型のIAS/IFRS (以下，IFRS) を導入・適用する開放政策を採ることを公表して以来，ドイツの会計改革も他の加盟国と同様に，IAS/IFRSへの対応を中心課題としてきた。1998年「資本調達容易化法 (KapAEG)[5]」,「企業領域統制・透明化法 (KonTraG)[6]」や2004年の「会計法改革法 (BilReG)[7]」,「会計統制法 (BilKoG)[8]」など，この10年間の度重なる会計法改革で絶えず議論されてきたのは，IAS/IFRSと既存のEU会計規準に対する国内会計法との適合性，整合性をどう担保するのかという課題であった[9]。

ただし，2004年までの会計法改革は，主として資本市場において有価証券が取引認可される資本市場指向会社の連結決算書について，IAS/IFRSに対応する情報提供機能とそれを保証する監督・監査制度の構築という限定的範囲での制度改革が進められてきた。資本市場非指向の中小規模会社，そして配当規制，課税所得の算定と密接な関わりをもつ個別決算書を対象とする制度改革は部分的なものにとどまり，本格的改革は立法が予定されていた会計法現代化法 (BilMoG) に委ねられていた。2009年に成立した会計法現代化法 (BilMoG) は，そうした課題を担い，具体的には，2003年3月に提示された「企業健全性と投資者保護の強化に関する連邦政府の措置一覧[10]」(いわゆる10項目プログラム) の最終局面の立法措置であった。

そうした会計法現代化法 (BilMoG) の主要なフレームワークは，前章で述べたように，国際化 (Internationalisierung)，調和化 (Harmonisierung)，規制軽減 (Deregulierung)，保守主義 (Konservierung) の4つである[11]。再度述べれば，会計法現代化法 (BilMoG) による法改正の目的は，IAS/IFRS導入以後，国内会計法を現代化させた会計基礎に構築するため，商法上の連結決算書だけでなく個別決算書の情報提供機能を高めると同時に，配当測定と税務上の利益算定の基礎であることを断念せずに，商法会計法の要諦たる商法決算書が，持続的で，IAS/IFRSとの関係で十分に調整がとれ，しかもコストパフォーマン

スの高く簡便な選択肢を会計法に対して展開することにあった[12]。

したがって，会計法現代化法（BilMoG）によるドイツ商法会計法の現代化は1980年代以後のドイツ会計報告の本格的な改革であり，会計報告におけるパラダイム変化（Paradigmenwechsel）を示しているともいえるが，しかし，他方で，ドイツ企業にとって，依然として，商法上の決算書は配当基礎であり，課税所得の算定基礎でもあり続ける。その点で，会計法現代化法（BIlMoG）の改革において何ら変化はない。たしかに，会計法現代化法（BilMoG）は一連の伝統的な商法上の計上および評価規定に変更を加え国際的会計規準（承認された IAS/IFRS）との適応を図ったが，立法のもう一方の目的は IAS/IFRS 適応を可能な限り回避して，ドイツ会計法の土台（Eckpfeiler des deutschen Bilanzrechts）である商法決算書の配当及び租税算定機能を堅持することにあったし，個別の規定改正について税務中立性を確保しようとした点に特徴がある[13]。会計法現代化法（BilMoG）が IAS/IFRS に対して対応と非対応の二つの側面から複線的な制度改革を実施したところに，注目しておく必要があろう。

第2節　会計開示規制の拡充と軽減の二元的対応

会計法現代化法（BilMoG）の立法重点は，とくに資本市場指向の会社に対して，IAS/IFRS と等価値の諸規定を構築することを通じて，商法決算書の情報能力を改善（Verbesserung der Aussagekraft von HGB-Abschluß）することにあった。しかし，それと同時に，小規模の個人商人に対する一定の会計報告義務を免責し，また，資本会社の大，中，小規模区分とそれに結びつく会計報告義務を決定する基準値の引き上げによって，資本市場非指向の会社に対する開示義務の規制軽減（Deregulierung der Publizitätspflichten）を図ることも，もうひとつの立法重点であった[14]。その意味で，IAS/IFRS への対応，非対応の改革内容は，資本市場指向的会社と資本市場非指向的会社の区分に資本市場非指向的会社の規模区分を加えた二元的・段階的な規制対応の結果を示していると言ってよい。

連邦法務省のプレスリリースは，この点について，次のように報じている。
「会計報告義務あるドイツ企業の大多数は資本市場に要求を有していない。したがって，会計報告義務企業のすべてに費用負担を強い，非常に複雑なIAS/IFRSを義務づけることは正当ではない。最近，IASBが公表した『中小企業に対するIFRS』基準案も情報能力ある年度決算書の作成にとって実用的な選択肢でもない。基準案はその適用が商法会計法と比較して一層複雑で費用負担を強いるためにドイツの実務において厳しく批判されている。会計法現代化法（BilMoG）は，したがって，別のアプローチを採る。商法会計法を国際的会計規準と同等であり，本質的に費用節約的で実務においてより簡単に対応しうる法施設へと改造することである。その場合，とくに商法会計法が税務上の利益算定および配当測定のための基礎であることを保持する。[15]」

会計報告義務の会社区分別の規制軽減として，会計法現代化法（BilMoG）においては，まず，商法典第241a条第1項および第2項が，引き続く二つの事業年度において売上高が50万ユーロ，年度余剰が5万ユーロを下回る個人商人に対して，帳簿記入，財産目録作成の免責を規定している（ただし，当該商人や会社が資本市場指向の場合には不適用）。

また，中小規模の資本会社については，規模基準の引き上げと開示義務の軽減措置が講じられた。EUにおける資本会社についての大中小の会社規模区分は，EU第4号指令第53条第2項が5年毎の見直しを規定していたことを前提に，EUの「規模基準修正指令」（2003年5月）は，ユーロ表示の規模基準値（貸借対照表総額，売上高）を約17％引き上げることを要請していた。すでに，2004年に成立したドイツ会計法改革法（(BilReG）は加盟国選択権を行使して，EU基準値よりも約10％高い引き上げを商法典第267条第1項および第2項（中規模および小規模会社の規模基準）の修正をもって実現した。また，会社規模基準の修正に伴い，連結決算書作成に対する規模免責基準である商法典第293条第1項も修正された。ドイツにおいては，商法典第293条第1項に基づき，連結決算書作成義務のある親企業は，総額法と純額法のいずれかに基づき，免責規定

が施されている。総額法の場合は，コンツェルン親企業および子企業の年度決算書が決算日現在および前決算日において，貸借対照表総額，売上収入，被用者の3つの基準値のうち2つの基準値を超えないとき，連結決算書作成義務が免責される。他方，純額法に基づくと，コンツェルン親企業の作成する連結決算書が決算日現在および前決算日において，貸借対照表総額，売上収入，被用者の3つの基準値のうち2つの基準値を超えないとき連結決算書作成義務が免責されことになる。このうち純額法による連結決算書に対する3つの基準値は，資本会社の大規模基準に該当し，その結果，商法典第293条第1項により中小規模の資本会社について連結決算書の作成義務が免責されるという規制軽減措置がとられていた。こうした会社規模区分基準値と連結決算書免責基準は，2009年の会計法現代化法（BilMoG）によっても，さらに，貸借対照表総額および売上高の基準値を約20％引き上げる法改正が実施された。

　従来，ドイツの商法典では，資本会社の大中小規模基準に応じて，貸借対照表，損益計算書，附属説明書（Anhang），状況報告書（Lagerbericht）の作成，並びに決算書監査，公示（Offenlegung）に関して，段階的な規制区分と各種の負担軽減措置を設けてきた。会計法現代化法（BilMoG）も同様に，図表1のような免責，軽減規定を配置している。上述の規模基準値の改訂は，IAS/IFRS対応とIAS/IFRSと同等の会計報告規定の改編を意図とする会計法現代化改革に対して，個人商人，中小規模企業への過度の負担を回避し，会計報告と会計経費の軽減措置の枠組みを担保したものと位置づけることができる。事実，これらの措置により，大規模から中規模会社への移行が約1,600社，中規模から小規模会社への移行が約7,400社，合計約9,100社の資本会社が規制軽減の対象となった結果，それら企業の会計経費面では約13億ユーロのコストの減少が，さらに，連邦統計局の試算では，総額で毎年，25億ユーロの潜在的な費用節約も見込まれるとされている[16]。

　他方，会計法現代化法（BilMoG）は，IAS/IFRS導入の規制範囲を確定するため，新設の商法典第264d条を通じて，資本市場指向の定義を次のように規定した。「資本会社は，有価証券取引法第2条第1項1文の意味での有価証券

図表1　ドイツ商法における会社区分による免責及び軽減措置規定

第241a条	個人商人に対する帳簿記入および財産目録の作成義務の免責
第264条第1項3文	小規模資本会社に対する商況報告書の免責
第264a条	人的商事会社に対する資本会社の年度決算書，状況報告書の作成義務の免責
第274a条	小規模資本会社に対する貸借対照表についての軽減措置
第276条	小規模，中規模資本会社に対する損益計算書についての軽減措置
第288条	小規模，中規模資本会社に対する附属説明書についての軽減措置
第293条	連結決算書および連結状況報告書作成義務の小規模，中規模親会社の免責
第316条	小規模資本会社に対する年度決算書および状況報告書の監査の免責
第326条	小規模資本会社に対する公示義務（HGB § 325）の規模依存的軽減措置
第327条	中規模資本会社に対する公示義務（HGB § 325）の規模依存的軽減措置
第327a条	一定の資本市場指向会社に対する公示義務（HGB § 325）の軽減措置

を有価証券取引法第2条第5項の意味での組織的市場で利用するもしくは組織的市場におけるかかる有価証券の取引認可を申請するときには，資本市場指向的である。」この規定によって資本市場指向会社の定義を有価証券取引法と一体化させ，資本市場指向的会社に対する会計報告，監査，公示の規制を他企業から差別化し，限定した範囲でのIAS/IFRS適用の開示規制の道を示した。

　ところで，ドイツの場合，IAS/IFRS適用については連単分離の姿勢に立っている。連結決算書へのIAS/IFRS適用に関しては，ドイツはEUの「IAS適用命令」に応じて，2004年に会計法改革法（BilReG）を成立させ，商法典第315a条第2項において，資本市場指向の親会社に対して，IAS/IFRS適用の連結決算書作成義務を規定しただけでなく，「IAS適用命令」の適用義務の対象でない資本市場非指向の親会社についても，連結決算書に対するIAS/IFRS適用の可能性（選択権）を与えていた。しかし，会計法改革法（BilReG）の法改

図表2　規制軽減とIAS/IFRS適用の構図

連結決算書作成義務なし	連結決算書作成の免責			連結決算書の作成義務	
商法会計報告規定の現代化への段階的規制軽減（免責・簡便化措置）				IAS/IFRS適用	
				選択権	義　務
個人商人	その他	人的商事会社	小規模	中規模	大規模	資本市場指向
人的会社			資本市場非指向		
			資本会社		

正時でも，資本市場指向について商法典における明文規定が無く，IAS/IFRS適用義務と選択権の対象区分が明確になり得ていないことが問題視され，会計法改革法（BilMoG）によって，資本市場指向会社の定義を確定し，あわせて，資本会社の規模基準の引き上げを通じてIAS/IFRS適用の対象範囲を限定させて，連結決算書に関わる会計開示拡充と開示の負担軽減の差別化を図ったところに会計法現代化法（BilMoG）の特徴を見ることができる（図表2を参照）。

そうした会計開示の規制軽減の差別化の状態を，個別決算書について見てみると，図表3のように示されるだろう。なお，個別決算書に対するIAS/IFRS適用に関しては，決算書の公示義務を定める商法典第325条2a項に基づき，315a条第1項の指示するIAS/IFRSにより資本会社が作成する個別決算書をもって商法準拠の年度決算書に代えることが可能とされている。この個別決算書に関しては情報提供目的に限定してIAS/IFRS適用の可能性を認めている。しかし，その場合であっても，会社法目的並びに税法目的のための商法準拠の個別決算書の作成が義務づけられることに変化はない[17]。

図表3に示すように，ドイツでは，資本市場指向的会社を資本会社の規模基準から区別して，会計開示の段階的な規制軽減措置がとられている。商法典第264条第1項によれば，ドイツの資本会社は貸借対照表と損益計算書（商法典第242条）に附属説明書を加えた年度決算書および状況報告書の作成義務があるが，連結決算書の作成義務のない資本市場指向の資本会社については，年度決算書のなかにキャッシュ・フロー計算書（Kapitalflußrechnung）および自己

図表3 ドイツ商法に基づく会計開示の段階的な規制軽減

	第241a条 個人商人	すべての 商　人	小規模 資本会社	中規模 資本会社	大規模 資本会社	資本市場 指向会社
帳簿記入／財産目録						
貸借対照表						
損益計算書						
附属説明書						
状況報告書						
キャッシュフロー計算書						
自己資本増減表						

出所）Bieg/Kußmaul/Petersen/Waschbusch/Zwirner, Bilanzrechtsmodernisierungsgesetz, 2009, S. 243 を基に一部変更して作成。

資本増減表（Eugenkapitalspiegel）を加える義務があり，セグメント報告の作成は任意となる[18]。こうした作成・開示規制は資本会社の規模基準，人的会社（個人商人とその他の人的会社）の区分に応じて段階的に規制軽減（免責）の法的措置が講じられており，「簡便でコストパフォーマンスの良い選択肢」としての会計法現代化法（BilMoG）の目的設定を実現したとされている。

第3節　商法会計と税法会計との調整と離反

さて，会計法現代化法（BilMoG）の立法の特徴は，税務中立性を掲げて，商法会計法の改正による税法への影響を回避しようとした点である。また，それと同時に，会計法現代化法（BilMoG）によっても，ドイツ商法会計は依然として，基準性原則（Maßgeblichkeitsprinzip）（確定決算基準）の法的建前を崩していない。従来から，ドイツでは，所得税法第5条第1項に基づき，商法上の正規の簿記の諸原則（Grundsätze ordnungsmäßiger Buchführung：GoB）に従う会計処理が税務上の会計処理の基礎となってきた[19]が，この商法会計と税法会計とを結合させる基準性原則の保持も会計法現代化法（BilMoG）の立法

の要件でもあった。

　税務会計との関係では，会計法現代化法（BilMoG）は，とくに中小規模の会社に対して，従来，税務上の利益算定で広く実務として定着している「統一貸借対照表（Einheitsbilanz）」実務の継続を謳っていることは留意しておかねばならないだろう。

　ここで言う統一貸借対照表とは，ドイツにおいて，とくに中小規模の会社を中心に法人税申告の際に広く用いられる貸借対照表であり，それは商法目的にも税法目的にも資する単一の貸借対照表を意味する。ドイツにおいて中小規模の会社が法人税申告する場合，慣習的に統一貸借対照表の損益をもって申告上の損益に代える便法が許容されるといわれる。

　図表4はドイツの法人税申告様式の抜粋であるが，この様式の20行目もしくは23行目が所得申告の基礎となる。20行目は税務貸借対照表の損益記入欄

図表4　法人税申告と統一貸借対照表

	納税番号			
行	暦年2009における所得	すべてユーロ金額で記載 負の金額は赤字もしくはマイナスの記号	99	13
20	税務貸借対照表利益／損失①②③（20a行に対応する金額を除く）		110	110
20a	（―省略―）		181	181
20b	（―省略―）		165	165
21	年度剰余額／欠損額①②③（税務貸借対照表を作成しない場合）	111		111
22	加算／減算：商事貸借対照表を税務上基準となる価値額へ対応させるための所得税法施行令第60条第2項1文に基づく修正（添付された注釈により）	113		113
23	21行と22行の合計			

　出所）ドイツ財務局ホームページ（https://www.formulare-bfinv.de/ffw/content.do）から入手の法人税申告用紙を基に一部抜粋して作成。

であり，税務貸借対照表を作成しない場合，21行目の商事貸借対照表の損益記入欄に22行目の申告調整計算が施されて23行目の税務貸借対照表上の計算上の損益が導出されることになる。どちらの方法を選択しても23行目の損益額は一緒となるが，この様式を可能とさせるのが，所得税施行令（EStDV）第60条第2項の次の規定である。「貸借対照表が税法規定に合致していない評価額または金額を含むときには，当該評価額または金額は，補注または注記により税法上の規定と適合させられなければならない。納税義務者は，税法の規定と合致した貸借対照表を添付することもできる[20]。」所得税法第5条第1項の基準性原則を前提にして，この所得税施行令（EStDV）第60条第2項を根拠に，税務貸借対照表の作成（第2項2文）に基づく20行目の記載，商事貸借対照表損益から税務貸借対照表損益への修正計算（第2項1文）としての22行目の記載経路が組み立てられている[21]。

ドイツの中小規模会社の多くは，法人税申告の際に，実質的に税務上の措置が施された統一貸借対照表を作成し，22行目の修正計算を省略・簡便化して，21行目および23行目に統一貸借対照表における損益を記載する慣行が実務においてひろく定着しているといわれる。ドイツでは独立の税務貸借対照表の作成義務はなく，商事貸借対照表は本来的貸借対照表であり，税務貸借対照表とはこの商事貸借対照表から誘導され，商事貸借対照表に修正計算を加えた貸借対照表である。年度決算書の作成，監査，公示に関して簡便化・免責措置がある中小規模の会社は修正計算を商事貸借対照表に取り込み，税法を考慮した商事貸借対照表と税務貸借対照表の兼用の統一的貸借対照表を作成し法人税申告に用いる実務が一般的に定着しており，会計法現代化法（BilMoG）は，国際化対応とはむしろ逆行して，現代化した会計法に対する規制軽減の観点から中小規模会社に対するこの統一貸借対照表実務を継続的に維持しようとした。

他方，会計法現代化法（BilMoG）はIAS/IFRS対応の会計法現代化の観点から所得税法第5条第1項の基準性原則の修正も実施した。所得税法第5条第1項2文は，税法上の特別償却や免税積立金等の租税優遇措置などに関連して規定される税法上の計上選択権が，その行使にあたって商法決算書に同様に行使

されることを前提とする，いわゆる逆基準性の原則を定めてきた。会計法現代化法（BilMoG）の成立により，所得税法第5条第1項は，その1文の実質的基準性を堅持しながら，2文の「利益算定に際して税法上の選択権は商法上の年度決算書と一致して行使されなければならない」とする逆基準性の規定を廃止して，次のように修正したのである。

　「法規定に基づき帳簿記入し正規の決算を行うことが義務づけられる，もしくはかかる義務が無く帳簿記入し正規の決算を行う事業者は，税務上の選択権を行使して異なる計上が選択される場合を除いて，事業年度末に商法上の正規の簿記の諸原則に従い表示される経営財産を計上しなければならない。税法上の選択権を行使する上での前提は，商法上の基準となる価値をもって税務上の利益算定に表示されない経済財が，特別に継続的な記録簿に記載されていることである。その記録簿において，調達もしくは制作の日付，調達原価もしくは制作原価，行使される税務上の選択権の規定および実施される減額記入が明示されなければならない。」

　こうした逆基準性原則の廃止によって，税法上，税務中立性の観点から税法上の選択権を商事貸借対照表に依存せずに行使することが可能となったが，会計法現代化法（BilMoG）は，商法会計法の情報能力の拡充の観点から，例えば，商法典第247条第3項（税法上の特別項目），第254条（税法上の減価償却），第273条（積立金的性格を有する特別項目），第279条第2項（税法上の減価償却の実施），第280条（税法上強要される価値回復命令）などの逆基準性に関連する諸商法規定を整理した。

　連邦政府法案の理由書は，この関連で次のように述べている。「IFRSとの関係で生み出された商法上の年度決算書の比較可能性は，所得税法に収容される逆基準性の原則（所得税法第5条第1項2文）の放棄を条件付けている。他方で，その年度決算書が基準性原則に基づいて貸借対照表を作成する商人の税務上の給付能力を写しだすという従来からの役割を引き続き果たすことができるか否かを吟味しなければならない。したがって，個々の給付能力を指向する課税を保持するために，またEU局面で統一した連結法人税上測定基礎を生み出

すという観点のもとでも，独立した税務上の損益計算というもの（eine eigenständige steuerliche Gewinnermittlung）が必要なのか否か，そして必要ならばそれをどのように構想すべきかが分析されなければならない。[22]」

　連邦政府法案の理由書が指摘するように，ドイツにおいて，会計法現代化法（BilMoG）の成立にともなう所得税法における逆基準性原則放棄の改正によって，商法会計と税法会計の乖離の増大が今後，一層進むとの危機意識から「独立した税務上の損益計算」を模索する提案が各方面から提起されている。また，会計法現代化法（BilMoG）が謳った統一貸借対照表の保持とは裏腹に，逆基準性原則の廃止とそれによる基準性原則の弱体化によって，「統一貸借対照表の作成は将来，可能とならない（Erstellung einer Einheitsbilanz ist künftig nicht mehr möglich）」との批判も高まっており，会計法現代化法（BilMoG）の成立以後，ドイツ商法会計が従来，伝統的に維持してきた税法会計と連携問題に関連した新たな制度改革の議論が活発化している点にも留意しておく必要が有ろう。

む す び に

　会計法現代化法（BilMoG）について，連邦政府法案はその理由書において，商法上の年度決算書規定の現代化は，とくに中小規模の企業—中小企業（Mittelstand）にとって，IAS/IFRSに基づく会計報告への真の代替案となり，等価値で，簡便で，コストパフォーマンスの良い法施設を長期に維持できるようすることが要請され，それには商法上の会計報告規定のIAS/IFRSに対する「節度ある接近（maßvolle Annäherung）[23]」が必要だと述べている。また，商法上の連結決算書に対して，とくに連結会計義務ある資本市場非指向の企業にとって，年度決算書と同様に，IAS/IFRSに基づく連結決算書と比較して，等価値で，簡便で，コストパフォーマンスの良い代替案を長期的に維持し続けることが要請され，したがって，商法上の連結決算書規定の現代化の目標は，IAS/IFRSに基づく連結決算書との比較可能性を「緩やかな現代化（moderate Modernisierung）[24]」の方向で改善されることが優先すると述べている。そし

て，こうした年度決算書と連結決算書に対する商法規定の現代化を進める上では，現実的かつ可能な範囲で情報水準を高める費用便益関係（Kosten-Nutzen-Relation）を考慮することは避けられないとしている。

　2004年の資本市場指向会社の連結決算書に対するIAS/IFRS導入（adoption）以後，国内会計法の現代化を目標に成立した2009年会計法現代化法（BilMoG）は，一方でIAS/IFRSとの同質性を求めてIAS/IFRS対応の会計法改革を目指したが，他方において，配当測定基礎，課税所得算定基礎という伝統的に有してきた商法決算書の機能堅持並びに中小規模企業に対する規制軽減を図る上でIAS/IFRS非対応の改革の性格をあわせ持つ，現実的かつ可能な範囲での節度ある緩やかな会計法改革を実施した。しかし，立法者の「両義性（Ambiguität）」を持ったこの改革は，多様な配当制限や本章で言及したような独立した税務会計制度の構築を問うといった新たな制度課題を提起するに至っている。たしかに，ドイツの資本市場指向的な会計改革は，国際化した資本市場の効率性と透明性を求めて会計の情報開示機能が重視されるIAS/IFRS対応の改革である。しかし，その制度改革は，税や配当に対する社会的合意のシステムとして機能してきた会計の伝統的な基本機能との「調和と対抗」の構図を会計法現代化法（BilMoG）の成立後においても未だに崩してはいないのである。

注

1　金融庁企業会計審議会企画調整部会の2009年2月の「我が国における国際会計基準の取扱いについて（中間報告）（案）」は，その後，同年6月16日付で正式の中間報告として公表，また，6月30日付で企業会計審議会は「我が国における国際会計基準の取扱いに関する意見書（中間報告）」を公表している。

2　なお，同様の趣旨からの考察として，佐藤誠二「ドイツにおけるIFRS導入と基準性原則，会社規模別緩和策—会計法改革法（2004年），会計法現代化法（2009年）との関連で—」『会計・監査ジャーナル』Vol. 21 No. 8, 2009年がある。この稿は，会計法現代化法における中小会社を対象とした規制軽減との関連でIAS/IFRS適用の投げかける問題点に焦点づけて考察したものである。

3　Gesetz zur Modernisierung des Bilanzrechts（Bilanzrechts modernisierungsgesetz-

BilMoG) vom 25. 05. 2009, BGBl Teil I Nr. 27, 2009, S. 1102-1137.「会計法現代化法」は，商法だけでなく，所得税法，開示法，株式法，有価証券取引法など30の法改正を含む条項法として成立している。

4 Kommission der EU: Mitteilung der Kommission, Harmonisierung auf dem Gebiet der Rechnunglegung; eine neue Strategie im Hinblick auf die internationale Harmonisierung, KOM95 (508) DE, 1995.

5 Kapitalaufnahemeerleichterungsgesetze (KapAEG) vom 20. 04. 1998, BGBl Teil I Nr. 24, 1998, S. 707-709.「資本調達容易化法」並びに「企業領域統制・透明化法」の改革内容と課題については，本書第3章並びに佐藤誠二『会計国際化と資本市場統合』森山書店，2001年を参照。

6 Gesetz zur Kontrolle und Transparenz im Unternehmensbereich (KonTraG) vom 27. 04. 1998, BGBl, Teil I Nr. 24, 1998, S. 786-794.

7 Gesetz zur Einführung internationaler Rechnungs legungsstandards und zur Sicherung der Qualität der Abschlusprüfung (Bilanzrechtreformgesetzes-BilReG) vom 04. 12. 2004, BGBl Teil I Nr. 65, 2004.「会計法改革法」並びに「会計統制法」に関連して，IAS/IFRSの導入問題と関連して論じたものとして次を参照。佐藤誠二編著『EU・ドイツの会計制度改革―IAS/IFRSの商人と監視のメカニズム―』森山書店，2007年。

8 Gesetes zur Kontrolle von Unternehmungsabschlüssen (Bilanzkontrollgesetz-BilKoG) vom 20. 12. 2004, BGBl Teil1 Nr. 69, 2004.

9 この点については，次を参照。佐藤誠二「ドイツにおける会計改革の現在と将来―資本市場指向改革の経過と課題―」百瀬・三代川・石津編『会計学の諸相』白桃書房，2008年。

10 BMJ/BMF: Mitteilung für die Press, Bundesregierung stärkt Anlegerschutz und Unterehmensintegrität, 25. Februar 2003, S. 1-13.

11 Kessler, Harald/Leinen, Markus/Strickmann, Michael (Hrsg.): Bilanzrechtsmodernisierungsgesetz (BilMoG-RegE), Die neue Handelsbilanz, 2008, S. 29-33.

12 参事官草案理由書によれば，「本草案は会計法と決算書監査法における改正を規定する。会計法の現代化により，企業に対して，国際財務報告基準（IFRS）との関連において等価値であるが簡便でコストパフォーマンスの良い選択肢を提供するという目標が追求される。その場合，商法上の年度決算書は利益配当の基礎でありつづけるし，税務上の利益算定に対する商法上の年度決算書の基準性の優位性は保持され，したがって，商法会計の要諦（Eckpunkte）は存在し続ける」としている。BMJ: Referentenentwurf eines Gesetzes zur Modernisierung des Bilanzrechts (Bilanzrechtsmodernisierungsgesetz-BilMoG) vom 8. 11. 2007, S. 57.

13 Vgl., Petersen, Karl/Zwirner, Christian: Rechnungslegung und Prüfung im Umbruch:

Überblick über das neue deutsche Bilanzrecht, KoR, Beihefter1 zu Heft5, 2009, S. 1-3.
14 Ebenda, S. 1.
15 BMJ: Wesentliche Änderungen des Bilanz-rechtsmodernisierungsgesetzes im Überblick, Stand, März 2009, S. 2.
16 Vgl., BMJ: Pressemitteilungen, Neues Bilanzrecht: Milliardenentlastung für den deutschen Mittelstand beschlossen, 26. März 2009.
17 なお，二重作成に関するコスト負担は，IAS/IFRS 準拠の個別決算書のみを連邦官報において公示することで回避されている。
18 連結決算書作成義務ある親会社に対して，商法典第 317 条 1 項は，連結貸借対照表，連結損益計算書，連結附属説明書，連結状況報告書，連結キャッシュ・フロー計算書並びに自己資本増減表，セグメント報告の作成を義務づけている。
19 ただし税法上，別段の定め等が在る場合には，それが優先し，具体的には，商法上の計上義務，計上禁止は実質的基準性により税務上も適用する，税法に別段，計上義務および禁止が定められる場合はそれが優先し，商法上の借方計上選択権は税務上の計上義務となる，商法上の貸方計上選択権は税務上の計上禁止となる，と解されている。
20 この規定に基づき，商事貸借対照表と税務貸借対照表との差額を調整する計算をドイツでは，いわゆる 60 II 計算（60-II-Rechnung）と呼んでいる。
21 この点の指摘については，次が詳しい。長谷川一弘著『ドイツ税務貸借対照表論』森山書店，2009 年，22 頁-36 頁。
22 Budesregierung: Regierungsentwurf eines Gesetzes zur Modernisierung des Bilanzrecht（Bilanzrechtsmodernisierungsgesetz-BilMoG）vom 21. 05. 2008, BT-Drucksache, 16/10067, 2007, S. 72.
23 Ebenda, S. 71.
24 Ebenda, S. 73.

エピローグ
資本市場指向会計改革のゆくえ

　以上,本書では1990年代後半から現在に至る約15年間におけるドイツの資本市場指向的会計改革を跡づけながら,そこにおいて,ドイツがEUの資本市場統合とIAS/IFRSへの開放政策の枠組みのもとで,承認された(endorsed) IAS/IFRSつまりEU版-IAS/IFRSを国際的会計規準として自国の商法会計法体系のなかに取り入れ,また,それとともに既存の商法会計規準(商法会計法)の現代化(Modernisierung)をいかにはかってきたのかについて検討してきた。最後に,これまでの考察の結果をもとにして,ドイツの国際的会計規準の形成と会計制度改革に内在している問題とは何か,また,その改革が今後どのような方向に向かうのかについて,幾つかの論点に絞って取りまとめて,結びにかえたい。

商法会計法の揺らぎとその意味

　すでに述べたように,ドイツの資本市場指向の会計制度改革については,1998年の資本調達容易化法(KapAEG)と企業領域統制・透明化法(KonTraG)とにおいてIAS/US-GAAPの適用を開放したのが立法の端緒であった。その会計法改革の背景には,1990年代初頭に,グローバル・プレーヤーであるドイツ企業のアメリカ資本市場への参入と二重開示負担の状況があり,とくに改革の直接的契機となったのは,Daimler-Benzの二重開示(US-GAAPとドイツ商法準拠の連結決算書)による業績表示の大きな隔たりが大きくクローズアップ・批判され,ドイツ商法会計法(会計規準)の国際的信頼が揺らいだことがある。この1998年の2つの法律の立法に議論を前にして,W. Ballwieserは,

1996年の論攷「商法会計の効用について」において，ドイツ商法会計法の課題について次のように述べている。

「USA は取引所上場する企業に対して異なる会計システムを有していて，US-GAAP に準拠しない年度決算書について取引所所轄監督官庁がそれを容認しないことをもって，そのことを地域特有もしくは自家製のものだと回避することはできない。アメリカの資本市場において適格要請される大規模コンツェルンの関心は，US-GAAP もしくは IAS に準拠し作成される決算書に対して商法（HGB）準拠の決算書をもつて補いうるのかという議論を引き起こしている。この議論は，目下のところ，連結決算書に限定されているが，予測することが困難とはいえ，将来それだけに限定されるとは限らない。[1]」

W. Ballwieser は，IAS/US-GAAP に対するドイツ会計法の開放を通じて，連結決算書（コンツェルン決算書）だけでなく年度決算書（個別決算書）についても影響が将来，及ぶ可能性を指摘するとともに，今後，ドイツ商法会計法に課せられた様々な課題のうち，とくに次の点が重視されているとした[2]。

(ⅰ) 現在の会計規範が慎重な利益算定を通じて債権者保護に対して現実に効果があるのか。その会計規範は目的適合的なのか。

(ⅱ) 債権者は慎重な利益算定によりなぜ保護されるのか。慎重な利益算定，とくに慎重性の原則，実現原則および不均等原則と歪みのない情報とは適合しないのか。

(ⅲ) 開示される会計は，会計に与えられた情報機能を現実に持つことができるのか。また，それは意思決定の準備と改善にそもそも役立つものなのか。

(ⅳ) 会計の情報内容を改善する上で，商法（HGB）に対して IAS もしくは US-GAAP を開放することが望ましいといえるのか。

こうした 1990 年代後半に提起された課題は，会計法現代化法（BilMoG）の成立をみた現在においても，依然として議論されているといってよい。2005 年 1 月 1 日から IAS/IFRS の適用を義務づけた IAS 適用命令に従って成立した 2004 年の会計法改革法（BilReG）と会計統制法（BilKoG）は，IAS/IFRS の承

認（Endorsement）並びに実施・監視（Enforcement）のメカニズムを機能させるための法措置を商法会計法に構築した。2009年の会計法現代化法（BilMoG）は、2004年改革時点で未解決であった資本市場非指向の企業や年度決算書（個別決算書）に対するIAS/IFRSの適用問題、そしてEU会計指令の現代化に応じた計上・評価選択権の行使、いわゆる公正価値評価に対するドイツ商法会計法の開放等の諸課題を引き継いで、その解消を図ることを目的とした。しかし、IAS/IFRSの開放・導入とともに国内会計法の情報提供機能の強化を求めその現代化を謳った会計法現代化法（BilMoG）は、他方で、配当測定基礎、課税所得算定基礎という商法会計法の伝統的機能の保持と中小規模企業へ負担軽減という両義性をもって成立しており、情報提供機能と配当測定・課税測定基礎機能との法的混在により、現在、商法会計法のあらたな揺らぎが生じつつある。

　そうした商法会計法の法的安定性の揺らぎが生ずる理由のひとつは、国際化した会計実務の変化に会計規範体系の変化が即座に対応し得ないという成文法主義を採るドイツの制度的個性にあるといえるだろう。ドイツの場合、商人の基本法（Grundgesetz des Kaufmann）とよばれる商法典（HGB）における会計法規範すなわち商法会計法は株式法（AktG）、取引所法（BörsG）、開示法（PublG）、租税通則法（AO）、所得税法（EStG）、有価証券取引法（WpHG）等の各種法律における会計規範体系の中心に位置し、会計に関する具体的な成文法（実定法）の基礎を形成している。そして、この商法会計法を基底にして各種法律の会計法規範が階層づけられ、会計規範体系の重複が回避され、それにより会計法規範の法的秩序と法的安定性の保持が意図されている[3]。こうしたドイツの制度的個性は、国際的会計規準の形成に関わるこの約15年間の会計改革においても保たれているといってよい。かつて、1985年の会計指令法（BilRiLiG）による商法大改革のときも、EU指令の転換に際して、（ⅰ）会計報告の法形態および規模依存性とそれに伴う税務上の利益算定に対する基準性原則の保持、（ⅱ）重複規定の回避、（ⅲ）中規模経済への不当な負担の回避、（ⅳ）EU指令の税務中立的履行、（ⅴ）会計報告の弾力性の維持、の5つの立

法選択権が行使された。今回の資本市場指向の改革は,「EU指令の転換」が「IAS/IFRSの受容」に置き換わった大改革であったが,そこで,自国の会計制度の制度的個性と抵触しないというドイツの基本方針に変わるところはない。しかし,IAS/IFRSに対応する会計改革は,ルール・ベースのドイツの成文法体系とは異質のアングロサクソン型のプリンシプル・ベースの会計規準のいわば移植手術である。今後,それがドイツの制度的個性のなかに定着(法のレトリックとして整合的に同化)するにはまだしばらくの期間を要するといえよう。

国際的会計規準と会計法現代化

さて,筆者は,会計制度とは利益を中心とした会計数値の算定メカニズムを媒介にして税や配当等の経済事象を成立させる社会的施設であり,会計規準はそうした利益を中心とした会計数値の決定と開示(会計実務)を合法化し社会的合意を付与するための不可欠の制度装置として機能すると位置づけている。その場合,会計実務の有り様は経済過程の進展とともに絶えず変化する。会計制度と会計規準もそうした経済過程に支配されて,変化する会計実務を合法化し合意化する役割を担っている。会計制度と会計規準は会計実務の変化に対応して再編される必要があって,今日の市場主義的経済過程における国際化した会計実務の変化は,会計制度と会計規準に対して,資本市場を指向したダイナミックな会計改革(revolusion)を求めている。

ドイツの場合,そうした会計改革は商法会計法を中心にドイツの制度的・社会的合意の型に応じて行われてきた。当初,ドイツの資本市場指向の大規模企業に対して,それも連結決算書の情報提供目的に限定され,2005年までのIAS/US-GAAP開放の時限立法として実施された。その後,IAS/IFRSの導入(adoption)とIAS/IFRS策定への影響力行使を目論むIAS適応命令に従い実施された2004年,2009年の会計法改革は,国際的会計規準の形成(IAS/IFRS導入)とそれに応じたEU会計指令の現代化に対する国内会計法との適合性・整合性をいかに果たすかが課題となった。とくに2009年の会計法現代化法

(BilMoG)の改革によって，配当測定基礎と課税所得算定基礎の機能を保持しつつも，連結決算書だけでなく個別決算書の情報提供機能を高めるとともに，商法会計法の要諦たる商法決算書が，IAS/IFRS との関係で十分に調整をとり，持続的でしかもコストパフォーマンスが高く，簡便な選択肢（中小規模企業への規制軽減）をも含む商法規定の現代化（Modernisierung der handelsrechtlicher Vorschrifte）が目指されたのである。

　そうした商法会計法現代化の経過は，すでに本書において考察したところであるが，それとの関係で，筆者は，シュマーレンバッハ協会・ドイツ経営経済学会の外部報告ワーキング・グループ（WG）の動向に関心を寄せている。ドイツの主要な研究者と財界人を構成員とする[4] ドイツ経営経済学会の外部報告 WG は，構成員がドイツ会計基準委員会（DSRC）の主要メンバーとも重なっており，ドイツの資本市場指向会計改革に対して理論的影響を及ぼすところは少なくないと考えている。外部報告 WG における提言は，ドイツの会計改革を主導する現在の理論状況を窺う上で有益な資料といえる。この WG は IAS 適用命令の発効と 2004 年の IAS/IFRS 対応の会計改革を前にして公表した論攷「その他の税目的のための統一決算書を前提とした個別決算書および連結決算書における IFRS[5]」（2003 年）のなかで，以下のような提言を示している[6]。

・　WG は，連結決算書作成義務あるすべての親企業がその開示義務ある連結決算書に対して IFRS を適用すべきことに賛成する。資本市場非指向的親企業には，2007 年 1 月 1 日より開始する事業年度について，その義務は免責されるべきである。そうした親企業はこの時点まで，商法典（HGB）と IFRS との間の制約のない選択を持つべきである。詳細情報の開示に際して，IFRS に規模依存的な軽減規制が担保されることが必要である。

・　IFRS に基づく個別決算書は情報目的にのみ資するものであり，税務目的，利益配当もしくは債務超過の確定に対する基礎とはならない。小規模および中規模企業並びに IFRS 連結決算書に組み入れられる企業を顧みるならば，WG は例外なくすべての企業に対して，いわゆる統一決算書

(Einheitsabschluss) を作成するという前提で，免責規定に対する相応の提案を公表する。
- 連結決算書の作成義務のないすべての資本市場指向の企業および経済的に重要な企業は，2005年以降，IFRSに基づく個別決算書を作成し，開示することが義務づけられるべきである。WGの見解によれば，開示されるその個別決算書についてもまた，原則としてIFRSが適用されなければならない。IFRSに基づき作成された個別決算書の長所は，連結決算書ともども経営間の比較可能性が存することにある。
- 子企業として連結されたIFRS決算書に組み入れられる企業は，IFRS個別決算書の開示から免責されるべきである。この免責が受容されるのは，自身が資本市場非指向であり，自己の部分連結決算書を作成しない子企業である。

外部報告WGのこの提言は，後述する統一決算書 (Einheitsabschluss) の構想を除いて，すでにみた2004年会計法改革法 (BilReG) による商法改正とほぼ同一の内容である。

2009年会計法現代化法 (BilMoG) についてもまた，外部報告WGが公表した「会計法現代化法の参事官草案に対する意見[7]」(2008年) との一応の対応関係をみてとることができる。この論攷における外部報告WGの意見の概要は次のようであった。

「WGは，一方で商法会計を現代化し，もう一方で企業に対して過大な費用負担を回避するというBilMoGが追求する目標設定に賛同する。WGはまた，改革提案がドイツにおける会社法および〜基準性原則の保持のために〜税法規定によって規定される，とくにBilMoGの税務中立性の追求として表現される方向に動いていることも考慮に入れている。基本的には，WGは資本市場指向的企業が，その子企業について完全な商法個別決算書に替えてIFRS準拠の個別決算書を作成，開示する可能性が容認される限りにおいて，IAS適用命令によりIFRS準拠の連結決算書の作成が義務づけられるという観点を主張している。この種のIFRS準拠の個別決算書は配当測定基礎と債

務超過測定を包含する商法個別決算書のすべての機能が収容されることになる。配当抑制ないしEU第2号指令と合致する支払不能テスト（Solvenztests）の実施が無くともそうしたシステムは欧州の諸外国をみると存在する。例えば，（無修正の）IFRS個別決算書が，目下，とくにフィンランド，ポルトガル，エストニアにおいて配当基礎を形成している。そうしたシステムはドイツにおいても政策的に実行可能であるとすれば，BilMoGの枠内で，商法典がIFRSを費用節約的に組み入れるという需要が引き出せるだろう。それにより，BilMoGの目標設定とそれに伴う個別措置に対する議論はまったく別の方向に向かうことになるだろう。しかし，我々は，そうした進展については税法上の影響（とくに基準性の課題）が明らかにされねばならず，また他方で，そうしたさらに踏み込んだ歩みを受け入れるためにはBilMoGが一層発展しなければならないために，期待しがたいと考えている。したがって，以下のWGの論述は，立法者が少なくとも中期的に商法典草案第264a条のように商法準拠の個別決算書を規定するという前提にたっている。結果として，WGは，具体的な現実問題とコスト問題にそれが反せず，上述の枠組みが崩されない限りにおいて，BilMoGにおいて立法者はIFRSとのコンパージェンスに努めるべきという見解を持っている。それは，その他の企業を悪化させることなく商法決算書の国際的比較可能性を促進するだろうし，現在と将来のIFRS会計実務の経費削減をもたらすだろう。内容上の調整は別として，商法典の伝統に従う新規制は簡潔且つ原則提供的に構成されるべきである。そのため，商法典における意識的な法概念が広く公開されなければならない。それらは，従来と同様に正規の簿記の諸原則（GoB）を通じて時間の経過のなかで価値充填されることになろう。[8]」

外部報告WGは，会計法現代化法（BilMoG）の情報提供目的に限定したIAS/IFRSの導入を擁護した。ただし，それは現行法体系の踏み込んだ変化を断念した中期的措置の結果としてであって，将来は，配当測定基礎と債務超過測定を包含する商法個別決算書のすべての機能が収容されるIAS/IFRS準拠の個別決算書を導入するという展望にたっている。この点について，立法当局は

控えめであり、その状況を政府草案理由書は、商法会計規定の「IFRSへの節度ある接近（maßvolle Annäherung）」[9]と述べている。すなわち、IAS/IFRSへの節度ある接近とは既存の商法上の計上・表示・評価選択権や所得税法に規定される逆基準性原則の廃止にあり、それが商法上の年度決算書の情報水準の引き上げと結びついているが、その場合、むしろ情報水準は現行の商法上の会計諸原則（Bilanzierungsprinzipien und -grundsätze）を斟酌して、費用対効果の観点からIAS/IFRSの詳細程度に苦労せずに、期待できる現実的範囲（in zumutbarem und realistischem Umfang）で引き上げられるという。政府草案理由書によれば、IAS/IFRSはアメリカのUS-GAAPや各国の国内会計システムと比較して相対的に若いため、それが国際的に認められた会計システム（international anerkanntes Rechnungslegungssystem）として実行され保証されるかは目下のところ未解決であり、資本市場指向企業だけでなく資本市場非指向の会社に対してもIAS/IFRSを適用するかどうか、商法上の会計規定をIAS/IFRSのために完全に引き渡すことの正当性についての確信をもって現在、判断することはできないとしている[10]。したがって、国際的会計規準の形成に伴い実施されている商法会計法の現代化は、今なお流動的である。外部報告WGが提唱する統一決算書の構想の行き先もIAS/IFRSが国際的に認められた会計システムとして実質的に認知されるか否かに関わっているといえよう。

国際的会計規準と統一貸借対照表構想

筆者は、ドイツにおける資本市場指向の会計改革の方向を窺う上で、ひとつのキー概念が統一貸借対照表（Einheitsbilanz）であると考えている。本書ですでにみたように、会計法現代化法（BilMoG）は、とくに中小規模の会社に対して、従来、税務上の利益算定で広く実務として定着しているこの統一貸借対照表実務の維持を図った。ドイツでは、税法を考慮した商事貸借対照表と税務貸借対照表の兼用の統一的貸借対照表を作成し法人税申告に用いる実務が一般的に定着しており、会計法現代化法（BilMoG）は、会計法の現代化に対する

規制軽減の観点から中小規模会社に対するこの統一貸借対照表実務を継続的に維持しようとした。これに対して，上述の外部報告 WG が提唱する統一貸借対照表（統一決算書とも呼ぶ）は，すべての企業に適用される，より広義の決算書であり，当初の構想では，税目的・配当測定基礎および負債超過測定基礎に資するものと位置づけられていた。外部報告 WG はこの統一決算書に関して，次のように述べている。

　「税目的，利益配当および相応の破産法的帰結を伴う債務超過の確定に対して，WG はすべての企業について，例外なく，つまりそれが IFRS 準拠の個別決算書を作成するか否かに関係なく，『統一決算書（Einheitsabschluss）』（個別決算書）の作成を義務づけることを提案する。従来，商法に基づき開示義務あった企業のすべては統一決算書を開示しなければならない。基準性（逆基準性）の任務を包含するそうした統一決算書の作成は，『欧州会計法の観点からの税務上の利益算定の将来』で Herzig/Barin が言う機能特有の会計システムの差別化の思考を基礎付ける分離ないし区分モデルに基づいている。この統一決算書が遵守すべき規準は，WG の見解によれば，財務省，法務省，経済省によって共同で確定される。その場合，商法典（HGB）は税法規準の受け入れにより，また逆に，所得税法は商法上の諸原則の考慮を通じて変更されるか，ないしは特別法が決議されなければならない。このモデルの長所は，とりわけ，数 10 年にわたり認されてきた法伝統を保持することにある。統一決算書はそれ故，商法目的，会社法目的にもまた税法目的にも適用される。債権者保護の結果としての商法典の規準は配当可能利益の確定に対して用いられなければならないために，商法に法典化された諸原則を介して配当可能損益が算定されることが前提である。したがって，統一決算書は公表されなければならない。税立法者が税務上の損益算定に際して現実的な控除を許容すべきでないとするならば，統一決算書を基礎にして，税務申告書に対する調整計算が展開されなければならない。そのことは，なるほど，個別決算書のなかに三区分の会計システム（一般会計システムとしての IFRS 決算書，統一決算書および税務的に条件づけられた調整計算書）を導くこと

図表1 統一貸借対照表の2003年の構想

資本市場非指向企業	資本市場指向企業および経済的に重要な企業	
統一貸借対照表 ・商人の情報 ・配当測定 ・債務超過測定 ・租税測定	統一貸借対照表 ・配当測定 ・債務超過測定 ・租税測定	IFRS連結決算書 および/もしくは IFRS個別決算書 ・情報提供機能
連結作成義務の場合 IFRS連結決算書		

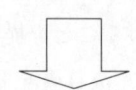

⇩

図表2 統一貸借対照表の2008年修正構想

資本市場非指向企業	資本市場指向企業および経済的に重要な企業	
統一貸借対照表 ・商人の情報 ・配当測定 ・債務超過測定 ・租税測定	統一貸借対照表 ・租税測定	連結作成義務 IFRS連結決算書 および IFRS個別決算書 ・情報提供機能 ・配当測定 ・債務超過測定
連結作成義務の場合 IFRS連結決算書		

出所) Arbeitskreis Externe Unternehmensrechnung der Schmalenbach-Gesellschaft für Betriebswirtschaft e. V.: Bilanzrechtsmodernisierungsgesetz（BilMoG）in: 62. Deutscher Betriebswirtschafter-Tag 14. 10. 2008（http://www.akeu.de/praesentationen DBT2008_AKEU.pdf）のスライド8および10から作成。

になるのであるが。[11]」

　外部報告WGはその後，2008年の論攷において，会計法現代化法（BilMoG）における伝統的な統一貸借対照表の保持の方向について基本的に擁護するとともに，その方向を受けて2003年の構想を修正した[12]。WGの座長であるB.

Pellens は，WG の 2008 年論攷を引いて，当初の統一決算書（統一貸借対照表）構想と修正した構想とを比較して図表 1 および図表 2 のように示している。その構想の修正点は，資本市場指向的企業に対して，統一決算書（統一貸借対照表）の利用を課税所得算定目的に限定し，IAS/IFRS 準拠の個別決算書については将来，配当可能利益算定基礎・債務超過測定基礎の役割を担わそうとするものである。

　先にふれたように，こうした WG の修正された統一決算書（統一貸借対照表）の構想が今後の会計法改革に反映されるか否かは，IAS/IFRS が国際的に認められた会計システムとして成立（認証）するかどうかにも関わっていて，不透明である。しかし，少なくとも，IAS/IFRS の導入をめぐるドイツの国際的会計規準の形成と資本市場指向の会計改革は，それが資本市場指向企業のそれも連結決算書の情報提供目的に限定されないことはたしかであって，商法会計法と税務会計法との連繋問題を中心として，さらに会計法体系全般に及ぶ改革へと議論が進展していることをうかがい知ることができる。

　さて，2010 年 2 月にアメリカの証券取引委員会（SEC）は IAS/IFRS 採用（adoption）に消極的な意見を発表し，IAS/IFRS の早期適用（任意）を見送ることを決定した。そして，そのことを契機に，わが国においても，現在，IAS/IFRS の導入の是非や導入の時期をめぐって議論が活発化している。しかし，ドイツの場合，2005 年から IAS/IFRS の導入を決定し，連結決算書だけでなく個別決算書も含めて商法会計法の現代化を進める会計制度改革は，統一貸借対照表（統一決算書）の構想や独立した税務会計の創設の成り行きは不透明とはいえ，いずれにせよ IAS/IFRS（正確には EU 版 IAS/IFRS）を軸に今後も展開することは変わらないだろう。それは IAS/IFRS それ自体の理論的正当性に起因するのではなく，根底には市場主義的経済過程における国際化した会計実務（第 4 章で指摘したような意思決定有用性アプローチに基づく認識領域拡大の実務）の急速な進展があって，その会計実務に応じ，かつ国際的に認知される会計制度と会計規準の再編が EU（統一市場）とドイツにおいて不可避であるからで

ある。ドイツは，EUにおける資本市場の統合と統一資本市場の競争基盤強化というグローバリゼーションの政策目標とIAS/IFRSへの開放政策に支えられて，アングロサクソン型の意思決定・市場指向的な会計規準を会計法体系のなかに組み入れてきた。そこでは，会計（実務）と国際的会計規準の形成が一国の枠組みをこえて資本市場との相互の関係のなかで機能を果たしていることを示しているだけでなく，配当や税の決定基礎としての既存の国家的利害に関わり果たす会計制度の機能との「調和と対抗」というアンビバレントな関係として，会計改革の様相もみせている。そして，そこにおいてドイツの個性に適合した会計の社会的合意化の機能確保は会計制度の存立にとって不可欠であり，今なおドイツにとって制度改革の大きな課題となっているといえよう。

注

1 Ballwieser, Wolfgang: Zum Nutzen handelsrechtlicher Rechnungslegung, in: Rechnungslegung — Warum und Wie — (Festschrift für Hermann Clem), hrsg. von Wolfgang Ballwieser, Adolf Moxter, Rolf Nonnenmacher, 1996, S. 7.
2 Ebenda, S. 9.
3 この点については，佐藤誠二『会計国際化と資本市場統合』森山書店，2001年，第4章商法会計法の基本構造を参照。
4 ワーキング・グループの構成は次のとおりである。括弧内の所属の後にドイツ会計基準委員会（DRSC）における現時点における肩書きの主なもののみ付している。Jörg Baetge (Universität Münster), Wolfgang Ballwieser, (Ludwig-Maximilians-Universität, München: 公正価値WG座長), Walther Busse von Colbe (Ruhr-Universität Bochum), Adolf Gerhard Coenenberg (Universität Augsburg), Josef Dinger (Fresenius Medical CareAG), Rolf Funk (BayerAG), Karl Gadesmann (Volkswagen AG), CFA Henning Gebhardt (DWS Investment GmbH), Axel Haller (Universität Regensburg), Heinz Hermann Hense (Thyssen Krupp AG), Christoph Hütten (SAPAG：ドイツ基準設定審議会委員・収益認識WG座長), Guido Kerkhoff (Deutsche TelekomAG), Harald Köster (Henkel KGaA), Robert Köthner (DaimlerAG), Peter Mißler (Deutsche Post World Net), Bernhard Pellens (Ruhr-Universität Bochum：理事), Fred Riedel (RWEAG), Reinhard Rupp (PhoenixAG&Co KG), Harald Sachs (MetroAG), Wolfgang Sawazki, (Oppenheim Research GmbH), Wienand Schruff (KPMG Deutsche Treuhand-GesellschaftAG), Adam Strzyz (Ruhr-Universität Bochum), Michael C. Wilhelm (E. ONAGb), Norbert Winkeljohann (Pricewaterhouse

エピローグ　資本市場指向会計改革のゆくえ　　*229*

CoopersAG：理事), Jens Wüstemann (Universität Mannheim：理事).
5　Arbeitskreis Externe Unternehmensrechnung der Schmalenbach-Gesellschaft für Betriebswirtschaft e. V.: International Financial Reporting Standards im Einzel-und Konzernabschluss unter der Prämisse eines Einheitsabschlusses für unter Anderem steuerliche Zwecke, in: Der Betrieb, 56. Jg. 2003.
6　Ebenda, S. 1585-1586.
7　Arbeitskreis Externe Unternehmensrechnung der Schmalenbach-Gesellschaft für Betriebswirtschaft e. V.: Stellungnahme zu dem Referentenentwurf eines Bilanzrechts modernisierungsgesetzes, in: BetriebsBerater, 63. Jg. 2008, S. 994-997.
8　Ebenda, S. 994.
9　Budesregierung: Regierungsentwurf eines Gesetzes zur Modernisierung des Bilanzrecht (Bilanzrechtsmodernisierungsgesetz-BilMoG) vom 21. 05. 2008, BT-Drucksache, 16/10067, 2007, S. 71.
10　Ebenda, S. 71-72.
11　Arbeitskreis Externe Unternehmensrechnung der Schmalenbach-Gesellschaft für Betriebswirtschaft e. V.: International Financial Reporting Standards im Einzel-und Konzernabschluss unter der Prämisse eines Einheitsabschlusses für unter Anderem steuerliche Zwecke, a.a.O., S. 1587-1589.
12　外部報告ワーキング・グループ (WG) は2007年の論攷において，次のようにのべている。
「WGは，過去において，統一貸借対照表の構想を提起した。小規模企業については，その場合，税務貸借対照表に追加して作成される商法決算書の多くはほんの少ししか考えられないために，税務貸借対照表に加えて，追加的ないし離反的な商法上の会計報告も要請されなくなる。したがって，そうした企業は株主に対する配当に対する基礎としても同時に用いられる税務貸借対照表を作成すべきである。こうした背景から，WGは，商法典草案第241a条が計画する商法上の簿記および貸借対照表作成義務からの規模依存的免責に対して，それが正しい方向に歩んでいるものとして基本的に賛同している。」Arbeitskreis Externe Unternehmensrechnung der Schmalenbach-Gesellschaft für Betriebswirtschaft e. V.: Stellungnahme zu dem Referentenentwurf eines Bilanzrechts modernisierungsgesetzes, a.a.O., S. 994.

参 考 文 献

【法律・規制関連資料（欧文）】

BMJ/BMF: Mitteilung für die Presse; Bundesregierung stärkt Anlegerschutz und Unternehmensintegrität, Maßnahmenkatalog der Bundesregierung zur Stärkung der Unternehmensintegrität und des Anlegerschutzes, am 25. 03. 2003.

BMJ/BMF: Mitteilung für die Press, Bundesregierung stärkt Anlegerschutz und Unterehmensintegrität, am 25. Februar 2003.

BMJ: Pressmitteilungen am 25. 02. 2003, Bundesregierung stärkt Anlegerschutz und Unternehmensintegrität, Maßnahmenkatalog der Bundesregierung zur Stärkung der Unternehmensintegrität und des Anlegerschutzes.

BMJ: Pressmitteilungen am 08. 12. 2003, Enforcement stärkt Anlegerschutz und Unternehmensintegrität.

BMJ: Pressmitteilungen am 29. 10. 2004, Bundestag verabschieded Bilanzrechtsreformgesetz und Bilanzkontrollgesetz.

BMJ: Referentenentwurf eines Gesetzes zur Modernisierung des Bilanzrechts (Bilanzrechtsmodernisierungsgesetz-BilMoG) vom 8. 11. 2007.

BMJ: Wesentliche Änderungen des Bilanzrechtsmodernisierungsgesetzes im Überblick, Stand: März 2009.

BMJ: Pressemitteilungen, Neues Bilanzrecht: Milliardenentlastung für den deutschen Mittelstand beschlossen, 26. März 2009.

Budesregierung: Regierungsentwurf eines Gesetzes zur Modernisierung des Bilanzrecht (Bilanzrechtsmodernisierungsgesetz-BilMoG) vom 21. 05. 2008, BT-Drucksache, 16/10067, 2007.

CESR: Standard No.1 on Financial Information, Enforcement of Standard on Financial Information in Europa, Ref: CESR/03-073, 12. 03. 2002.

CESR: European Regulation on the Application on IFRS 2005; Recommendation for additional Guidance regarding the Transition to IFRS, Ref: CESR/03-323e, December 2003.

CESR: Standard No. 2 on Financial Information, Coordination of Enforcement Activities, Ref:CESR/03-317c, 22. 04. 2004.

CESR: Concept paper on equivalent of certain third country GAAP and on description of certain third countries mechanisms of enforcement of financial Information, consultation paper Ref:CESR/04-509, October 2004.

CESR: Technical advise on equivalence of certain third country GAAP and on description of certain third countries mechanisms of enforcement of financial information, Ref. CESR/05-230b, June 2005.

CESR: CESR's review of the implementation and enforcement of IFRS in the EU, Ref: 07 -352, November 2007.

CESR: CESR's advice to the European Commission on the work programmes of the Canadian, Japanese and US standardsetters, the definition of equivalence and the list of third country GAAPs currently used on the EU capital markets, Ref: CESR/07 -1386, March 2007.

CESR: CESR's technical advice to a mechanism for determining the equivalence of the generally accepted accounting principles of third countries, Ref: CESR/07-2830, May 2007.

CESR: CESR's advice on the equivalence of Chinese, Japanese and US GAAPs, Ref: CESR/08-179, March 2008.

CESR: CESR's advice on the eguivalence Canadian and South Korean GAAPs, Ref: CESR/08-293, May 2008.

DSR:, Vorschläge zur Reform der 4. EG-Richtlinie, Stand 7. Dezember 2000.

DSR: Vorschläge zur Reform der 7. EG Richtlinie, Stand 24. Juli 2000.

DSR: Mitteilung der Kommission an den Rat und das EP über eine neue Rechnungslegungsstrategie der EU: Künftiges Vorgehen, 21. September 2000.

DSR: Aufforderung zur Stellungsnahme durch den Deutschen Standardisierungsrat (DSR) zu Vorschlag der Umsetzung der EU-Fair-Value-Richtlinie in deutsches Recht, 11. 20. 2001.

DSR: Entwurf Grundsätze ordnungsmäßger Rechnungslegung (Rahmenkonzept), Stand 16. 10. 2002.

DSR: EG-Verordnung vom 7. Juni betreffend die Anwendung internsationaler Rechnung slegungsstandards, Vorschlag der Kommmission vom 28. Mai 2002 für eine Richtlinie des europäischen Parlament und Rates zur Änderung der Richtlinien 78/660/EWG, 83/349/EWG und 91/674/EWG über den Jahresabschluss und den konsolidierterten Abschluss von Gesellschaften bestimmter Rechtformen sowie Versicherungsunternehmen, Empfehlung der Kommission vom 16. Mai 2002 zur Unabhängigkeit des Abschlussprüfer in der EU-Grundprinzipien, 24. Oktober 2002.

DSR: Entwurf Gesetz Zur Einführung internationaler Rechnungslegungsstandards und zur Sicherung der Qualität der Abschlussprüfung (Bilanzrechtsreformgesetz-

BilReG) Stellungnahme DSR vom 22. 01. 2004.

DSR: Vorschläge des DSR zum Bilanzrechtsmodernisierungsgesetz, 03. 05. 2005.

Entwurf eines Gesetz zur Einfürung internationaler Rechnungslegungsstandards und zur Sicherung der Qualität der Abschlusprüfung (Bilanzrechtsreformgesetzes-BilReG) vom 15. 12. 2003.

Entwurf eines Gesetes zur Kontrolle von Unternehmungsabschlüssen (Bilanzkontrollgesetz-BilKoG) vom 08. 12. 2003.

EU: Verordnung (EG) 1606/2002 des Europäischen Parlaments und des Rates vom 19. 7. 2002 betreffend die Anwendung internationaler Rechnungslegungsstandards, Amtsblatt der EU, L243/1-4, 2002.

EU: Empfehlung der Kommission 2002/590 vom 16. 05. 2002-Unabhängigkeit des Abschlussprüfers in der EU-Grundprinzipien, 19. 07. 2002, Amtsblatt der EU L191/2257, 2002.

EU: Richtlinie 2003/71/EG des Europäischen Parlaments und des Rates vom 4. 11. 2003 betreffend den Prospekt, der beim offentlichen Angebot von Wertpapieren oder bei deren Zulassung zum Handel zu veröffentlichen ist, und zur Änderung der Richtlinie 2001/34/EG, Amtsblatt der EU, L345/64-82, 2003.

EU: Modernisierung und Aktualisierung der Rechnungslegungsvorschriften Richtlinie 2003/51/EG des Europäischen Parlaments und des Rates vom 18. 6. 2003 zur Änderung der Richtlinien 78/660/EWG, 83/349/EWG, 86/635/EWG und 91/674/EWG über den Jahresabschluss und den konsolidierten Abschluss von Gesellschaften bestimmter Rechtsformen, von Banken und anderen Finanzinstituten sowie von Versicherungsunternehmen, Amtsblatt der EU L178/16-22, 2003.

EU: Richtlinie 2003/6/EG des Europäischen Parlaments und des Rates vom 28. Januar 2003 über Insider-Geschäfte und Marktmanipulation (Marktmissbrauch), Amtsblatt der EU, L 96, 2003.

EU: Richtlinie 2004/109/EG des Europäischen Parlament und der Rat vom 15. 12. 2004, Zur Harmonisierung der Transparenzanforderung in Bezug auf Informationen über Ermittenten, deren Wertpapier zum Handel auf einen gereelten Markt zugelassen sind, und zur Änderung der Richtlinie 2001/34/EG, Amsblatt der EU, L390/38-57, 2004.

EU: Verordnung (EG) Nr. 809/2004 der Kommission vom 29. April 2004 zur Umsezung der Richtlinie 2003/71/EG des Europäischen Parlaments und des Rates vom 4. November 2003 betreffend den Prospekten enthaltenen Informationen sowie das Format, die Aufnahme von Informationen mittels Verweis und veroffentlichung solcher Prospekt und Verbreitung von Werbung,Amtsblatt der EU, L162/7075, 2004.

EU: EU Press releases, Gut Nachrichten für Anleger: Europäisches Parlament billigt vorgeschlagene Transparenzrichtlinie, IP/04/398, 30. 03. 2004.

EU: (Proposal for a) Directive of the European Parliament and of the Council on the harmonization of transparency requirements with regard to information about issuers whose securities are admitted to trading on a regulated market and amending Directive 2001/31/EC, Institutional File: 2003/0045 (COD), 22. April 2004.

EU: Commission Regulation 1787/2006 of 4. December amending Commission Regulation 809/2004 on prospectuses, 2006.

EU: Commission Decision 2006/891/EC of 4. December 2006 on the use by third country issuers of securities of information prepared under internationally accepted accounting standards, 2006.

EU: Verordnung (EG) Nr. 1569/2007 der Commission vom 2.Desember 2007 über die Einrichtung eines Mechanisms zur Festlegung der Gleichwertigkeit der von Drittstaatemittenten angewandten Rechnungslegungsgrundsätze gemäß den Richtlinie 2003/71/EG und 2004/104/EG des Europäischen Parlament und des Rates, Amtsblatt der EU, L340/66–68, 2007.

European Commission: Formal mandate to CESR for technical advice in implementing measures on the equivalent between certain third country GAAP and IAS/IFRS, 25. June 2004.

European Commission: Draft Commission Decision, on the use by third country issuers of securities of information prepared under internationally accepted accounting standards, 2006.

European Commission: Draft Commission Regulation; amending Regulation (EC) 809/2004 of 29. April implementing Directive 2003/71/EC of the European Parliament of the Councils regards Information contained in Pros-pectuses as well as the format, incorporation by reference and publication of such Prospectuses and dissemination of advertisement, 2006.

European Commission: Report from the Commission to the Council and the European Parliament on the operation of Regulation (EC) No1606/2002 of 19 July 2002 on the application of international accounting standards, COM (2008) 215 final, 24. 4. 2008,

Gesetz zur Durchführung der Vierten, Siebenten und Achten richtlinie des Ratese der

Europäischen Gemeinschaften zur Koordinierung des Gesellschafts (Bilanz-richtlinien-Gesetz-BiRiLiG) vom 19. Dezember 1985, BGBl Teil Ⅰ, 1985.

Gesetzesbeschluß der Deutscher Bundestages, Gesetz zur Verbesserung der Wettbewerbsfähigkeit deutscher Konzerne an Kapitalmärkten und Erleicherung der Aufnahme von Geselllschafterdalehen (Kapitalaufnahmeerleicherungsgesetz-KapAEG, Deutscher Bundesrat, Drucksache 137/98 vom 13. 02. 1998.

Gesetzesbeschluß der Deutschen Bundestages, Gesetzes zur Kontrolle und Transparenz im Unternehmensbereich (KonTraG), Deutscher Bundesrat Drucksache 203/98 vom 06. 03. 1998.

Gesetz zur Kontrolle und Transparenz im Unternehmensbereich (KonTraG) vom 27. 04. 1998, BGBl Teil Ⅰ Nr. 24, 1998.

Gesetz zur Einführung internationaler Rechnungs legungsstandards und zur Sicherung der Qualität der Abschlusprüfung (Bilanzrechtreformgesetzes-BilReG) vom 04. 12. 2004, BGBl Teil Ⅰ Nr. 65, 2004.

Gesetes zur Kontrolle von Unternehmungsabschlüssen (Bilanzkontrollgesetz-BilKoG) vom 20. 12. 2004. BGBl Teil Ⅰ Nr. 69, 2004.

Gesetz zur Modernisierung des Bilanzrechts (Bilanzrechtsmodernisierungsgesetz-BilMoG) vom 25. 05. 2009, BGBl 2009 Teil Ⅰ Nr. 27, 2009.

Kapitalaufnahmeerleicherungsgesetz (KapAEG) vom 20. 04. 1998, BGBl Teil Ⅰ Nr. 24, 1998.

Kommission der EU: Mitteilung der Kommission, Harmonisierung auf dem Gebiet der Rechnunglegung; eine neue Strategie im Hinblick auf die internationale Harmonisierung, COM95 (508) DE, 1995.

Kommission der EU: Mitteilung der Kommission, Finanzdiestleistungen: Abstecken eines Aktiontrahmens, KOM (1998) 625, 28. 10. 1998.

Kommission der EU: Mitteilung der Kommission betreffend die Abschlußprüfung in der Europäischen Union: Künftiges Vorgehen, Amtsblatt der EU C 143/12-18, 8. 05. 1998.

Kommission der EU: Mitteilung der Kommission, Finanzdiestleistungen: Umsetzung des Finanzmarktrahmens: Aktionplan, KOM (1999) 232, 11. 05. 1999.

Kommission der EU: Richtlinie des Europäischen Parlaments und des Rates zur Änderung der Richtlinien 78/660/EWG, 83/349/EWG im Hinblick auf die im Jahresabschluss bzw. im konsolidierten Abschluss von Gesellschaften bestimmter Rechtsformen zulässigen Wertansätze, KOM (2000) 80 endgultig 200/0043 (COD), 24. 02. 2000,

Kommission der EU: Empfehlung der Kommission 2001/256/EG vom 15. 11. 2000; Mindestanforderungen an Qualitätssicherungssysteme für die Abschlussprüfung in der EU, Amtsblatt der EU, L91/91-97, 2000.

Kommission der EU: Mitteilung der Kommission, "Rechnungslegungsstrategie der EU; Künftiges Vorgehen", KOM (2000) 359, 13. 06. 2000.

Kommission der EU: Vorschlag für eine Verordnung des Europäischen Parlaments und des Rates, betreffend die Anwendung internationaler Rechnungslegungsstandards, KOM (2001) 80, 2001.

Kommission der EU: Vorschlag für eine Richtlinie des Europäischen Parlaments und des Rates zur Änderung der Richtlinien 78/660/EWG, 83/349/EWG und 91/674/EWG über den Jahresabschluss und den konsolidierten Abschluss von Gesellschaften bestimmter Rechtsformen sowie Versicherungsunternehmen, KOM (2002) 259/2, 09. 07. 2002.

Kommission der EU: Vorschlag für eine Richtlinie des Europäischen Parlament und der Rat zur Harmonisierung der Transparenzanforderung in Bezug auf Informationen über Ermittenten, deren Wertpapier zum Handel auf einen gereelten Markt zugelassen sind, und zur Änderung der Richtlinie 2001/34/EG, KOM (2003) 138, 2003/0045 (COD), 26. 03. 2003.

Kommission der EU: Mitteilung der Kommission an den Rat und das Europäische Parlament "Verstärkung der Abschlußprüfung in der Europäischen Union", Amtsblatt der EU C 236/2-13, 02. 10. 2003.

Kommission der EU: Vorschlag für eine Richtlinie des Europäischen Parlaments und des Rates über die Prüfung des Jahresabschlusses und des konsolidierten Abschlusses und zur Änderung der Richtlinien 78/660/EWG und 83/349/EWG des Rates, 17. 02. 2004.

Kommission der EU: Entwurf Richtlinie../.../EG der Kommission womit Durchführungs bestimmungen zu bestimmten Vorschriften der Richtlinie 2004/109/EG zur Harmonisierung der Transparenzanforderungen in Bezug auf Information über Emittenten, deren Wertpapiere zum Handel auf einem geregelten Markt zugelassen sind, 2004.

Transparenz-und Publizitatgesetz (TransPuG) vom 19. 07. 2002, BGBl Teil Ⅰ, 2002.

【著書・論文（欧文）】

ARC: Draft Summary Record, Meeting of the Accounting Regulatory Committee and Contact Committee of 7 July 2006.

Arbeitskreis Externe Unternehmensrechnung der Schmalenbach-Gesellschaft für Betriebswirtschaft e.v.: International Financial Reporting Standards im Einzel-und Konzernabschluss unter der Prämisse eines Einheitsabschlusses für unter Anderem steuerliche Zwecke, in: Der Betrieb, 56. Jg., 2003.

Arbeitskreis Externe Unternehmensrechnung der Schmalenbach-Gesellschaft für Betriebswirtschaft e. V.: Stellungnahme zum Referentenentwurf eines Bilanzrechtsreformegesetzes, in: Betriebs-Berater, 59. Jg., 2004.

Arbeitskreis Externe Unternehmensrechnung der Schmalenbach-Gesellschaft für Betriebswirtschaft e.v.: Stellungnahme zum Referentenentwurf eines Bilanzkontrollgesetzes, in: Der Betrieb, 57. Jg., 2004.

Arbeitskreis Externe Unternehmensrechnung der Schmalenbach-Gesellschaft für Betriebswirtschaftslehre e. V.: Präsentation in Rahmen der offentlichen Sitzung auf dem 57. Deutschen Betriebswirtschafter-Tag am 25. 09. 2003 in Berlin (http://www.akeu.de//praesentationen DBT 2003_AKEU.pdf.), 2003.

Arbeitskreis Externe und Interne Überwachung der Unternemung der Schmalenbach-Gesellschaft für Betriebswirtschaft e.v.: Auswirkungen des KonTraG auf die Unternehmungsüberachung, Beilage Nr. 11/2000 zu Heft Nr. 37 vom 15. 9. 2000.

Arbeitskreis "Externe Unternehmumgs" der Schmalenbach-Gesellschaft für Betriebswirtschaft e. V.: International Financial Standards im Einzel-und Konzernabschluss unter der Prämisse eines Einheitsabschlusses für unter Anderem steuerlicher Zwecke, in: Der Betrieb, Heft 30, 2003.

Arbeitskreis Externe Unternehmensrechnung der Schmalenbach-Gesellschaft für Betriebswirtschaft e. V.: Stellungnahme zu dem Referentenentwurf eines Bilanzrechts modernisierungsgesetzes, in: Betriebs-Berater, 63. Jg., 2008.

Arbeitskreis Externe Unternehmensrechnung der Schmalenbach-Gesellschaft für Betriebswirtschaft e. V.: Bilanzrechtsmodernisierungsgesetz (BilMoG) in: Präsentation in Rahmen der offentlichen Sitzung auf dem 62. Deutscher Betriebswirtschafter-Tag am 14. 10. 2008 (http://www.akeu.de/praesentationen DBT 2008_AKEU. pdf.), 2008.

Asche, Michael: Europäisches Bilanzrecht und nationals Gesellschaft, Wechselwirkungen und Spannungsverhältnisse, darstellt am Beispiel der Einbeziehung der Kapitalgesellschaft&Co. in die EG-Richtrinien und die IAS/IFRS, 2007.

Ballwieser, Wolfgang: Information-GoB — auch im Lichte und US-GAAP, in: Zeitschrift für internationale und kapitalorientierte Rechnung (KoR), 2002.

Ballwieser, Wolfgang: Zum Nutzen handelsrechtlicher Rechnungslegung, in:

Rechnungslegung — Warum und Wie — (Festschrift für Hermann Clem),hrsg. von Wolfgang Ballwieser, Adolf Moxter, Rolf Nonnenmacher, 1996.

Beatge, Jörg/Kirsch, Hans-Jürgen/Thiele, Stefan: Bilanzen, 9. Aufl., 2007.

Beatge, Jörg/Kirsch, Hans-Jürgen/Thiele, Stefan: Konzernbilanzen, 7. Aufl., 2004.

Beatge, Jörg/Zülch Henning: Rechnungslegungsgrundsatze nach HGB und IFRS, in: Handbuch des Jahresabschlusses in Einzeldarstellungen (HdJ) Abt. 1/2, 2004.

Beatge, Jörg/Kirsch, Hans-Jürgen/Thiele, Stefan: Bilanzrecht, Handelsrecht mit Steuerrecht und den Regerungen des IASB, Kommentar, 2009.

Biener, Herbert: Können die IAS als GoB in das deutsche Recht eingeführt?, in: Rechnungslegung Prüfung und Beratung-Herausforderungen für den Wirtschaftsprüfer- (Festschrift für Rainer Ludewig),hrsg, Jörg Beatge, Dietrich Borner, Karl-Heinz Forster, Lother Schruff, 1996.

Böcking, Hans-Joachim/Ernst, Christoph/Feld, Klaus-Peter/Roth, Oliver/Senger, Thomas: Deutsche Bilanzierung im Umbruch: BilMoG und SME-IFRS-Chance oder Belastung für deutsche Unternehmen ?, 2009.

Böcking, Hans-Joachim: Auswirkungen der neuen Rechnungslegungs-und Prüfungsvorschriften auf die Erwartungslücke, in: Reform des Aktienrechts, der Rechnungslegung und Prüfung,KonTraG-KapAEG-EuroEG-StückAG-, hrsg.von Dietrich Dörner/Dieter Menold/, Noebert Pfitzer, 1999.

Brecker, Norbert: Änderungsmöglichkeiten der deutschen Rechnungslegung durch die geplannte Bilanzrechtsmodernisierung, in: Carl-Christian Freidank (hrsg.), Reform der Rechnungslegung und Corporate Governance in Deutschland und Eulopa, 2004.

Breithecker, Volker: BilReG — Überblick über die Anderungen einzelabschlussrelevanter Vorschriften und Auflistung der Durchbrechungen des Maßgeblichkeitsprinzips, in: Schmiel, Ute/Breithecker, Volker (Hrsg.), Steuerliche Gewinnermittlung nach dem Bilanzrechtsmodernisierungsgesetz, 2008.

Budde, Wolfgang Dieter: Konzerrechnungslegung nac IAS und US-GAAP und ihre Rückwirkungen auf den handelsrechtlichen Einzelabschluss, in: Wolfgang Dieter Budde, Adolf Moxter, Klaus Offenhaus (hrsg.), Handelsbilanzen und Steuerbilanzen, 1997.

Buhleier,Claus/Helmschrott, Harald: Die neue Strategie der Europäischen Union zur Harmonisierung der Rechnungslegung und ihre möglichen Auswirkungen auf Deutschland, in: Deutsches Steuerrecht (DStR), 36. jg., 1998.

Busse von Colbe, Walter: Vorschlag der EG-Kommission zur Anpassung der

Bilanzrichtlinie an die IAS-Abschied von der Harmonisierung, in: Betriebs-Berater, 57. Jg., 2002.

Busse von Colbe, Walter: Der befeienden Konzernabschluß nach international anerkannten Rechnungslegungsgrundsätzen, in: Reform des Aktienrechts der Rechnungslegung und Prüfung, KonTraG-KapAEG-EuroEG-StückAG-, hrsg.von Dietrich Dörner/Dieter Menold/Norbert Pfitzer, 1999.

Ernst, Christoph: Überblick über die Änderungen der Handelsgesetzbuch zu Rechnungslegung und Abschlußprüfung, in: Dietrich Dörner/Dieter Menold/Norbert Pfitzer (hrsg.), Reform des Aktienrechts,der Rechnungslegung und Prüfung-KonTraG-KapAEG-EuroEG-StückAG, 1999.

Ernst, Christoph: Eckpunkte des Refernetenentwurf eines Bilanzrechtmodernisierungsgesetz (BilMoG) in: Die Wirtschaftsprüfung, 62. Jg., 2008.

Ernst, Christoph: KonTraG und KapAEG sowie aktuelle Entwicklungen zur Rechnungslegung und Prüfung in der EU, in: Wirtschaftsprüfung, 51. Jg., 1998.

Federmann, Rudolf: Bilanzierug nach Handelsrecht und steuerrecht,Gemeinsamkeiten, Unterschiede und Abhängigkeiten von Handels-und Steuerbilanz unter Berücksichtigung internationaler Rechnungsstandard, 11 Aufl., 2000.

Forster, Guido/Schmidtmann, Dirk: Steuerliche Gewinnermittlung nach dem BilMoG, in: Betriebs-Berater, 64. Jg., 2009.

Funnemann, Carl-Bernhard/Kerssenbrok, Otto-Ferdinand Graf: Ausschutungssperren im BilMoG-RegE, in: Betriebs-Berater, 63. Jg., 2008.

Funk, Rolf/Heininger, Klaus/Hertig, Nobert/Meyer, Herbert/Pfitzer, Norbert/Schnepel, Volker/Schruff, Wienand: Vom BiRiLiG zum BilMoG-Eine Standortbestimung der Bilanzierung und Prüfung in Deutschland, 2009.

Fülbier, Rolf Uwe/Kuschel, Patrick/Maier, Friedrike: BilMoG, Internationalisierung des HGB und Auswirkungen auf das Controlling, 2010.

Fülbier, Rolf Uwe/Gassen, Joachim: Das Bilanzrechtmodernisierungsgesetz (BilMoG), Handelsrechtliche GoB vor der Neuinterpretation, in: Der Betrieb, 60. Jg., 2007.

Havermann, Hans: Tendenzen zur Internationalisierung der deutschen Konzernrechnungslegung, in: Jahresabschluß, und Jahresprüfung — Probleme, Perspektiven, internationale Einflußes, Festschrift zum 60. Geburtstag von Jörg Beatge, hrsg. von Thomas R. Fischer und Reinhold Hömberg, 1997.

Herzig, Norbert: Modernisierung des Bilanzrecht und Besteuerung, in: Der Betrieb, 61. Jg., 2008.

Herzig, Norbert: Steuerliche Konsequenzen des Regierungsentwurfs zum BilMoG, in:

Der Betrieb, 2008.

Herzig, Norbert/Briesemeister, Simone: Das Ende der Eiheitsbilanz, in: Der Betrieb, 2009.

Herzig, Norbert/N. Dautzenberg: Auswirkungen der Internationalisierung der Rechnungslegung auf die Steuerbilanz, in: Betriebswirtschaftliche Forschung und Praxis (BFuP), 1998.

IDW e. V. (Hrsg.): Bilanzrechtsreformgesetz (BilReG), Bilanzkontrllgesetz (BilKoG), mit Begründungen Regierungsentwürfe,Stellungsnahmen der Bundesrates mit Gegenäußerungen der Bundesregierung,Berichten des Rechtausschussesdes Deutschen Bundestages Stichwortverzeichnis, 2005.

Kahle, Holger: Maßgeblichkeitsgrundsatz auf Basis der IAS ?,in: Die Wirtschaftsprüfung, 555. Jg., 2002.

Kessler, Harald/Leinen, Markus/Strickmann, Michael (Hrsg.): Bilanzrechtsmodernisierungsgesetz (BilMoG-RegE), Die neue Handelsbilanz, 2008.

Kirsch, Hans-Jürgen: Zur Frage der Umsetzungen der Mitgliedstaatenwahlrech der EU-Verordnung zur Anwendung der IAS/IFRS, in: Die Wirtschafrprüfung, 56. Jg., 2003.

Knorr, Karl Ernst: Übernahme der Regelungen der EU-Verordnung sowie der Modernisierung-und Fair-Value-Richtlinie in deutsches Recht, in: Carl-Christian Freidank (hrsg.), Reform der Rechnungslegung und Corporate Governance in Deutschland und Eulopa, 2004.

Küting, Karlheinz: Europäisches Bilanzrecht und Internationalisierung der Rechnungslegung, in: Betriebs-Berater 2/1993, 1993.

Küting, Karlheinz: Die Rechnungsregung in Descland an der Schwelle zu einem neuen Jahrtausand, in: Deutsches Steuerrecht (DStR), 1/2000.

Küting, Karlheinz/Hayn, Sven,: Der internationale Konzernabschluß als Eintrittskarte zum weltweiten Kapitalmarkt, in: Betriebs-Berater, 13/1995.

Küting, Karlheinz/Pfitzer, Norbert/Weber, Claus Peter (hrsg.), IFRS und BilMoG, Herausforderungen für das Bilanz-und Prüfungswesen, 2010.

Marten, Kai-Uwe/Weiser, M.Felix: Neuorientierung der Bilanzpolitik für den Einzelabschuluss, in: Carl-Christian Freidank (hrsg.), Reform der Rechnungslegung und Corporate Governance in Deutschland und Europa, 2004.

Moxter, Adolf: Die Zukunft der Rechnungslegung, in: Der Betrieb, 2001.

Pellens, Bernhard: Internationale Rechnungslegung, 3. Aufl., 1999.

Pellens, Bernhard/Fülbier, Rolf Uwe/Gassen, Joachim, Internationale Rechnungslegung, 5. Auflage, 2004.

Pellens, Bernhard/Fülbier, Rolf Uwe/Gassen, Joachim/Sellhorn, Thorsten: Internationale Rechnungslegung, 8. Auflage, 2011.

Peter, Bareis: Maßgeblichkeit der Handels-für die Steuerbilanz de lege lata und de lege ferenda, Schmiel, Ute/Breithecker, Volker (Hrsg.), Steuerliche Gewinnermittlung nach dem Bilanzrechtsmodernisierungsgesetz, 2008.

Petersen, Karl/Zwirner, Christian: Rechnungslegung und Prüfung im Umbruch: Überblick über das neue deutsche Bilanzrecht, Zeitschrift für internationale und kapitalorientierte Rechnung (KoR), Beihefter1 zu Heft5, 2009.

Petersen, Karl/Zwirner, Christian/Kunkele, Kai Peter: BilMoG in Beispielen, Anwendung und Übergang-Praktishe Empfehlungen für den Mittelstand, 2010.

Pfitzer, Norbert/Oser, Peter/Orth, Christian: Reform des Aktien-, Bilanz-und Aufsichtsrechts, 2. Aufl., 2006.

Schmeling, Jens Ulrich: Das Bilanzrechtsmodernisierungsgesetz (BilMoG) und seine Auswirkungen auf den handelsrechlichen Einzelabschluß, Eine Annäherung an die International Financial Reporting Standard (IFRS) ?, 2010.

Schmidt-Versteyl, Michael: Durchsetzung ordnungsmäßiger Rechnungslegung in Deutscland,Enforcement nach dem Bilanzkontrollgesetz, 2007.

Schmidt, Peter-Jürgen: Wie maßgeblich breibt die Maßgeblichkeit?, in: Rechnungslegung Prüfung und Beratung-Herausforderungen für den Wirtschaftsprüfer- (Festschrift für Rainer Ludewig), hrsg, Jörg Beatge, Dietrich Borner, Karl-Heinz Forster, Lother Schruff, 1996.

Seibert, Ulrich: Das Gesetz zur Kontrolle und Tranzparenz im Unternehmensbereich (KonTraG) -Die aktienrechtlichern Regelungen im Überblick, in: Reform des Aktienrechts der Rechnungslegung und Prüfung, KonTraG-KapAEG-EuroEG-StückAG-, hrsg. von Dietrich Dörner/Dieter Menold/Norbert Pfitzer, 1999.

Siegel,Theodor: Mangelnde Ernsthaftigkei des Glaubigerschutzes als offene Flanke der deutschen Rechnungsvorschriften, in: Jahresabscluß, und Jahresprüfung — Probleme, Perspektiven, internationale Einfluße, Festschrift zum 60. Geburtstag von Jörg Beatge, hrsg. von Thomas R. Fischer und Reinhold Hömberg, 1997.

Solmecke, Henrik: Auswirkungen des Bilanzrechtsmodernisierungsgesetz (BilMoG) auf die handelsrechlichen Grundsätze ordnungsmaßiger Buchführung, 2009.

【著書・論文（邦文）】

五十嵐邦正：『資本会計制度論』森山書店，2008年。

今福愛志：「IFRSの次にくるもの」『企業会計』第62巻第5号，2010年。

稲見　亨：『ドイツ会計国際化論』森山書店，2004年。
稲見　亨：「EUにおける国際的会計基準適用の法的根拠―承認メカニズムに焦点をあてて」『會計』第174巻第4号，2008年。
稲見　亨：「EU・ドイツにおける国際的会計基準適用の新たな視点」『會計』第178巻第3号，2010年。
小津稚加子（監訳）：『多国籍企業の会計　グローバル財務報告と基準統合』中央経済社，2007年。
小津稚加子：「EUにおける会計基準統合のプロセス」『企業会計』第59巻第1号，2007年。
外務省：「EU金融サービス市場統合に向けた動き」平成13年4月（http://www.europa.eu.int/comm/internal_market/financial-reporting/index_de.htm）。
外務省：「ラムファルシー・リポートの概要」平成13年2月15日（http://www.europa.eu.int/comm/internal_market/financial-reporting/index_de.htm）。
加藤盛弘（編著）：『将来事象会計』森山書店，2000年。
加藤盛弘（編著）：『現代会計の認識拡大』森山書店，2005年。
川村義則・石井明（監訳）：『グローバル財務報告　その真実と未来への警鐘』中央経済社，2009年。
川口八洲雄：『会計指令法の競争戦略』森山書店，2000年。
川口八洲雄（編著）：『会計制度の統合戦略― EUとドイツの会計現代化―』森山書店，2005年。
企業会計審議会：「会計基準のコンバージェンスに向けて（意見書）」2006年7月31日。
企業会計審議会：「国際会計基準に関する我が国の制度上の対応について（論点整理）」2004年6月24日。
企業会計審議会：「我が国における国際会計基準の取扱いに関する意見書（中間報告）」2009年6月30日。
企業会計審議会：「我が国における国際会計基準の取扱いについて（中間報告）（案）」2009年6月16日。
企業財務委員会（経済産業省）：「会計基準の国際的調和を踏まえた我が国経済および企業の持続的な成長に向けた会計・開示制度のあり方について」（中間報告書），2010年4月。
企業財務制度研究会：『ドイツにおける会計制度と関係法令』（諸外国における企業会計制度と開示法令等実態調査報告 No.3），1994年。
企業財務制度研究会：『EC指令とEC各国における開示制度と開示内容』（諸外国における企業会計制度と開示法令等実態調査報告 No.5），1994年。

木下勝一：『適応会計基準の選択行動』森山書店，2004年。
木下勝一：『会計規制と国家責任―ドイツ会計基準委員会の研究―』森山書店，2007年。
木下勝一：「ドイツ連邦法務省の商法会計法現代化法の意義」『會計』第174巻1号，2008年。
木下勝一：「IAS/IFRSと税務上の利益計算―ヘルツィヒの基準性原則廃止後の将来像に関する所説―」『會計』第177巻5号，2010年。
金融庁：「欧州連合（EU）における会計基準の同等性評価について」「(http://www.fsa.go.jp/inter/etc/20090107.html)，2009年1月7日。
金融庁：「会計基準の同等性に係る欧州委員会の規則改正案・決定案の公表」(http://www.fsa.go.jp/inter/etc/20080701.html)，2008年7月1日。
金融庁：「EUにおける我が国会計基準の同等性評価の進展状況（CESRによる同等性評価の公表）」(http://www.fsa.go.jp/inter/etc/f-20050708-1.html)，2008年。
倉田幸路：「近年におけるドイツ会計基準委員会によるEU会計戦略への対応」『産業経営研究』（日本大学産業経済研究所）第23号，2001年。
倉田幸路：「コンバージェンスの会計基準への影響―ドイツの事例を参考に―」『立教経済学研究』第64巻第4号，2008年。
郡司　健：『連結会計制度論　ドイツ連結会計報告の国際的対応』中央経済社，2000年。
郡司　健：「ドイツ連結会計のコンバージェンス対応」『會計』第176巻1号，2009年。
郡司　健：「会計基準のコンバージェンスへの対応とその制度的課題」『企業会計』第60巻2号，2008年。
古賀智敏（監修）：『会計基準のグローバリゼーション―IFRSの浸透化と各国の対応』同文舘出版，2009年。
斎藤静樹：「会計基準の形成と市場間統合」『會計』第167巻第2号，2005年。
斎藤静樹：「コンバージェンスの岐路とIFRSの求心力」『企業会計』第62巻第2号，2010年。
齋藤真哉：「ドイツにおける会計と税務の関係へのIFRSの影響―貸借対照表現代化法（BilMoG）の検討―」『産業経理』第69巻第2号，2009年。
財務会計基準機構：『会計基準の基本戦略を考えるシンポジウム―国際的統合とわが国の対応』（国際シンポジウムVol.1），2004年。
佐藤誠二：『ドイツ会計規準の探究』森山書店，1998年。
佐藤誠二：『会計国際化と資本市場統合―ドイツにおける証券取引開示規制と商法会計法との連繋―』森山書店，2001年。

佐藤誠二（編著）：『EU・ドイツの会計制度改革―IAS/IFRSの承認と監視のメカニズム―』森山書店，2007年．
佐藤誠二（編著）：『グローバル社会の会計学』森山書店，2009年．
佐藤誠二：「EUにおける会計国際化の新たな展開―『IAS適用命令』と『EU指令の現代化構想』に関連して―」『會計』第163巻1号，2003年．
佐藤誠二：「会計基準の国際的統一へのEUの対応」静岡大学『経済研究』7巻3.4号，2003年．
佐藤誠二：「EUとドイツにおける会計国際化の将来課題」同志社大学『ワールドワイドビジネスレビュー』第5巻，2004年．
佐藤誠二：「ドイツ会計改革の進展と2005年以降の課題―会計法改革法と会計統制法を中心として―」『會計』第167巻6号，2005年．
佐藤誠二：「EUにおける会計2005年問題」『会計制度の統合戦略』（川口八洲雄編著）森山書店，2005年．
佐藤誠二：「ドイツ会計基準（DRS）における会計認識拡大―ドイツ版「概念フレームワーク」を中心に―」『現代会計の認識拡大』（加藤盛弘編著）森山書店，2005年．
佐藤誠二：「IAS/IFRS適用の個別決算書への影響―ドイツにおける『会計法改革法』以降の課題―」『産業経理』第65巻4号，2006年．
佐藤誠二：「ドイツにおける会計改革の現在と将来―資本市場指向改革の経過と課題―」『会計学の諸相』（百瀬房徳，三代川正秀，石津寿恵編著）白桃書房，2008年．
佐藤誠二：「EUにおけるIFRS会計実務の状況と課題―『IAS適用命令』の履行とエンフォースメント―」『會計』第174巻第5号，2008年．
佐藤誠二：「ドイツにおけるIFRS導入と基準性原則，会社規模別緩和策―会計法改革法（第21巻第8号，2004年），会計法現代化法（2009年）との関連で―」『会計・監査ジャーナル』2009年．
佐藤誠二：「IFRSへの対応と非対応の会計法改革―ドイツの2009年『会計法現代化法』を中心にして―」『會計』第178巻第3号，2010年．
佐藤信彦（編著）：『国際会計基準制度化論』（第2版）白桃書房，2008年．
佐藤博明（編著）：『ドイツ会計の新展開』森山書店，1999年．
佐藤博明（監訳）：『ドイツ連結会計論』森山書店，2002年．
佐藤博明：「ドイツ会計法現代化法の成立と論点」『會計』第176巻第6号，2009年．
潮崎智美：「ドイツ会計制度変革の本質的特徴―IFRS導入との関連において―」『国際会計研究学会年報』2008年度版．
杉本徳栄：『国際会計』（改訂版）同文舘出版，2008年．

鈴木義夫：『ドイツ会計制度改革論』森山書店，2000年。
髙木正史：「会計関連 EU 法のドイツへの導入とドイツ会計戦略」『国際会計研究学会年報』2007年度版。
田中　弘：『国際会計基準（IFRS）はどこへ行くのか』時事通信出版局，2010年。
辻山栄子：「会計基準のコンバージェンス」『企業会計』第 58 巻第 10 号，2006年。
辻山栄子：「IFRS 導入の制度的・理論的課題」『企業会計』第 61 巻第 3 号，2009年。
日本証券経済研究所（編）：『図説ヨーロッパの証券市場（2009年版）』，2008年。
日本証券経済研究所（訳）『ドイツ　証券取引法・取引所法・投資会社法他』（外国証券関連法令集），2002年。
野村健太郎（編）：『連結会計基準の国際的調和』白桃書房，1999年。
長谷川一弘：『ドイツ税務貸借対照表論―機関会社関係制度上の所得算定にみる会計の制度的役割―』森山書店，2009年。
平松一夫：『国際財務報告書論―会計基準の収斂と新たな展開』中央経済社，2007年。
平松一夫・徳賀芳弘（編著）：『会計基準の国際的統一　国際会計基準への各国の対応』中央経済社，2005年。
古市峰子：「会計基準設定プロセスの国際的調和化に向けたドイツの対応―プライベート・セクターによる会計基準設定と立法・行政権との関係を中心に―」『金融研究』（日本銀行金融研究所），1999年 12月。
宮上一男・W・フレーリックス監修：『現代ドイツ商法典（Neues deutsches Handelsgesetzbuch）』（第 2 版）森山書店，1993年。
松井泰則：『国際会計の潮流　類型学説を中心とした各国会計関係論』白桃書房，2008年。
松本　剛：『ドイツ商法会計用語辞典』森山書店，1990年。
森美智代：『会計制度と実務の変容―ドイツ資本会計の国際的調和化を中心として―』森山書店，2009年。
森美智代：「会計制度と会計実務の変遷」『會計』第 176 巻第 2 号，2009年。
森川八州男（編著）：『会計基準の国際的調和化』白桃書房，1998年。
森川八州男：「ドイツ版概念フレームワークの構想」『企業会計』第 35 巻第 10 号，2003年。

索　引

あ　行

IAS ………………………… *14, 31, 55, 63*
IAS/IFRS 適用実務の遵法性監視 … *173*
IAS/IFRS に対する節度ある接近 … *212*
IAS/IFRS の全面適用 ……………… *108*
IAS/IFRS の中小規模適性 ………… *136*
IAS 承認命令 ………………………… *37*
IAS 承認命令の修正命令 …………… *37*
IAS 第 32 号 ………………………… *137*
IAS 第 39 号 ………………………… *137*
IAS 適用命令 …… *36, 100, 146, 167, 168*
IAS 適用命令の実施 ……………… *124*
IFRS ……………………………… *156, 221*
アメリカの一般に認められた会計原則
　（US-GAAP） ……………………… *58*
アメリカの SEC（証券取引委員会）
　………………………………… *160, 227*
アングロサクソン的な投資家指向の会計
　制度………………………………… *11*

EU 会計指令の現代化 ……………… *35*
EU 加盟国の IAS/IFRS 導入計画 … *114*
EU 指令の現代化 ……………… *37, 103*
EU 第 4 号指令の改革に対する提案… *42*
EU 第 7 号指令の改革に対する提案
　……………………………………… *41*
EU における会計戦略：将来の進路
　………………………… *16, 35, 99, 104*
EU における決算書監査：将来の進路
　……………………………………… *110*

EU における決算書監査人の独立性
　……………………………………… *110*
EU における決算書監査の強化 …… *110*
EU の統合市場戦略 ………………… *33*
EU 版 IAS/IFRS …………………… *3*
意思決定有用性アプローチ……… *81, 95*
移動標的……………………………… *137*

エンドースメント ………… *3, 44, 168*
エンフォースメント
　……………… *3, 20, 22, 44, 124, 171*
エンフォースメント活動のハイレベルの
　協調と調和化……………………… *178*
欧州財務報告諮問グループ（EFRAG）
　……………………………………… *168*
欧州証券監督者委員会（ESRC） … *107*
欧州証券規制当局委員会（CESR） *107,
   146, 172*
欧州の IAS ………………………… *44*
欧州の公益……………… *12, 24, 114, 129*

か　行

カーブアウト……………………… *171*
会計監査の品質改善……………… *109*
会計規準の技術的比較…………… *162*
会計規制委員会（ARC）……… *166, 168*
会計国際化に関する法律案……… *16, 42*
会計指令法（BiRiLiG）…………… *13, 31*
会計審議会………………………… *14, 67*
会計統制法（BilKoG）……… *4, 22, 121*
会計 2005 年問題 ………………… *99, 121*

会計人の定義……………………… 70
会計人の独立性…………………… 70
会計の規制緩和…………………… 4
会計の国際標準………………… 1, 32
会計の社会制度的機能…………… 1, 9
会計のための検査機関…………… 23
会計法改革法（BilReG）
　………………… 3, 21, 121, 184, 185
会計法現代化法（BilMoG）… 4, 25, 129,
　184, 187, 201
会計報告義務の会社区分別の規制軽減
　………………………………… 204
会計報告におけるパラダイム変化… 203
会計目的としての情報目的………… 85
会計領域における調和化—国際的調和化
　の観点からの新しい戦略……… 12, 33
開示義務の規制軽減…………… 6, 203
会社会計法制の調和化………… 12, 31
会社法の保障システム…………… 131
蓋然性概念の導入………………… 88
外部会計ワーキング・グループ
　…………………………… 135, 221
開放条項………………………… 2, 61, 83
カナダのACSB（会計基準審議会）… 160
加盟国選択権………………… 47, 105
完全性の原則……………………… 87
完全なIAS/IFRS ……………… 3, 197

期間区分原則……………………… 89
企業決算書の法規準拠性……… 22, 124
企業ないしコンツェルンの業績…… 43
企業の財産・財務・収益状態の事実関係
　に合致する写像………… 12, 101
企業領域統制・透明化法（KonTraG）
　………………………… 2, 14, 55, 66

基準諮問検証グループ（SARG）… 168
基準性原則………………… 132, 192, 208
規模基準修正指令…………… 189, 204
規模基準指令………………… 21, 123
逆基準性原則……………………… 26
逆基準性原則の廃止……… 25, 187, 211
キャッシュ・フロー計算書… 45, 84, 207
金融サービス：金融市場大綱の転換：
　行動計画……………………… 16, 34
金融サービス行動計画………… 34, 100
金融サービス：行動大綱の策定…… 34

グローバル・プレーヤー………… 13, 64

経済監査士……………………… 61, 63
経済的観察法……………………… 86
経済的実質論理…………………… 81
形式的基準性（逆基準性）の原則… 192
計上選択権の排除………………… 91
決算書監査人の独立性……… 19, 22, 127
決算書監査の強化………………… 123
決算書監査のための品質保証に対する最
　低要件………………………… 110
現代化指令…………………… 38, 103
現代化指令，公正価値指令の転換… 124

公正価値（Fair Value）…………… 90
公正妥当な企業会計の慣行……… 196
国際会計基準委員会（IASC）…… 2, 57
国際会計基準審議会（IASB）………… 2
国際化に対する差別的，二元的対応　55
国際的会計規準の解釈の開発……… 197
国際的に認められた会計原則
　………………………… 1, 43, 59, 63
国際的に認められた会計システム… 224

索引 249

個別決算書の情報提供機能………… *221*
個別決算書への IAS/IFRS 適用 …… *130*
コミトロジー・アプローチ………… *174*
雇用および投資のためのアクション・
　プログラム…………………… *58*

さ 行

最大限の弾力性…………………… *61*
財務情報第 1 基準（CESR）……… *172*
財務情報第 2 基準（CESR）……… *172*

CESR の技術的助言 ……………… *152*
CESR の同等性評価 ……………… *152*
自己資本増減表…………………… *207*
資産負債アプローチ……………… *88*
資産, 負債, 収益, 費用概念の拡大　*87*
市場濫用指令……………………… *143*
実現可能性の導入………………… *89*
実現原則………………………… *89, 218*
実質的基準性の原則……………… *192*
私的会計委員会………………… *14, 67*
支払不能テスト…………………… *223*
資本会社の大，中，小規模基準 *189, 203*
資本市場指向の会計改革
　………………… *6, 11, 82, 201, 217*
資本市場指向の定義……………… *205*
資本市場の発行開示，継続開示，臨時開示
　…………………………………… *143*
資本調達容易化法（KapAEG）
　………………… *2, 14, 55, 58, 82*
資本流動計算書…………………… *66*
10 項目プログラム ………… *3, 16, 122*
純粋な IAS/IFRS ……………… *3, 197*
証券監督者国際機構（IOSCO）…… *57*
承認された IAS/IFRS … *3, 37, 144, 197*

商人の基本法……………………… *219*
商法改革法………………………… *55*
商法会計の要諦…………………… *189*
商法会計法の法的安定性………… *9*
商法決算書の情報能力…………… *203*
情報原則…………………………… *87*
商法準拠の個別決算書の連邦官報への
　公示義務……………………… *186*
商法典第 292a 条 …………… *14, 46, 59*
商法典第三篇「商業帳簿」………… *2*
情報目的と税・配当目的の分離した会計
　規範…………………………… *138*
将来の発展に関するリスク……… *67*
所得税施行令（EStDV）………… *210*
所得税法第 5 条第 1 項………… *192, 210*
新指向の正規の簿記の諸原則…… *196*
慎重性の原則…………………… *90, 218*
信頼性の原則……………………… *89*

スナップショット・アプローチ…… *145*

成果主義アプローチ……………… *176*
正規性の推定……………………… *197*
正規の会計の諸原則（枠組概念）
　………………………………… *82, 85*
正規の簿記の諸原則（GoB）
　…………………………… *6, 92, 192*
正規の連結会計の諸原則（GoK）
　………………………………… *94, 197*
世紀法…………………………… *13, 31*
セグメント報告………… *45, 66, 84, 208*

総額法…………………………… *189, 190*
早期通知メカニズム……………… *155*

た 行

第三国会計規準……………………… 144
第三次金融市場振興法……………… 55
Daimler-Benz………………… 13, 217

秩序性推定…………………………… 71
中小企業に対する IFRS …………… 195
調整表………………………………… 155

追加開示……………………………… 157

ドイツ会計基準（DRS）………… 75, 81
ドイツ会計基準委員会（DRSC）
……………………… 14, 69, 73, 138
ドイツ会計検査機関（DPR）… 125, 140
ドイツ基準設定審議会（DSR）
………………………… 41, 73, 81, 138
ドイツ経済監査士協会（IDW）… 71, 130
ドイツ・コーポレート・ガバナンス規範
………………………………… 15
ドイツ版「概念フレームワーク」… 82
ドイツ連結会計法…………………… 16
統一決算書………………… 132, 225
統一貸借対照表……… 26, 195, 209, 224
同等性評価に関する技術的助言
………………………… 156, 174
同等性評価に関する命令…………… 175
同等性評価の決定…………………… 161
透明性・開示法（TransPuG）…… 15, 42
透明性指令………………… 38, 150
独立した税務上の損益計算………… 212
取引所上場………………… 56, 59
取引所上場認可命令（BörsGZulV）
………………………………… 56

取引所法（BörsG）………………… 56

な 行

二元的・段階的な規制対応………… 203
二重開示………………… 14, 217
二重の決算書作成…………………… 131
2段階のエンフォースメント方式
……………………………… 23, 127
日本の企業会計基準委員会（ASBJ）
………………………………… 160

年次財務報告書…………… 150, 174

ノーウォーク合意…………… 45, 99, 121

は 行

配当下限……………………………… 134
配当上限……………………………… 134
半期財務報告書…………… 150, 174
非公式の透明性指令………………… 151
不均等原則…………………………… 218
付すべき時価………………………… 187
プライベート・セクター…………… 72
ブリッジ・アプローチ……………… 109
プリンシプル・ベース………… 171, 220
分配可能利益の測定機能と情報機能との
　相互依存・相互補完関係………… 86

ホーリスティック・アプローチ
………………………… 145, 176
補完計算書…………………………… 159
補完措置………………… 155, 157

ま 行

目論見書指令……………………… *40, 148*
目論見書指令履行命令……………… *148*

や 行

US-GAAP ………… *14, 31, 48, 55, 63, 82*
有価証券株式認可法………………… *55*
有価証券取引法…………… *126, 187, 206*
有価証券取引法第2条第1項1文の意味
　での有価証券…………… *187, 205*
有価証券取引法第2条第5項の意味での
　組織的市場…………… *187, 206*
ユーロ導入法………………………… *55*
緩やかな現代化……………………… *212*

ら 行

Lamfalussy 委員会 ………………… *106*

利益算定原則………………………… *87*
リスク情報の開示…………………… *84*
リスク報告…………………………… *45*
立法者の両義性…………………… *27, 213*
立法選択権…………………… *115, 124, 219*

ルール・ベース……………………… *220*

連結決算書作成義務の負担軽減…… *187*
連結先行の考え方………………… *183, 201*
連邦金融サービス監督庁（BaFin）
　……………………………… *20, 125*
連邦財政裁判所（BFH）…………… *44*
連邦政府の措置一覧……… *3, 16, 94, 122*
連邦法務省………………… *77, 81, 138*

著者略歴

佐藤 誠二(さとう せいじ)

静岡大学教授(人文学部),博士(経営学)。
1953年生まれ。明治大学大学院商学研究科博士課程,鹿児島経済大学専任講師(経済学部),静岡大学助教授,同教授(人文学部)を経て,2004年より国立大学法人静岡大学理事・副学長,2007年から教授職に復帰し現在,人文学部長・人文社会科学研究科長。1991年から1992年にWürzburg大学(経済学部),2000年にMünster大学(経済学部)にてドイツ在外研究。

主要著書

著書 『現代会計の構図』(森山書店, 1993年)
　　『ドイツ会計規準の探究』(森山書店, 1998年)
　　『会計国際化と資本市場統合』(森山書店, 2001年)
　　『大学評価とアカウンタビリティ』(森山書店, 2003年)
　　『アカウンティング』(佐藤和美との共著, 税務経理協会, 2004年)
　　『国立大学法人財務マネジメント』(森山書店, 2005年)

編著 『EU・ドイツの会計制度改革』(森山書店, 2007年)
　　『グローバル社会の会計学』(森山書店, 2009年)

国際的会計規準の形成
――ドイツの資本市場指向会計改革――

2011年7月6日　初版第1刷発行

編著者　©佐 藤 誠 二

発行者　菅 田 直 文

発行所　有限会社　森山書店　東京都千代田区神田錦町
　　　　　　　　　　　　　1-10林ビル(〒101-0054)
　　　　TEL 03-3293-7061 FAX 03-3293-7063 振替口座 00180-9-32919

落丁・乱丁本はお取りかえします　　印刷／製本・シナノ書籍印刷

本書の内容の一部あるいは全部を無断で複写複製することは,著作権および出版社の権利の侵害となりますので,その場合は予め小社あて許諾を求めてください。

ISBN 978-4-8394-2111-3